U0903890

薛涌◎著

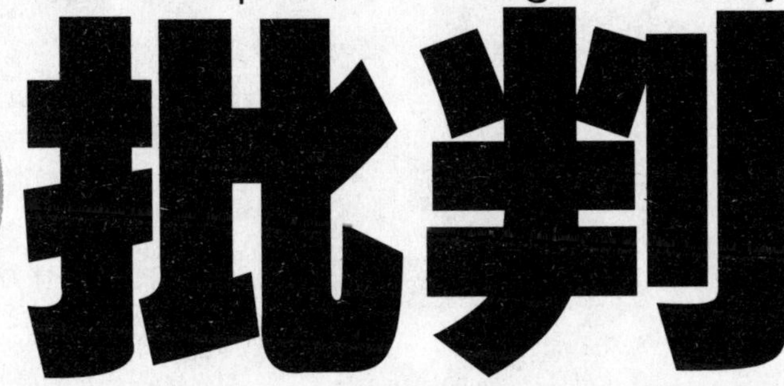

中国高等教育有病

目　录 contents

第三章　北大应该怎么办？

第四章　中国大学的弱智化

第五章　中国高等教育批判：以高尔夫和博士为例

第六章　大学的诞生

附录　他是北大校友里我最佩服的家伙

第一章

北大不教的东西

薛涌　XUEYONG

大学学什么？

这是我几年前的一篇命题作文。编辑在约稿信中这样写道：

> 不少中国大学生对上大学的付出与获益比例表达不满。他们认为，自己投入过多的时间与金钱——四年的学习时间与高昂的学费，但“没学到什么有用的东西”、“念了四年出来还是找不到工作”。《中国青年报》去年的一项调查显示，近万名受访者中，34% 的人后悔读大学，后悔就读大学的人中，51% 的人认为，在大学里没学到什么有用的东西。一名汉语言专业的大三学生表示：“所谓的专业其实并不专，公共课要求很多，而且这几年我花在英语上的时间占了一大半。我真不知道为什么古汉语专业对英语有这么高的要求。”另外，这些人觉得后悔的原因包括，“念了四年，出来还是找不到工作”，占 39.2%。

001

上大学对许多人来说是一种经济行为，算的是投入产出。对另一部分人来说，是精神行为，追求的是人生理想。对前一种人来说，问题很简单：从投入产出的角度看，不合算就不应该上大学。

老实说，既然有那么多人后悔上大学，我就劝告年轻人上大学要慎重。上大学对许多人来说是一种经济行为，算的是投入产出。对另一部分人来说，是精神行为，追求的是人生理想。对前一种人来说，问题很简单：从投入产出的角度看，不合算就不应该上大学。对后一种人来说，中国的大学也远不是一个精神机构。学校、教授、学生，大部分怕是都围着钱转，能安心下来“坐而论道”的已经很少。大学未必能提供你所需要的精神资源。

但是，大部分学生还要在大学中读下去。他们没有别的求学选择，不可能等到大学变好了以后再接受高等教育。毕竟，大学里还是集中了年轻一代的精英。所以，我索性脱离“惨不忍睹”的现实，抽象地谈一下在大学里应该学什么。

> 大学必须放在西方社会自治的传统中才能理解。大学的成立，就是共同体的自治，就像是中世纪欧洲那些自立的行会一样，自己制定规则，并自愿受这些规则的约束。在这样的共同体中，人人有责任，学生当然也有责任。这一点，当今中国大学的师生恐怕大部分都不理解。

大学必须放在西方社会自治的传统中才能理解。大学的成立，就是共同体的自治，就像是中世纪欧洲那些自立的行会一样，自己制定规则，并自愿受这些规则的约束。在这样的共同体中，人人有责任，学生当然也有责任。这一点，当今中国大学的师生恐怕大部分都不理解。比如，我们刚进北大时，一位老师恭喜我们：“你们都是百里挑一的人才。这就相当于过去的太学生呀！”可见，在他心目中，大学的模式还是太学模式。毫无疑义，太学不是个自治的学术机构，是朝廷管理的。太学生们有要求会到上面去提，等着上面解决，更不高兴时还可以抗议，甚至有人说这种行为表现的是“知识分子的独立人格”，等等。但是，太学生不懂得欧洲行会的那些规矩：万事首先要所有的成员通过既定程序商议决策，未必要等着上面的权威来解决。从本书第六章《大学的诞生》中的描述可以看出，欧洲中世纪的大学主要是自生的，从一开始就自我管理。上面的权威只是承认或支持其存在而已。所以，我劝大学别抱怨。现在大家很喜欢引用清华前校长梅贻琦的名言：“大学，大学，非大楼之谓也，乃大师之谓也。”其实，这句话并没有点出大学的实质。大学未必靠几个大师转。只要学生们有自治的意识，不要等着别人来解决自己的问题，大家聚在一起读书、讨论、组织活动，这就成了个不错的大学了。如今虽然外在的环境很难改变，但我相信：如果莘莘学子们对自己在大学中的人生使命有高度的自觉的话，他们至少还是能够自己教育自己的。

002
只要学生们有自治的意识，不要等着别人来解决自己的问题，大家聚在一起读书、讨论、组织活动，这就成了个不错的大学了。如今虽然外在的环境很难改变，但我相信：如果莘莘学子们对自己在大学中的人生使命有高度的自觉的话，他们至少还是能够自己教育自己的。

言归正传。大部分后悔上大学的人，后悔的原因是"在大学里没学到什么有用的东西"。其实，我虽然不相信"百无一用是书生"的古训，但还是认为在大学里应该先学些"无用"的东西。我最爱讲的一个故事是：美国一位成功的企业经理骄傲地告诉他的欧洲朋友，他当年大学上的是 Swarthmore College（一所美国有名的本科生学院），所学的东西和他的事业一点直接关系也没有。但是，他的大学经验却奠定了他一生生活质量的基础。

大学经验奠定了一生生活质量的基础。

这话怎么理解呢？

第一，如果把"有用"定义为工作中的某种具体技能的话，大学教育的许多内容是"无用"的。比如，大学培养你对生活的敏感，帮助你体会一部伟大的文学著作、分享别人的感情，理解我们文明的源流，或者教育你更有效地建立人际纽带，形成自己的价值观念，等等。这些都未必能直接帮助你找到工作，但可以使你生活得更充实。这到底是有用，还是没用呢？

003
大学培养你对生活的敏感，帮助你体会一部伟大的文学著作、分享别人的感情，理解我们文明的源流，或者教育你更有效地建立人际纽带，形成自己的价值观念，等等。这些都未必能直接帮助你找到工作，但可以使你生活得更充实。

第二，即使从职业上"有用"的角度来考虑，也不应该狭隘地期待大学教你特别专门的知识。比如，前面记者约稿信中引用的那位汉语言专业的大三学生，对为什么要花一大半时间学英语感到不解。从这句话可以判断，他的汉语大概也未必能学好。我大学读的是北大中文系文学专业。系里的另一个专业就是汉语。汉语专业的主攻说白了就是语言学，而现代语言学是西方的产物，特别是比较语言学等，要学好需要掌握许多语言。已故的王力先生，被视为是古汉语权威人士，若活到今天就又会被媒体冠以“国学大师”了。可是人们也许没有注意到，他懂几种欧洲语言，当年还留法过。他在清华国学院的教授赵元任先生，对几种欧洲语言也是颇为精熟的。记得王力先生临终前曾对我讲过，他就读于清华国学院时有一次写了篇论文，证明汉语中有一种语法结构是西方语言中没有的。梁启超对他大加激励。赵元任则在他的论文后面，把西方几种语言中类似的语法结构全列出来，最后批道：“言有易，言无难。”意思是说：你看到一样东西就可以说“有”，这很容易。但要说“无”，则必须看到所有东西才敢说。谁敢说自己看到了所有的东西呢？这太难了。我想，这番教训对前面那位大三的汉语专业同学应该有些教益。如果你连一门西方语言也不能精，看到的东西太少，语言学就不用搞了。另外，语言学有文科中的数学之誉，可以发展得极度抽象化。一些学数学、物理出身的人，转过来搞语言学常比语言专业的人更有优势。这一点，看看世界语言学家的背景就明白。可惜，许多年轻学子，一路死记硬背考上大学，对大学教育一知半解。当没有称职的教授指导时，他们就靠着这种似是而非的信念来对付学业，乃至在语言专业学语言还觉得和自己的专业无关。他们在大学里荒废青春也就不奇怪了。

> 许多在大学里学习“无用”的东西的人，日后往往成为特别“有用”的人才。你查查美国企业总裁的学历就知道：拿MBA的人确实不少，但在本科时就读企业管理的人却不多。相反，许多人本科读的是文学、历史、艺术、中世纪研究等“无用”专业。

第三，事实证明，许多在大学里学习“无用”的东西的人，日后往往成为特别“有用”的人才。你查查美国企业总裁的学历就知道：拿 MBA 的人确实不少，但

在本科时就读企业管理的人却不多。相反，许多人本科读的是文学、历史、艺术、中世纪研究等“无用”专业。甚至有大老板亲自劝自己日后准备经商的孩子们在本科中放弃企业管理，改学文史。为什么呢？按马斯洛（Abraham Maslow）的心理学说分析，人的心理需求由低到高有各种层级：物质上的生存需求，如衣食住行；安全需求，如稳定的职业，家庭资产，社会治安等；归属需求，如友情，爱情，家庭温暖等；自尊的需求，如成就感，他人的尊重，社会地位等；最高的则是自我实现的需求，如道德，创造力，用自己的一生改变世界等。一般而言，天赋比较高的人，对低层级的需求不那么关注，因为他们可以轻而易举地使之获得满足。对他们最具挑战性的是高层级的需求。而恰恰是这些层级的需求更有精神性。这也怪不得，许多杰出人才把其青春投入到一些“没用”的事情上，上大学也选“没用”的专业。不过等他们毕业后面临实际生活，就立即显示出超人的能力。

004

什么是大学生活的核心？在我看来，最重要的就是disputation（论辩）。这种“论辩”，并不一定是公开的口头辩论，而更多的是在心灵中默然进行的是非辨析，是一种永无止境的精神努力。

说这些，并不是主张大学教育应该脱离实际，而是要重新定义大学教育所必须面临的“实际”：大学是为学生打造未来的人生框架，而不仅仅是职业框架。不能舍本逐末，让学生为了一门手艺而在人生的道路上迷失。

那么，大学是如何打造人生框架的呢？什么是大学生活的核心？在我看来，最重要的就是disputation（论辩）。这种“论辩”，并不一定是公开的口头辩论，而更多的是在心灵中默然进行的是非辨析，是一种永无止境的精神努力。从大学诞生以来的八百多年中，“论辩”作为大学核心的精神从来没有丧失过。

大学是在1200年前后的欧洲诞生的。这是当时欧洲的神学和法学传统汇流的结果。在中世纪早期，贵族多是文盲，文化是由教会保存下来的。而在教会中，知识是神学的附庸。牧师站在高高的讲坛上进行“满堂灌”式的布道，听众则虔诚地记住和相信这个权威说的话。这几乎就是当时唯一的教育了。但到了12世纪，经济的发达使社会变得更复杂。特别是从阿拉伯世界“进口”的希腊古典文化，大大丰富了知识领域。这种灌输的模式也随之发生了变化。即使在神学界，许多人也认为了解真理的最好方式就是dialectics，即所谓的“辩证法”，其实就是一种通过问答的方式获得知识的途径。比如古希腊哲人苏格拉底就是把握这种方法的大师。他倾听你的陈述，然后对你的陈述进行提问，并通过这种打破沙锅问到底的提问，一步步地让你意识到你对自己所说的东西其实一无所知。他的名言就是，我一无所知。我唯一比你们知道得多的东西，就是我知道我不知道。

第一，大学是一个求知者的精神共同体；第二，师生的关系，不管是从心灵上还是从空间上都非常密切：大家住得很近，可以随时坐而论道；第三，真理是辩出来的，不是死记硬背地“学”出来的：大学要训练学生发展自己的论断，并能够应付不同观点的挑战，在思想的交锋中说服别人。

与此同时，罗马法也开始在欧洲复兴。法学中那种论辩的特性，也正好和神学中的辩证法自然地汇流。这就在“高等教育”中形成了论辩的教学方式。当时崛起的所谓大学，多是些求知的学子自己组织起来学术共同体，自己聘请老师来讲授，最后规模不断扩大，权威日高，受到教皇和国王等的承认。现代意义的大学，也就由此发足了。

从大学的诞生可以看出，大学与生俱来地带有几个特点：第一，大学是一个求知者的精神共同体；第二，师生的关系，不管是从心灵上还是从空间上都非常密切：大家住得很近，可以随时坐而论道；第三，真理是辩出来的，不是死记硬背地“学”出来的：大学要训练学生发展自己的论断，并能够应付不同观点的挑战，在思想的交锋中说服别人。当然，到了牛顿时代，实验科学诞生，取代了经院哲学式的单纯论辩方式。这是后话。现代的实证科学发展了但并没有取代中世纪的大学精神。我们现在的教育，则连中世纪的经院哲学都不如。

英美一流的大学，至今仍然保持着严格的寄宿学院制，基本就是这一论辩传统的继续。在寄宿学院中，师生混居，有充分的交流。在大学的课堂教学中，讨论班是一个核心形式。训练学生批判性的思维则是最重要的教育目标之一。最近我的一个同事退休，他骄傲地给我们复印了一份学生对他的课如下的批评："我不觉得这是一种有效的学习方式，因为我不知道该相信哪一头的。"对于教授来说，能把学生置于这种心灵论辩的困惑之中，就是一种教育的成功。

005

在大学的课堂教学中，讨论班是一个核心形式。训练学生批判性的思维则是最重要的教育目标之一。

再看看我们现在的大学：教授没精打采地讲着满堂灌的大课，下课后就无影无踪。学校高楼林立，却缺乏辩论切磋的风气，大部分课程都有给定的答案。大学的传统，在我们这里似乎早已经失传了。我们为什么还要上大学呢？

006

能把学生置于这种心灵论辩的困惑之中，就是一种教育的成功。

但是，看一看大学的历史就知道：开创大学传统的主力之一，就是那些求知欲旺盛的莘莘学子。所以我劝现在的大学生：与其被动地抱怨，不如主动地发展自己的大学精神。毕竟，现在的大学有了"大楼"，至少在空间上让许多年轻的精英聚集在一起。这为我们塑造自己的大学经验提供了很大的本钱。

我在1979—1983年在北大读书。当时学校的条件很差：六个人住一间拥挤不堪的宿舍，这六人晚上只有一张去图书馆读书的座位号；刚刚经历过"文革"的教授们，知识也都很陈旧。但是，虽然我并不用功，逃课成性，现在回想一下，当时还是接受了一些有效的教育。为什么？因为我赶上了“怀疑一切”的时代，我们拒绝接受一切既有的信条，在宿舍里一天到晚地辩论，并通过辩论感到了自己的无知，这种无知感又刺激了求知欲。在这种刺激下，我从大二时就起誓：我不属于任何专业。因为专业象征着权力对个人的统治。这种统治，把一个完整的个人根据权力的需要进行切割，成了什么文学专业、历史专业、计算机专业、物理专业等，而不是一个人。要拒绝这种切割，要恢复作为个人的完整性，就必须先否定专业。所以我逃了许多本系的课，却偷偷跑到外系旁听，追寻自己心灵中的问题。大学的教育，就是在这种心灵论辩中完成的。

我不属于任何专业。因为专业象征着权力对个人的统治。这种统治，把一个完整的个人根据权力的需要进行切割，成了什么文学专业、历史专业、计算机专业、物理专业等，而不是一个人。

大学里学的什么东西是有用的，什么是没用的？我看最好的判断是看你想不想学。当你想学时，就说明所学的东西满足了你心灵的渴望，是“有用的”；如果所学的是个“热门专业”，那最多只能证明它对别人“有用”而已，未必对你自己有用，如果缺乏兴趣就大可不必勉强。更何况，别人的需要千变万化，远远超出你的控制。今天的热门专业，明天也许随着别人的需要的转变而变得“无用”了。你怎么能把自己的青春赌在别人的需要上呢？

007

大学就是这么一个地方：你选择一个你最喜欢的东西，看看你干自己最喜欢的事情能干得多么出色。这才是检验你才能的一把尺子，也是对你最好的训练。

我的一个学生，最近特别喜欢历史，但搞不清楚毕业后究竟是去搞经营，去读法学院，还是去读历史学博士。他来问我在没有想好未来干什么之前现在这样投入是否值得。我告诉他：如果你现在执迷于历史，那就以最大的激情去探究。大学就是这么一个地方：你选择一个你最喜欢的东西，看看你干自己最喜欢的事情能干得多么出色。这才是检验你才能的一把尺子，也是对你最

好的训练。从这种训练中所获得的素质，将来干什么都有用。

大学教育的根本，就是这种心灵的自由。如果你老盯着什么是"热门"，盘算着什么"有用"，你的心灵就好像一个总盯着老板的脸色的雇员一样唯唯诺诺。要知道，你的技能可以被雇用，但你的心灵绝不能被雇用。大学要培养的，就是一个能主宰你生命的心灵。

热门专业和冷门专业

我因为在美国的大学教书，并且写了几本涉及美国高等教育的书，被一些人视为"专家"。一些老同学、亲戚朋友，甚至亲戚朋友的朋友，乃至素不相识的网友，经常在把孩子送到美国读大学时向我咨询，并让我和他们的孩子直接对话。这样我算是和现在这一代大学生有了第一手的接触，渐渐对他们关于教育的观念有所了解。我和他们的对话，特别能反映出中美大学教育不同理念的撞击。所以就不妨从这些对话谈起。

大学教育的根本，就是这种心灵的自由。如果你老盯着什么是"热门"，盘算着什么"有用"，你的心灵就好像一个总盯着老板的脸色的雇员一样唯唯诺诺。

比如，有位孩子在国内上大一时就被交换到美国的一所州立学校读半年书。他来了后喜欢得不得了，于是不想回去，决定申请在这所大学当正式学生。为了这件事情，他托熟人找到我。大家电话聊了一小时。他的第一个问题是："我选什么专业？"我则问："你想上哪个大学？"他觉得我没有回答他的问题，我则觉得他的问题有点莫名其妙。

他是典型的中国教育体制里培养出来的人，来美国读了半年书，还不明白美国的教育制度是怎么回事。在国内考大学时，从来是大学和专业一块报。在美国则完全不同。你申请哈佛就是哈佛，耶鲁就是耶鲁，密西根就是密西根，根本不用考虑什么专业。选专业可以在大二决定，或者大三决定，甚至决定了以后还能改。关键问题是你要挑个适合你的学校。而大学挑的，也是你的综合素质，不是你的专业。一个学文学的可以进医学院，学古典文献的可以进法学院，学历史的可以进商学院，等等。这在美国是正常的教育过程。

我本是想提醒这位同学：美国有许多大学可以选择，不过不是你想去哪里就一定会被录取。既然来了，眼界就不妨放宽一些，多申请几个，也算有备无患吧。可是，听他执意要讨论专业问题，我最终也就顺着他的话问他到底想学什么。他说是管理或金融。我马上说，既然如此，你还是好好学数学，甚至可以进数学系，以后读研究院再申请管理或金融，比本科就开始读这些科目更有底气些。中国学生在数学上经常有优势。比如我所执教的萨福克大学的财会专业，据说就是因为一帮中国学生数学特别好，在州里财会资格考试中的通过率比哈佛学生还高……他马上说："不行不行，我数学最差，既讨厌又害怕。"我马上问："既然数学太差，为什么要学管理或金融？"他告诉我他自己也没有主意，是他爸爸（也就是我朋友的朋友）让他选的，说这个专业毕业好找工作。我哭笑不得，告诉他："你现在才上大一，是在申请本科。学校才不在乎你学什么专业呢。专业也不能决定你日后是否好找工作。关键在于你在学校是否表现突出。你在这里仅半年的时间，如果想让任何一所学校录取你，就应该选你最喜欢的课，拿出看家本事去学。人一般在自己喜欢并擅长的领域表现得要好很多。表现一好，老

008

关键问题是你要挑个适合你的学校。而大学挑的，也是你的综合素质，不是你的专业。一个学文学的可以进医学院，学古典文献的可以进法学院，学历史的可以进商学院，等等。这在美国是正常的教育过程。

师就印象深刻，会给你写推荐信。有了好的推荐信，你就前途光明了。你现在可好，让从来没有留过学的父亲来指挥一切，上的全是你既不喜欢又不擅长的课。你的表现能好吗？表现不好，教授会给你写推荐信吗？没有这些推荐信，学校会录取你吗？”他听了我的话，人都蒙了，不知如何是好，大概是后悔自己咨询得太晚了。后来听朋友说，他没有被录取，很悲伤地回了国。

这个经历，让我感慨万端。这位同学，是中国教育的典型受害者。中国的教育培养的不是人，而是专业工具。结果，这种专业万能的信念，创造了种种“热门专业”的神话，严重扭曲了大学的精神，甚至在学生的实际生活中也误事。其实，这种倾向并不是一夜之间形成的。在三十多年前刚恢复高考时就有苗头。比如，1979年我高考拿到高分后，毫不犹豫地报了北大中文系。可是，我知道一位和我分数差不多的学生，竟报了北京外贸学院（也就是后来的经贸大学）。我的反应是他在搞笑：这么好的成绩，跳过北大上什么外贸学院？！现在想想，他肯定也觉得我在搞笑：这么高的分，竟然去学中文？！我们两人不同的选择，体现了截然不同的教育观念。在我看来，大学是培养人的机构，关键在于其综合实力和环境。在这方面，中国哪里找得出第二个北大？岂是个小小的外贸学院可比的？但在他看来，当时的外贸学院是外贸部所属的院校，毕业后直接分配到外贸部这种有油水的地方，学的又是贸易，前途当然错不了。看来，还是他领导了时代的潮流。现在的学生大多追随他的思路。不过，总的说来，我们那年月的学生单纯得多。北大至少在1977—1979年恢复高考后的头三年，文科最高录取分数是中文系，理科是物理系，那时候还没有经

009

中国的教育培养的不是人，而是专业工具。结果，这种专业万能的信念，创造了种种“热门专业”的神话，严重扭曲了大学的精神，甚至在学生的实际生活中也误事。

管等。可惜没过几年，中文系就成了没用的系，录取分数直线下降。好学生都跑到经管、法律等专业去了。最近我网上查了一下，老天爷！北京对外贸易学院、首都经济贸易大学、中国经济贸易大学、对外经济贸易大学……我简直看花了眼。原来那个外贸学院究竟变成哪个也不知道了。总之，大学要开的不仅是“热门专业”，甚至要抢“热门”校名，似乎要一个大学变成一个热门专业。本指望自己的母校北大能够出污泥而不染，但到北大的网页一查，看到光华管理学院的首页上赫然有如下一段介绍：

> 学院现有全日制本科生703人。为体现交叉学科的特点，按工商管理类统一招生，文理兼收。普通本科生学制四年，入学初不分专业，经过为期一年半的英语、数学和基础课的强化训练，二年级第一学期末开始分专业，根据学生志愿和学习状况，分别进入金融学、会计学、市场营销三个专业学习。学院拥有中国最具发展潜质的本科学生，吸引全国优秀的中学生报考，连续几年每年都有约五分之一的全国各省市高考第一名进入光华管理学院。其中2008年招收文理科高考状元24名。

区区一个管理学院，居然能网罗全国五分之一的“第一名”，进这个管理学院简直成了新科举。这是北大的悲哀，是中国高等教育的悲哀，也是这些学生的悲哀。

区区一个管理学院，居然能网罗全国五分之一的“第一名”，进这个管理学院简直成了新科举。这是北大的悲哀，是中国高等教育的悲哀，也是这些学生的悲哀。

为什么这么说？像法学、工商管理等，作为本科，多是些垃圾专业。如果一个人才能平平，胸无大志，学这些专业也许尚可。他们在很短时间内掌握一门谋生技艺，至少以后有口饭吃。但是，数一数二的人才，怎么全涌到这里来？难道这些出类拔萃的年轻人，心里想的不过是有口饭吃？

你看美国的常青藤，大部分学校的本科没有工商管理类的学位。只有宾西法尼亚大学的沃顿学院等少数例外。宾大自然不错，但比起哈佛、耶鲁、普林斯顿前三强，还是输掉一头。为什么会如此？精英的本科教育是通才教育，要给学生足够的时间和优越的环境扩展视野、认识世界、认识自己、发展批判性思维能力、培养良好的价值观念。研究院才是专业教育的场所。真要学企业管理，大学毕业后学MBA也不晚。比如，为中国公众所熟悉的布什政府的最后一任财长、前高盛总裁保尔森，迪斯尼的前总裁Michael Eisner，以及美林的前总裁、里根政府的财长Donald Regan，本科的专业都是英语。这就相当于在中国上中文系了。美国好的商学院，一般也避免要那些本科学管理的学生，觉得这样的人视野太窄，缺乏领袖素质，而希望招募学人文的那种具有领袖素质的人才。所以，在大多数常青藤，有经济学专业，可以非常抽象、非常理论化，比如弗里德曼的《资本主义与自由》，或者演练复杂的数学模型分析经济现象。这和北大的金融学、会计学、市场营销这类专业的格调显然不同。在美国大学你大致可以发现这么个现象：越是好的大学，就越是云里雾里地教一些“没用”的科目。比如哈佛、耶鲁、普林斯顿等学校，最流行的专业经常是历史、文学、社会科学等。越是排名低的学校，越是实际。比如什么财会专业等，在这种学校就非常流行。

010

你看美国的常青藤，大部分学校的本科没有工商管理类的学位。只有宾西法尼亚大学的沃顿学院等少数例外。美国好的商学院，一般也避免要那些本科学管理的学生，觉得这样的人视野太窄，缺乏领袖素质，而希望招募学人文的那种具有领袖素质的人才。

这里的道理，我在前面一节按马斯洛（Abraham Maslow）的心理学作了一番解释：人的心理需求由低到高有各种层级：天赋比较高的人对低层级的生存需求不那么关注，因为他们可以轻而易举地解决这方面的需求。对他们最具挑战性的是高层级的精神需求。我即使在萨福克大学这种普通院校教书，也经常能感觉到那些学文学历史专业的学生更聪明一些。学商的学生素质最差。我最头痛的是那些商学院的本科生来听我的历史课。这些人中绝大部分对历史毫无兴趣，只是为了完成课程的要求才来学历史，而且还自以为聪明地发明一套理论：学校逼着他们学历史，不过是找借口收他们的学费而已。有一次，一位歪戴着帽子的学生四仰八叉地坐在前排椅子上问："我就对钱感兴趣。你这门课怎么帮我搞到钱？"

人关怀什么，就决定了他成为什么样的人。比如，一个只关心自己下个月的工资的人，也许一辈子都会为是否能拿到下一张工资单而操心。如果你关心人类命运、社会公正，你就更可能成为领袖。

我总是对这些学生说："人关怀什么，就决定了他成为什么样的人。比如，一个只关心自己下个月的工资的人，也许一辈子都会为是否能拿到下一张工资单而操心。如果你关心人类命运、社会公正，你就更可能成为领袖。你们自己想想：你们谁会选一个只关心自己的工资单的人当你们的领袖？你们更会选一个关心、理解你们的利益的人。这个领袖要理解你的利益，自然会理解许多人的利益。他不是仅仅和你交朋友。他甚至根本不认识你。但是，他研究社会，懂得从历史中汲取智慧。这样他才能超越自己狭隘的经验，和许许多多人建立强有力的纽带。"

这也可以帮助我们理解，为什么一些世界顶尖的企业领袖，本科是学人文的出身。他们需要有足够的时间认识自己、认识社会，然后再确立自己在社会中的位置，选择个专攻。主持 SAT 等"美国高考"的"大学委员会"(college board) 对于那些立志读 MBA 的学生有明确的建议：第一，商学院招募的学生可以来自任何专业。商业院固然对你本科所学的课程有若干要求，但这些要求全可以在工商管理专业以外完成。第二，商学院一般喜欢接受那种完成了广泛的、多面的、有挑战性的课程（a broad，well-rounded，and challenging curriculum）的学生，并不会以某个专业优先。甚至对于那些本科学工商管理的学生，“大学委员会”也鼓励他们在头两年主要选修微积分、心理学、社会研究、经济学、计算机、统计学、写作等课程。要记住，商学院入学考试GMAT中最关键的一项就是英语。良好的写作能力被认为是在商学院和企业界成功的关键。第三，大学的成绩、成就、标准化考试的成绩都要比具体学什么专业更重要。“大学委员会”所讲的仅仅是一般的商学院的要求。越是精英的商学院，对学生广泛的人文背景就越看重。

北大在中国的地位，恐怕比哈佛在美国还重要。我并不是说北大绝对不能给本科生办个管理学院。但是，如果全国各地五分之一的“第一”都跑到管理学院学什么市场营销之类，我们的高等教育（特别是一流的高等教育）就有了问题。按说，这些“第一”是他们这代人中的精英，是未来的领袖。他们越是第一，越应该关心涉及全人类的大问题。在美国，你很难想象这样层级的精英高中生会想到大学里学市场营销。这样下去，北大还能为未来的中国培养领袖吗？

如果全国各地五分之一的“第一”都跑到管理学院学什么市场营销之类，我们的高等教育（特别是一流的高等教育）就有了问题。按说，这些“第一”是他们这代人中的精英，是未来的领袖。他们越是第一，越应该关心涉及全人类的大问题。在美国，你很难想象这样层级的精英高中生会想到大学里学市场营销。这样下去，北大还能为未来的中国培养领袖吗？

历史、文学和精英教育

上节谈了中国最精英的学生一头钻进市场营销这类鸡毛蒜皮的专业中的悲哀，但是我并没有讲人文教育究竟有什么用。其实，这个题目我也没有能力讲。因为人文教育对一个人一生的影响太复杂，远非我这么一个见识狭隘的人所能理解。我只是根据自己的经验，和大家分享我的一孔之见。

我在美国的大学里教历史。这一经验里有两点值得一谈。第一是“没用”，也就是非常不实际。历史不能吃不能喝，为什么要学？第二，美国的法学院据说很喜欢学历史的学生，至少很多学生和他们的家长是这么认为的。所以，历史专业中有不少想进法学院的学生。不过，他们当中的许多人对于为什么法学院喜欢历史学的训练并不太理解。

美国的法学院据说很喜欢学历史的学生，至少很多学生和他们的家长是这么认为的。

美国的大学是自由竞争的。一个学生可以同时接到许多大学的录取通知，然后进行比较选择，必要时到有关大学再访问一下以作出最后决定。从大学方面看，大家为了竞争，经常在发完录取通知后设一个接待日，欢迎那些被录取的学生和家长来参观，并让本校各系派代表介绍自己系里的情况、回答各种问题，以求给学生和家长们留下良好印象，吸引被录取的学生前来就读。每个系的代表，实际就是本系的推销员，责任是说服大家为什么要来这个系读书。我代表历史系充当过这样的推销员，除了回答关于本系的具体问题外，还特别要解释为什么要学历史。而且，考虑到许多孩子可能瞄准着法学院，我在解释学习历史的价值时，不免经常要讨论历史和法学院的关系。今年我的推销特别成功。教室里挤满了人。其中我解答一位黑人女士的问题很能综合地表达我对历史等人文学科的看法，不妨在这里和大家分享一下。

这位黑人女士年纪偏大，陪着一位男孩来，我也不知道是她的儿子还是孙子。她的穿着很“土”，显得挺下层，而且问话总是一副天真无知的样子。当时我正在讲大家对历史的偏见：“看看，许多人都觉得历史没有用。特别是在现在这种经济不好的时候，家长们更要问：‘让我的孩子学历史以后能找到工作吗？’另一部分家长则不知哪里听到法学院很喜欢录取历史专业的学生，就督促孩子学历史，但并不了解这是为什么。”

“真的吗？”那位黑人妇女显出好奇的样子，“那你给我讲讲，历史和法学院有什么关系？”

批判性的阅读，是历史的基本训练。

我马上把从一位哈佛法学院毕业的刑事律师那里听来的话告诉她。当我刚认识这位律师时曾开玩笑地说：“你们这种审判律师，我只在电影里见过。你们的生活一定很有戏剧性吧？”他马上说：“我并不出庭，我干的事情和你们这些历史学家没有什么区别。”他显然是了解历史学家的工作。他的妻子就是我们系里研究美国史的同事。我马上讨教何以会如此。以下是他的解释：

> 我主要的工作是审阅法庭记录。公诉人、被告律师，乃至各种证人在法庭上讲的话都是被记录下来的。我在阅读中，要从各方的话的字里行间找破绽。大的破绽可以导致法庭推翻原判。你恐怕难以相信，我阅读的一半以上的案子有很大的破绽，都被推翻了。许多人从监狱中被我救了出来。这些人一般是穷人，自己没有钱雇律师，法庭给指定一个，有时案子审理得非常潦草，所以我的责任就非常重大。你看看，干这种事情，和你们历史学家有什么不同？你们不就是通过阅读档案，在字里行间挖掘前人没有看到的东西，甚至推翻前人根据同样的史

料得出的结论吗？说到底，这还是批判性的阅读，是历史的基本训练。

他所言极是。我还必须补充的是，历史学家面对的文献，多是当时的人根据自己的目的对“事实”进行的叙述。因为目的不同，所叙述的“事实”也不同。对历史学家最大的一个挑战是，你所拥有的史料不过是过去的人为我所用讲的故事。除此以外，你往往没有或很少有其他的线索。历史学中的批判性阅读，特别要注意是谁在叙述，目的是什么，然后发现这种“叙述特权”掩盖了什么事实或是否压抑了其他人的叙述。举个例子，我们看中国的史料，讲到某王朝灭亡时，往往会碰到女人是祸水这类叙述和评论。其中评论一看就知道是史学家的个人意见。但他的叙述有时则显得很客观，特别是那些没有夹杂评论的叙述。没有批判性的阅读，你可能会简单地接受这些为既定事实。但是，当你意识到这些全是男人的叙述，特别是那些希望推脱责任的男人的叙述时，你就必须警惕。因为女人在这里没有叙述的权利，她们的声音被压制了，没有留下来。那么，你就必须细读现有叙述的字里行间，发现其中的破绽。这是分析史料的基本技巧。刚被奥巴马提名为美国历史上第一位拉美裔大法官的Sonia Sotomayor，上普林斯顿本科时学的就是历史专业。她大一时遇到了历史系的教授Nancy Weiss Malkiel，后者手把手教她怎么分析地阅读文献史料，使她的思维能力有脱胎换骨的跃进。这大概也是她日后能最终登上司法界顶峰的基石。她的故事，完全印证了上面那位哈佛法学院出身的律师的话，读史料的功夫和律师的基本训练非常一致。

历史学中的批判性阅读，特别要注意是谁在叙述，目的是什么，然后发现这种“叙述特权”掩盖了什么事实或是否压抑了其他人的叙述。

其实，不仅是历史，文学的训练也能达到同样的效果，有时恐怕更加精深。我在北大读中文系时，上的全是满堂灌的大课，基本没有讨论。老师讲的，也多是些思想性、艺术性之类的陈词滥调。现在中文系的课也许新潮一些，但估计还是老师讲、学生听。对于文学而言，这种形式本身就是错的。因为这只有一个人在叙述，没有人挑战老师所垄断的叙述特权。我们夫妻正好在大致相同的时间在耶鲁读博士。我读历史，妻子读文学。我们经常在家里讨论彼此的阅读，我进而也从她那里补了许多在北大中文系文学专业所没有接受的文学训练。比如，她每读小说几乎首先要分析“叙述者的声音”，分析不同的叙述者看到的不同的现实，或者被叙述者有意无意忽略的现实，而不是把小说中的描写都当作“客观描写”。小说中的每一个字背后都有个叙述者，不同的叙述者有不同的目的，因而“事实”也随着这些目的的不同而变化。读者必须意识到哪段话究竟是谁的叙述，是否应该相信这个叙述者，在多大程度上相信。她经常和我讲，每位叙述者都是不可靠的。你要从文本分析中发现这种不可靠性。她举出芥川龙之介的《罗生门》，整个小说就是几个人对一桩凶杀案的截然不同的叙述，解构了事实的客观性。这活像是法庭上律师或公诉人各向对方的证人所进行的反诘问（cross-examination），引出的经常是各说各的“事实”，大家的目标也多是要破解对方的叙述。她以为《罗生门》写得太生硬机械，好像是在套用法庭反诘问的模式。更高超的小说，则微妙得多，破解其中的叙述模式时需要更精微的敏感力和洞察力。在许多场景中，一个人的叙述实际上有着双重叙述者。透过这双重叙述者来观察现实，比透过一个单纯叙述者

更高超的小说，则微妙得多，破解其中的叙述模式时需要更精微的敏感力和洞察力。在许多场景中，一个人的叙述实际上有着双重叙述者。透过这双重叙述者来观察现实，比透过一个单纯叙述者的偏见更困难。

的偏见更困难。比如，小说中经常写到一位老人回忆年轻时的事情。这时一个人嘴里就有两个叙述者。一个是年轻时的他，呈现的是那时他看世界的眼光所反映出来的“事实”。同时，还有一个“现在”的他，即几十年后“看”自己当年“看”到的事实。一个人在两个时空中的利益、情感、理智以及目的可以非常不一样。作为一个读者，你怎么破解这些？这是文学的问题，也可以是法学上的问题。

读历史也好，读文学也好，都很像个侦探，和律师读法庭审判记录非常相似。法庭就是不同的叙述者的叙述的交锋。大家各说各的故事，虽然这些故事指涉的是一个现实。你必须破解叙述者的意图和“事实”之间的关系，而且经常要根据叙述者提供的事实推翻叙述者的结论，破解这个叙述本身。特别重要的是，你要寻找那些缺席的声音、那些被压制的叙述者，从他们的角度看待“事实”。

正是因为有这种多重叙述的复杂性，文学课最好是以讨论的方式进行。哈罗德·布鲁姆（Harold Bloom）大概是当今美国最有权威的文学批评家了。妻子特地去旁听过他给本科生讲的莎士比亚课。上课形式非常简单，从来不摆理论，就是大家围绕着作品讨论。即使是布鲁姆这么一位半神式的权威，也绝对不垄断课堂的叙述权利，尽可能多地让学生们参与讨论，让他们有机会从自己的角度破解文本中的各种叙述。妻子回来对我转述课堂的精彩之处时，也绝不是只讲布鲁姆的话，而是把许多本科生的洞见告诉我。有的时候，一堂课最精彩的“眼位”就是被一位十八九岁的女孩子点出来的，是她自己的叙述。布鲁姆如果只顾自己讲、沉浸在他个人的叙述中，这个女孩子的叙述所体现出来的神采就没有人看得到。这样上课，多大的权威也会从学生那里学到不少东西，也不可能垄断叙述。课堂只有变成一个多重叙述的场所，才能反映世界的复杂性。

简单地说，读历史也好，读文学也好，都很像个侦探，和律师读法庭审判记录非常相似。法庭就是不同的叙述者的叙述的交锋。大家各说各的故事，虽然这些故事指涉的是一个现实。你必须破解叙述者的意图和“事

实”之间的关系，而且经常要根据叙述者提供的事实推翻叙述者的结论，破解这个叙述本身。特别重要的是，你要寻找那些缺席的声音、那些被压制的叙述者，从他们的角度看待“事实”。奥巴马在提名Sonia Sotomayor为大法官时，特别强调她所具有的特异素质——“感情移入”(empathy)。这个词在中文中很少谈，但在美国则经常被讨论。所谓“感情移入”，指的是一种能够进入他人的内心去感受世界的能力，而且这种感受能力甚至可以在不和有关的他人进行沟通的情况下就获得。这在读文学作品时特别重要。有这种能力的人，每每能非常敏锐地体会那些不在的、被压制的叙述者心中的感受，虽然没有机会和这些被压制的人进行任何交流；没有这种能力的人则往往完全麻木，看不到文本中没有提到的东西。读历史也是如此。那些从史料的字里行间发现问题、推翻既有的叙述的人，往往是那些具有“感情移入”能力的人。人文学科在这方面为学生提供了很好的训练。

所谓“感情移入”，指的是一种能够进入他人的内心去感受世界的能力，而且这种感受能力甚至可以在不和有关的他人进行沟通的情况下就获得。

以上讲的这些批判性的阅读、破解既有的叙述、解构叙述特权、发现被压抑的叙述者的声音、通过感情移入理解他人等，是认识人和社会最基本的，又是学无止境的技巧。学生不管以后从事什么事业，首先要懂得如何解读生活的文本。这是北大应该提供的精英教育。让我最扫兴的是，全国高考五分之一的“第一”居然进了光华管理学院，学什么会计学、市场营销等专业。我们的文化还有想象力吗？以市场营销为例，这种专业固然有许多小技巧。但是，北大即使是为企业界培养人才，也应该培养企业领袖，而不仅仅是个推销员。企业领袖实际上就是个社会领袖。作为社会的领袖，你必须具有“感情移入”的能力，能够设身处地地理解各种人的心声。

011

批判性的阅读、破解既有的叙述、解构叙述特权、发现被压抑的叙述者的声音、通过感情移入理解他人等，是认识人和社会最基本的，又是学无止境的技巧。学生不管以后从事什么事业，首先要懂得如何解读生活的文本。

这样你才能理解别人是怎么感受的，以及你靠什么召唤别人。比如，最近美国汽车业风雨飘摇，三大汽车中两个破产。论者对美国汽车业失败的原因虽然各有各的分析，但共同的结论是这些汽车公司生产不出消费者想要的车来。要知道，汽车构成了美国独特的生活方式。美国至今还是世界最大的汽车市场，拥有最悠久的汽车制造传统。守着这么大的优势，怎么就不知道消费者要什么车呢？一位汽车评论家在《华尔街日报》上大声疾呼："解雇那些 MBA，雇用诗人！"美国汽车制造商之所以10年前做出了集中制造 SBV 的战略选择，主要是建立在对美国的家庭规模、购买力、油价，以及每辆 SBV 的赢利边际等数字的估算之上的。这是典型的 MBA 所教的经营，不能说不重要。而且，当你要推销这些车时，也确实需要各种市场营销的技巧。但是，作为决策的企业领袖，必须有"感情移入"的能力。也就是说你虽然无法和上千万的顾客沟通，但你可以本能地钻到他们的心里去感受这个世界，知道他们的好恶，这样你才能制造出打动他们的产品来。开丰田 Prius 的那种安静儒雅，和开悍马的那种横暴，是非常不同的感情。究竟哪个更代表消费者的感情？这不是 MBA 能训练出来的。但是，你在读 MBA 前学一些文学，懂得如何体会和分享别人的情感，你就可能获得打动社会的"感情移入"的能力。这也许能帮助你理解许多顶尖的 MBA 课程在文学本科和商学本科之间更愿意录取前者的原因。

美国至今还是世界最大的汽车市场，拥有最悠久的汽车制造传统。守着这么大的优势，怎么就不知道消费者要什么车呢？一位汽车评论家在《华尔街日报》上大声疾呼："解雇那些MBA，雇用诗人！"

开丰田 Prius 的那种安静儒雅，和开悍马的那种横暴，是非常不同的感情。究竟哪个更代表消费者的感情？这不是 MBA 能训练出来的。

书归正传。我把我对历史专业的理解都诚恳地告诉了那位黑人女士。不过，我还必须具体解释什么是历史学的训练：

"历史训练并不是许多人想象的那样，是掌握一些历史知识，比如文艺复兴、宗教改革、法国大革命、美国独立战争、工业革命、第二次世界大战，等等。我从来不要求学生记住这些。事情明摆着：你要求学生记住，他们考试后也会忘掉。我所强调的是他们不会忘掉的东西。首先，历史训练你通过原始文献或尽可能是第一手的文献以及其他证据对过去进行调查；通过这些调查，把漫无头绪的零散事实连接起来，最终形成自己的论断或观点。然后，你要学会怎么陈述自己的观点，怎么用事实支持自己的每一个论断。总之，你要知道怎样变得有说服力。这难道和律师在法庭上的工作不是很接近吗？其实，这也并不仅仅限于法律。有位中世纪史学家说，研究中世纪的人搞情报工作特别合适。因为中世纪的史料残缺不全，你必须根据这些残缺不全的材料发现某种事实、得出最令人信服的结论。难道企业的运营不也是如此吗？一个企业总裁不可能获得全部的市场信息。他也不能坐在那里等待信息完备后再决策。他每天都在根据不完备的信息去理解不断变化的现实，并有所行动。这和历史学家的处境很相似。”

有位中世纪史学家说，研究中世纪的人搞情报工作特别合适。因为中世纪的史料残缺不全，你必须根据这些残缺不全的材料发现某种事实、得出最令人信服的结论。

我讲着讲着，教室里的人越来越多，特别是许多家长，听得聚精会神。于是我更有兴致，借机进一步抨击大学教育实用化的倾向：

“你们大概知道，CNN 每年都报道各种专业的大学毕业生的起薪。学化学工程的好像是排第一，能挣到七万美元。接下来的则是其他的几个什么‘工程’。美国的孩子一听‘工程’就怕，觉得自己数学不好、干不了，使这几个专业的毕业生成为稀缺人才。接下来起薪高的，差不多就是管理、财会等，有四五万美元。再看学历史、文学的，从来都是垫底的，仅挣三万多。如果你们拿这个衡量，也许确实不应该送孩子读人文学科。这太不实际了。但是，有个统计显示，那些本科读历史出身的商人，毕业 15 年后要比那些本科商学院出身的商人年薪更高一些。为什么呢？以我个人的经验看，学历史的学生一般更聪明一些。不过，更具体的原因恐怕还是大家日后上了什么研究院。比如，本科学历史或文学的毕业后经常找个临时工作，以准备读研究院。这种临时工作薪水少，压低了他们的平均起薪。不过，这些人恐怕比学商的更有机会在比较好的学校拿一个 MBA，或者进更好的法学院。现在大学已经普及了。大学毕业不会被当成专业人士看待，而是个普通劳动者。你想成为专业人士，还要进法学院、医学院、商学院等。所以，选择专业不应该看你本科毕业后的起薪，而要看读哪个专业更有利于你进好的研究院。

012

大学毕业不会被当成专业人士看待，而是个普通劳动者。你想成为专业人士，还要进法学院、医学院、商学院等。

“可惜，现在学生的想法太实际。特别是那些成为家里第一代大学生的孩子，因为缺乏家庭传统，对高等教育有许多误解，经常把大学当技校来上，找个财会等实用专业、学门手艺完事。还有些人试图在准备进研究院时抄近道儿。比如，他们想进商学院学 MBA，就在本科读商学院。其实好的商学院并不一定喜欢这种学生，理由是他们本科太狭窄，课程和 MBA 多有重复。好的商学院更喜欢学文学、历史、数学、物理等不相干的专业的学生。法学院也是如此。许多家长希望孩子当律师，恨不得一进大学就要孩子读法学院。可惜，美国的大学本科基本不设法学院。有些学校为了迎合这种想提前上法学院的市场需求，就把本科办成法学预科，设置了一些准法学的课程，如刑事辩护。这听起来就像是法学院的内容呀。于是，许多学生选了这种专业，觉得自己申

好的商学院更喜欢学文学、历史、数学、物理等不相干的专业的学生。

请法学院时可以先声夺人。他们往往不了解的是：法学院并不这么想……”

“是吗？”那位黑人女士打断我，“请告诉我：法学院会怎么想？”

“哈哈，作为一个历史教授，我认为法学院宁愿你来学历史。”我这么说当然是半开玩笑。但是，这也不是全无根据。大家都承认，在美国学法学的事业顶峰是成为与总统比肩的最高法院大法官。随着Sonia Sotomayor进入最高法院，本科历史专业出身的大法官成为最高法院的主力。我们不妨把现任大法官本科时的专业排列一下：首席大法官罗伯茨（John G. Roberts），本科在哈佛读的历史；大法官肯尼迪（Anthony Kennedy）本科在斯坦福大学学的政治学；大法官史蒂文斯（John Paul Stevens），本科在芝加哥大学读的英文；大法官斯科利亚（Antonin Scalia），本科在乔治城大学读历史；大法官布莱尔（Stephen Breyer），本科在斯坦福读哲学；大法官托马斯（Clarence Thomas），本科在圣十字学院读英国文学；大法官Samuel Alito则在普林斯顿的威尔逊公共与国际事务学院完成了本科学业；大法官Ruth Bader Ginsburg本科在康奈尔大学就读，专业我一时查不出来；新任大法官Sonia Sotomayor则是普林斯顿历史专业的本科。屈指一算，九个大法官中，至少三个是历史专业的本科，两个读英国语言文学。剩下的也都是哲学、政治学等专业。本科英文出身的史蒂文斯大法官甚至直言不讳地建议：“学习法律最好的准备是研究诗，特别是抒情诗。”看来，想在法学界出头，文史哲还是第一正途。

在美国学法学的事业顶峰是成为与总统比肩的最高法院大法官。随着Sonia Sotomayor进入最高法院，本科历史专业出身的大法官成为最高法院的主力。

九个大法官中，至少三个是历史专业的本科，两个读英国语言文学。剩下的也都是哲学、政治学等专业。本科英文出身的史蒂文斯大法官甚至直言不讳地建议：“学习法律最好的准备是研究诗，特别是抒情诗。”

当然，我不会简单地以最高法院大法官的教育背景

013

美国法学院录取委员会对未来法学院的学生的建议非常明确："法学院想要的学生是那些具有批判性思维能力、有良好的写作技能、对塑造人类经验的各种力量有相当的理解的人。"

法学院院长们推荐的头四大专业按英语字母排列为：英语、历史、哲学、政治学。

来界定学什么本科专业最容易在司法界成功。历史本科占主导可能是个偶然，但是也不完全是偶然。在美国历史上，文史哲本科出身的大法官总是在最高法院占主导。法学院对学生的要求其实也很能解释这是为什么。美国法学院录取委员会（Law School Admission Council）对未来法学院的学生的建议非常明确："法学院想要的学生是那些具有批判性思维能力、有良好的写作技能、对塑造人类经验的各种力量有相当的理解的人。这些素质可以通过各种大学课程获得。这包括人文、艺术、社会科学或自然科学。那些以狭隘的职业导向为基础的本科教育，往往不是上法学院的良好准备。"几年前，有一个对美国各大法学院院长的调查，让这些院长推荐那些希望进法学院的学生在本科时应该学习什么专业。结果，被这些法学院院长们推荐的头四大专业按英语字母排列为：英语、历史、哲学、政治学。看来，强调历史训练并不是我这位历史教授的个人偏见。于是我告诉这位黑人女士："法学院希望你有更广阔的训练：有分析力（特别是批判性思维）、有感情移入的能力……总之，你要对社会有基本的理解能力，对别人有基本的理解能力，善于沟通表达，然后再接受法学的专业训练。我给你举个例子吧。你也许觉得本科学刑事辩护是进法学院的正途。但是，你法学院毕业后，不管是作为律师还是法官，你也许很少有机会处理刑事案。你也许会面对干细胞研究的案子。现在从国会到法院，不是到处都在为此辩论吗？面对干细胞的问题，法学院希望自己的学生在本科时进行什么样的专业准备呢？难道是刑事辩护吗？恐怕不是。相比之下，法学院大概更看重那些学生物、伦理、人类学、政治学的学生。这些学生可以把自己在不同专业中所获得的洞见带入法学院的课堂，让教授也受益。如果法学院仅招那些在法学教育上抢跑的学生，大家都有着刑事辩护之类的单一背景，学习重复的内容，那会有什么意思？”

我这番对历史系的“推销”，算是圆满结束。学生和家长们似乎若有所得。大家告辞时，那位黑人女士留在最后。她握住我的手说：“实话告诉你吧，我就是哈佛法学院毕业的。你关于法学院的那些话都非常对！我本科就是学人类学的。”我赶紧拍拍她的肩：“拜托，拜托。我班门弄斧了。幸好没有被你抓住。”

法学院大概更看重那些学生物、伦理、人类学、政治学的学生。这些学生可以把自己在不同专业中所获得的洞见带入法学院的课堂，让教授也受益。如果法学院仅招那些在法学教育上抢跑的学生，大家都有着刑事辩护之类的单一背景，学习重复的内容，那会有什么意思？

事后想想，还真有些后怕。我一个学历史的，在那里向一个哈佛法学院毕业的人解释法学院的规矩是什么，没有闪失实在算是万幸。不过，我讲的实在是美国教育的常识，想错也难。那位黑人女士，在我看来是成心装不懂，要看看我这个当教授的到底懂不懂自己在干什么，要不要送她的孩子来。其实她的表演还有一层。美国依然有种族问题。许多人对黑人未必歧视，但很势利。比如，一位《纽约时报》的黑人女专栏作家，前脚搬进一个公寓楼，后脚就有一位白人母亲追上门来，问她是否愿意给自己看孩子，根本没有想到人家是大名鼎鼎的专栏作家。我碰到的这位黑人女性可能也是这样。她这身打扮，像个清洁工，别人容易看低她。她大概也是成心如此，心里在嘲弄这个社会。我说我万幸，不仅在于没有说错什么，而且也在于我认真地回答了她的许多问题，对她一直表示充分的尊重。这大概属于“感情移入”的技能吧。当然，这些都是题外的趣闻。信手写来和大家分享一下。

最后我不妨略微总结一下。北大的精神在哪里，取决于北大的精英在哪里。看看美国的常青藤就知道，历史、文学、社会科学、经济学（不是经管）、心理学等，是最主流的专业。只有在宾西法尼亚和康奈尔，商学和市场营销才比较有人气。应该说，常青藤的主流还是认识自己、认识社会、分析生活的文本。与此相对，北大最热的专业则在光华管理学院这种地方。这个学院号称是“拥有中国最具发展潜质的本科学生”。难道这些把大好青春花在什么市场营销上的真是“最有潜质的本科生”吗？如果精英都成了推销员，未来谁来领导我们的社会、我们的文化？北大的责任又在哪里？我对北大的后辈的劝告是：上大学不是逛早市，别老想着商品交易。大学应该是你的精神故乡。你应该在这里寻找你的灵魂。你应该把精力花在你最想干的事情上。一般而言，18 岁孩子中真正的精英，对世界一些核心的抽象问题都会有非常大的激情：人生的意义和使命是什么？我们的价值观念是什么？人类的境况是什么力量塑造的？人类应该向何处去？等等。精英首先意味着对这些大问题的关注和承担。这也是为什么在美国这种非常实际的社会里，常青藤的学生会奔向文史这类看似“无用”、实际上却在回答上述问题的专业。我劝北大的同学好好想一想：这些是否也是你关注的问题？你是否真愿意把你的青春用来折腾什么市场营销？有志者可以学文史，追寻自己内心的声音。毕业后如果想实际些，再到国外去读法学院、商学院也不晚，而且十有八九会更成功。记住孟子的话：“心之官则思，思则得之，不思则不得也。此天之所与我者。先立乎其大者，则其小者不能夺也。此为大人而已矣。”这话的意思是：心灵的功能是思考。凡思考必有所获，不思考则无所获。这是上天所赋予我们的。当你确

北大的精神在哪里，取决于北大的精英在哪里。看看美国的常青藤就知道，历史、文学、社会科学、经济学（不是经管）、心理学等，是最主流的专业。

014

我对北大的后辈的劝告是：上大学不是逛早市，别老想着商品交易。大学应该是你的精神故乡。你应该在这里寻找你的灵魂。你应该把精力花在你最想干的事情上。

015

人生的意义和使命是什么？我们的价值观念是什么？人类的境况是什么力量塑造的？人类应该向何处去？等等。精英首先意味着对这些大问题的关注和承担。

立了对你的心灵而言是最重要的东西后，就不会让那些琐碎之务喧宾夺主地占据你的心胸。这才是“大人”（或可说是精英）的意味。

读和写是事业成功的关键

上节主要从历史教学的角度讨论了精英教育为什么要以“解读生活的文本”为中心，为什么人文学科比实用学科更有助于达到这一目标。接下来讨论的是一个更具体的问题：为什么读和写是事业成功的关键，就此希望对被严重忽视的“大学语文”提供一些个人的意见。

心灵的功能是思考。凡思考必有所获，不思考则无所获。这是上天所赋予我们的。当你确立了对你的心灵而言是最重要的东西后，就不会让那些琐碎之务喧宾夺主地占据你的心胸。这才是“大人”（或可说是精英）的意味。

记得1979年我刚考进北大中文系时，母亲非常遗憾地对我说，她办公室的所有同事对我选择中文系都表示惋惜。理由很简单：北京市前几名的高分，去哪里不可以？学中文有什么用？谁还不会中文？

如今30年过去，我这个中文系的毕业生似乎有责任回答这个问题，而且自信能够令人信服地回答这个问题。可惜的是，这并不是因为我得益于中文系的训练。我做学生时是个反对用专业来界定自己的反叛者，在中文系大量逃课，而且至今仍然认为中文系的专业训练对自己没有太多用途。只是出来读书教学多年，比照美国的英文教学（因为英语是美国人的母语，也就相当于中国的中文教学），渐渐看清了母语教育的重要性。

很多人把中文和传统文化混为一谈。一提中文仿佛就是李白、杜甫、唐宋八大家、《红楼梦》等，仿佛中文教育的目标就是要学生有一些传统文化的基本教养。我称这是典型的“中文系的中文”，对其他系的学生并无不可或缺的价值。我所谓的中文教育，更像是美国大学里的英语训练，是一种公共语文教育，最终落实到阅读和写作。读和写的能力是相互影响的。任何专业都需要这两项基本技巧。如今出国留学很热。去美国读本科要考的SAT，读研究生要考的GRE、读商学院要考的GMAT、读法学院要考的LSAT。这些考试最关键的一部分内容就是语文测试。它们和针对外国人的托福考试一样，其实就是美国的大学语文考试。仔细分析一下这些考试（特别是托福）就明白，人家并不借机宣扬美国的传统文化。恰恰相反，考试的设计者的一个目标就是怎样做到"文化中立"，即避免使用某个文化、宗教或社会中特殊的概念，免得在别的文化中生长的学生不懂，考起来有了劣势，影响了公正性。考试的宗旨，是检测学生吸收信息的速度和准确性。写作部分也尽量避免特殊的文化主题，而是集中于世界各种民族和文化都必须面对的问题，比如是否应该反对吸烟等，考的是你的思维，是你能否把自己的思想清晰地表达出来。

016

我所谓的中文教育，更像是美国大学里的英语训练，是一种公共语文教育，最终落实到阅读和写作。读和写的能力是相互影响的。任何专业都需要这两项基本技巧。

人家这么考，主要是因为美国的大学和研究生课程对读和写的能力要求很高。这方面不行就很难有良好的学术表现。对此我有亲身的体会。我在耶鲁先读东亚研究硕士，再接着读历史博士，并不是文学或语言的专业。但在读写训练上，强度相当大。特别是比较一下在北大中文系读文学本科的经验，实在有天上地下之感。

先说读。在北大中文系读书时，我们的阅读量实在很少。比如，中国古代文学课上了两年，主要教材就是游国恩主编的《中国文学史》，共四册，总共不足1000页。除此而外，还需要读北大中文系编的古代文学"参考资料"或作品选，全是注释好的，总字数比游国恩那套教材略多一些。两者相加起来，两年读3000页就算不错了。在耶鲁时，一门课一周的阅读量至少是一本书。运气好时两百多页，运气坏时四五百页。有的教授的课一本书还不算完，要外加一篇二三十页的论文。这样，一个学期就至少要读三四千页。当然这是研究生的量。本科生阅读量少一些。我和本科生一起上过课，还担任过他们的助教，领导他们讨论，检查其消化阅读的情况。一般而言，本科生一周的阅读也接近二百页或者更多，一个学期要读两三千页。即使是上大课，本科生还要额外参加讨论班，围绕着阅读内容发表自己的见解。阅读跟不上会相当痛苦。我还清楚地记得，有一次读韦伯的《清教伦理与资本主义精神》。以我的习惯，这样的经典怎么也要一个月来好好消化。可是，这本书就是一周的阅读作业。那群本科的孩子读完了就批，闹得教室里硝烟弥漫，让我目瞪口呆。坦率地说，我英语不好，属于阅读跟不上的，阅读特别重的课一般不敢选，而且几乎从来没有完成过指定阅读——量实在太大了！不过，在不可能完成的情况下，也必须有自己的解决方案，适当取舍，选择最重要的信息。事后想想，这也是一种很好的训练。

在不可能完成的情况下，也必须有自己的解决方案，适当取舍，选择最重要的信息。事后想想，这也是一种很好的训练。

再说写作。写作是大学语文教育的核心，也是问题最多的。我们北大中文系文学专业79级的同学大多数人进校时的理想是当作家，是想以写作为生。可是，新学期一开始，系里的一位负责教授就发表讲话，告诉我们不要误会，中文系不是培养作家的。中文系的目标培养的是学者。同时，他还强调要“厚积薄发”，先把学术的基础打牢靠，不要忙着写。

强调打下扎实的学术基础并没有错。想想现在的学术垃圾这么多，大家都“厚积薄发”有多好！可是，从“厚积薄发”引申到不动笔就错了。我在堂堂的中文系读了四年书，除了毕业论文外，总共就有过两次写作经历。一次是上古代诗歌课，教授要求用古文写篇千字文。那不过是他为了激励我们掌握古文而布置的文字游戏，并不算真正的写作。另一次写作，则是当代文学课的一篇四五页的评论，大概就2000字。应该说，这两位留写作作业的都是系里很优秀的教授。其他教授则根本没有要求学生写的意识。现在北大中文系也许不同了，但估计写作还是很轻的。

三门课加起来，一学期至少要写60页。仅两年的硕士读下来，就要写快300页。那就是一本书的篇幅了。

后来到耶鲁读研究生，从硕士到博士都是一样：一学期选三门课。有的课要求期末写一篇20页左右的长篇读书报告，有的课要求在学期中写三篇读书报告，一篇10页，加起来也30页了。还有几门课，则要求学期中写四篇三四页的短篇读书报告，外加期末一篇20页左右的长篇读书报告或研究论文。这样，三门课加起来，一学期至少要写60页。仅两年的硕士读下来，就要写快300页。那就是一本书的篇幅了。

我刚进去的时候英语差，看书都顾不过来，应付这份苦差事就更吃力。而且，口语越差，课堂上就越缺乏表现，全靠写作来证明自己。所以，我每篇学期读书报告都要找个文字好的美国博士生帮助我修改。有时是反复地修改。例如把长的复合句分解成短小的简单句，尽量用主动式、避免被动式，把主题句放在前面等看似简单的技巧，全是这么学出来的。记得头两年，我没有休过一天假。别人回家过圣诞节，我在学校夜以继日地苦战。每到12月初放寒假，我就向教授申请延期交论文（因为我的写作速度实在无法按期完成，教授在一般情况

下都准许延期）。于是，寒假这一个月就成了我固定的写作月，把所有学期论文在来年一月第二学期开始以前写完。我记得第一个寒假奋斗到最后一刻，是在第二学期开始的前一天熬夜写完的。因为我知道，如果到那个时候写不完，下学期的课就压上来，就再也写不完了。当时真感到再多几个小时的工作量就超出了我的承受极限。可见普通文科的写作量之大。当然，后来认识了史景迁教授，并成为他的学生。这艰苦的生活才有了显著的改善。他每到圣诞节、感恩节，都开车把我们一家接到家里。夫人安平（也是我的老师）和继女 Meimei 都是天才的厨师。我们在他家里享受一年中最好的美肴，然后由他（有时和安平一起）深夜开车把我们送回家。这么多年从来没有例外过。

我的读写训练，主要是在耶鲁时训练出来的。我从硕士到博士，读了九年，不仅是每一篇论文和读书报告，就是写一封信也一定自己花钱请位高手帮我改，从来没有认为自己过关。

现在回想一下，我的读写训练，主要是在耶鲁时训练出来的。我从硕士到博士，读了九年，不仅是每一篇论文和读书报告，就是写一封信也一定自己花钱请位高手帮我改，从来没有认为自己过关。应该说，我在研究院最大的收获，就是写作。帮我修改文字的都是母语为英语的博士生。找他们改完，再送给导师。我运气比较好的是，导师史景迁大概是西方汉学界英文最好的。我这么多年的写作，也多亏他反复批改。博士论文完成后把他批改过的草稿堆起来，简直就是一座小山。你如果能长期坚持这么大量阅读，读完了就和同学讨论，然后不断把自己的想法写出来，不断地找写作高手修改，这种强度自然会提高你的语文能力。让我比较得意的是，我来美国读书时还一个句子都写不通，但几年后就在《纽约时报》评论版头条发表了文章。做学术的给报纸发表文章属于不务正业，按说不足挂齿。但以我如此低的英

017

你如果能长期坚持这么大量阅读，读完了就和同学讨论，然后不断把自己的想法写出来，不断地找写作高手修改，这种强度自然会提高你的语文能力。

文起点，能在英文世界最权威的一家报纸亮相，至少也说明多年的奋斗并非毫无结果吧。

再看看国内有关大学语文的讨论，实在不得要领。记得几年前，教育部曾要求大学对所有学生开设大学语文；后来又加以澄清，说这个要求其实是“建议”。不过，这一动作，还是引起舆论的一阵喧闹。我看看喧闹中的种种议论，觉得大学语文还是照样无可救药。因为大学语文的改革不能靠官僚的行政命令。那些在大学教书的人，首先要充分理解大学语文的意义。可惜大多数在大学从事文科教育的人，对大学语文还是一知半解。

重英文轻中文主要还是人们的态度问题。这个态度形成的基本理由之一，是不管中国的英文教育怎么失败，英文课还是比中文课实用。懂英文的人在实际生活中尝到了各种甜头。大家看得见，自然会效仿。

我一向主张大学加强语文训练。不过，这种训练必须严格地建立在实用的基础上。如果学生们对大学语文的实用性不信服，学校强迫他们必修，他们对语文就会更反感，最终妨碍他们语文能力的提高。比如，有些人提倡加强大学语文的理由，是学生从小学英文比学中文花的时间还多。其实这并不是问题的要害。第一，我们必须问：重英文轻中文是学校课程设置的问题，还是人们自发的行为？认真一想就明白。中国的学校，除了英语课外，几乎所有课程都是用中文上的。用中文读历史，读科学，也是一种大学语文的训练。显然，中文课远比英文课多。重英文轻中文的现象主要不是课程设置的问题，也无法通过改变课程设置来解决。第二，重英文轻中文主要还是人们的态度问题。这个态度形成的基本理由之一，是不管中国的英文教育怎么失败，英文课还是比中文课实用。懂英文的人在实际生活中尝到了各种甜头。大家看得见，自然会效仿。我从上大学以来就拒绝跟潮流学英文，但十年后还是最终不得不心无他顾地读英文，并且受益匪浅。事实上，中国人的英文训练，如同大学语文一样需要加强，学习英文也有助于中文的提高，毕竟天下的语言都是相通的。我在这里讨论大学语文的教育，就频频引用英文教育的例证来支持。把两者对立，不利于振兴语文教学。

所以我们不妨还是看看美国英文教学的经验。这对我们的中文教学肯定有参照意义。

几年前，我在所执教的波士顿萨福克大学参加了一个教学会议，主题就是大学语文。开这个会，是因为美国也面临着大学语文的危机。美国教育部的一个调查显示：1992 年美国大学生达到高级阅读水平的比例为 40%。所谓高级阅读水平，就是具有阅读复杂的长篇文章的能力。2003 年这个比例降到了 31%。不用说，哈佛耶鲁这种一流大学挑的是最出色的学生，大致不至于阅读水平下降到如此地步。但我们这种小学校，录取的是一般的学生。语文能力降低，在我们的学生中自然表现得相当充分。

018

阅读差，自然影响到了写作。不管学生日后从事什么工作，写作多是其一生成功的基础。

阅读差，自然影响到了写作。不管学生日后从事什么工作，写作多是其一生成功的基础。在这方面，我可以随手举两个例子。一个是前面提到的美国最高法院首位拉美裔大法官的 Sonia Sotomayor。她刚进普林斯顿读本科时，根本不会写。为了掌握这一关键技能，她不仅平时“驻扎”在图书馆中，而且用一个暑假恶补语法和文学。特别是大一时在历史系 Nancy Weiss Malkiel 教授的课上得到了老师非常个人化的帮助，理解了从批判性地阅读史料到分析性地写作这一全过程，最终成为一个优秀的写手。毕业后她考取耶鲁法学院，号称是“一路写过”法学院，成为优异的毕业生。日后她当法官，所写的判词成为人们评价她的主要依据。在司法领域，没有清晰的写作能力很难成功。这一点，上一节讨论法学院的教育准备时也讲得很清楚。其实华尔街也并不例外。2009 年 5 月 1 日以 107 岁的高龄去世的 Albert Gordon，大概是亲身经历 1929 年股市大坍塌的金融精英中最后一位退出历史舞台的。他一直到 20 世纪 60 年代还是华尔街的重要领袖人物。关于他的传奇，除了八十多岁开始跑马拉松外，就是当老板时给每个雇员一本《风格的因素》(The Elements of Style)。这本几十页的小书，在美国被称为写作《圣经》。可见他要求公司里的每个人都必须具备良好的写作能力。根据对 120 位美国大企业人事部的负责人的调查，写作水平一直是高工资、高技术的标签，是成功者的基本特征。那些写作不行的人不容易被录用，也很难获得提升。三分之二的美国大企业的雇员的日常工作要通过写作来进行。80% 以上金融、保险、房地产等服务业的公司，在雇用员工时要考察写作。40% 的公司要特别培训写作技能不足的员工。美国公司在这方面的投资，一年估计达 31 亿美元。

在司法领域，没有清晰的写作能力很难成功。

019

根据对 120 位美国大企业人事部的负责人的调查，写作水平一直是高工资、高技术的标签，是成功者的基本特征。

这些事实摆在这里。大学语文的重要性就不言自明。美国企业一年投入 31 亿美元训练职工的写作能力，一是说明大学教育的失败，毕业生写作能力达不到市场要求；二是说明我们作为大学丢了一笔大生意，把 31 亿美元的市场让给了别人。怎么抢回这个市场？我们学校并不是单找英文系开会，而是把各系的教授都召集起来，强调每个教授不管专业是什么必须教学生怎么读、怎么写，并且要人手一本写作手册，从句法到标点，解释得清清楚楚。也就是说，写作绝对不是一个系的问题，不能从专业教育的角度来理解，而是通才教育的基础。每个系、

美国企业一年投入 31 亿美元训练职工的写作能力，一是说明大学教育的失败，毕业生写作能力达不到市场要求；二是说明我们作为大学丢了一笔大生意，把 31 亿美元的市场让给了别人。

每个专业都必须重视。比如耶鲁这种精英大学，学生按说都非常出众。但是，学校给学生配备了寄宿在每个学院的写作教师。学生写学期论文或其他文章，都可以找这些教师帮忙。这种对写作无微不至的关注，在北大是绝没有的。我上了四年中文系，从来没有一个教授要求我改进写作。如果你上光华管理学院，写作可能就更不在教学的视野之中了。大家不妨到北大各系调查一下，有几个系对学生提出了严格的写作要求？大多数系的学生，读四年书恐怕从来没有从老师嘴里听到过“写作”二字。但是，现代社会是通过文献组织起来的。无论是在官僚系统还是在企业，文献体现着社会组织的复杂性。如果你不能参与写作这些文献，不能有效地阅读这些文献，你就无法担任任何中高层的工作。

比如耶鲁这种精英大学，学生按说都非常出众。但是，学校给学生配备了寄宿在每个学院的写作教师。学生写学期论文或其他文章，都可以找这些教师帮忙。

020

现代社会是通过文献组织起来的。无论是在官僚系统还是在企业，文献体现着社会组织的复杂性。如果你不能参与写作这些文献，不能有效地阅读这些文献，你就无法担任任何中高层的工作。

那么，写作应该怎么教呢？在萨福克大学，我作为一位英语不是母语的外来教授，指导美国学生写作的能力有限。不过，在美国大学教书的每个教授都负有大学语文教学的使命。在一些关键时刻，我也会现炒现卖。我的方法，和国内大学的写作教学非常不同。不妨在这里简略地讨论一下。

我讲写作并不强调文法。虽然学生的文法错误有时一塌糊涂，但我对自己的文法也并不放心，不觉得自己是能在这方面帮助他们的最好的人选。但是，即使我这样一个英语不是母语的人，在写作上能够给学生提供的帮助还是很多。

首先，我把写作放在人际沟通的大背景中来讨论，让学生们理解写作的意义是帮助他们建立自己和世界的关系。高中生进入大学，最大的一个变化就是自己和世界的关系变了。许多人没有意识到这一点，不能做出适

高中生进入大学，最大的一个变化就是自己和世界的关系变了。许多人没有意识到这一点，不能做出适当的心理调整，导致了极大的挫折感。

当的心理调整，导致了极大的挫折感。以下是我在课上经常对学生讲的话：

“你在动笔之前，要先摆脱高中生的心态。心态不正，下笔就失败。此话怎么说？在高中时期，你是世界的中心。家长老师都围着你转。比如，你一回家，妈妈就追着你屁股后面问长问短，恨不得你告诉她在学校里发生的所有事情。甚至她要偷看你的日记。这种关注，潜移默化地影响了你写作的心态。无论老师让你写什么东西，你都可以跑到计算机上飞速地打字，想到哪里写到哪里，从来不考虑读者问题。这当然不完全怪你。因为你没有必要考虑读者。你在日记上无论写什么，你妈妈一有机会就会偷看。你不自觉地形成了一个预设：我写出来的东西，反正别人是要看的。甚至你觉得别人有义务看你的东西。

你已经不是世界的中心，没有人那么关注你。整个世界不会围着你转。相反，你要围着世界转，把别人当做中心。

“在大学，你要完成从高中生到一个负责的成人的心理转型：你已经不是世界的中心，没有人那么关注你。整个世界不会围着你转。相反，你要围着世界转，把别人当做中心。举个例子，有些同学不论是写求职信也好，写申请学校或奖学金的信也好，总喜欢漫无边际地从自己小时候的故事说起，而且一写就很长。这是典型的高中生心理，觉得妈妈巴不得看你写的关于自己的东西，写得越多她越高兴。但真正的生活是什么样？谁在读你的求职信？这些问题你们想过没有？举个并不那么极端的例子。你申请的那个职位，也许有几十人同时在竞争。读你的求职信的人，也许已经忙得疲惫不堪，甚至刚和同事或客户有过冲突，或者家里有些不愉快的事情。总之，他可能是在心情非常恶劣的情况下拿起你的信来读。如果你的信的头两句没有实质性内容，或讲了些和他不相关的话，他很可能会随手就把信扔到纸篓里。即使他心情很好，碰到这么多求职信，也不可能公平对待；每封只能略微瞟上几眼，挑出几个最能吸引他的认真阅读。在这种情况下，你的信还是可能被读了两三行就扔掉。这就是生活的现实！所以，当你已经不是世界的中心的时候，当你必须把别人当成中心的时候，你写第一个句子的时候就必须反复思考：我这封信写给谁看？对方作为一个陌生人，为什么在百忙之中要抽出时间看我的信？所以，你的第一个句子，不仅要表达出你全信的主题，而且必须要给出读者阅读这封信的充分理由。换句话说，你的第一句话必须建立起你和素不相识的读者之间的联系，让他们觉得你和他们的生活或工作是相关的、不能被忽视。以后的每一个句子，都要不断地深化这种联系。等他们读完信后，就觉得他们和你是紧密联系在一起的。这样他们才会考虑雇用你的问题。要记住，对别人而言，你是无关紧要的。没有你，他们的生活不会有任何改变。所以，没有人会像你母亲那样平白无故地注意你。你必须自己奋斗，和这个世界建立联系，让别人了解到你的存在对他们的意义。为此，你必须和许许多多的人一起竞争来获得他们的注意力。

021

你的第一句话必须建立起你和素不相识的读者之间的联系，让他们觉得你和他们的生活或工作是相关的、不能被忽视。以后的每一个句子，都要不断地深化这种联系。等他们读完信后，就觉得他们和你是紧密联系在一起的。这样他们才会考虑雇用你的问题。

“当你们认识到自己和世界的这种新的关系以后，你们就必须反省自己的写作习惯和风格。看看你们交上来的读书报告。许多明显的拼写错误不说，甚至有人该大写的字母不大写，好像还是写短信一样随便。如果你给熟悉的朋友发短信，大家一向如此，这当然没有关系。但是，大学训练的是你如何和一个陌生的世界建立关系。你要赢得别人的尊重、别人的注意力，就必须非常正式。这至少表达了你对对方的尊重。如果你对别人不尊重，

大学训练的是你如何和一个陌生的世界建立关系。你要赢得别人的尊重、别人的注意力，就必须非常正式。这至少表达了你对对方的尊重。

怎么能指望别人尊重你？所以，如果你申请到耶鲁读书，虽然知道读信的人就是耶鲁的教授，你也不能写‘我希望到耶鲁读书’，而要恭恭敬敬地写上‘耶鲁大学’的全称，就像接受面试必须穿西装系领带一样。这是其一。其二，人家如果要求你写两页的申请信，就一定要写两页。如果写不到两页，人家可能会觉得你连两页纸都填不满，没有什么‘货色’。不过更常见的问题是，许多人超过了两页，觉得自己有太多的东西需要告诉人家。这是万不可以的。还是那句话：这个世界不是以你为中心的。人家告诉你两页，说明人家只愿意为了你花阅读两页纸的时间。如果你一下子写了三四页，这就好像你在那里单方面地要求：我比别人都重要，请为我花更多的时间！对不起，你没有权利对陌生人提出这样的要求。”

人家告诉你两页，说明人家只愿意为了你花阅读两页纸的时间。如果你一下子写了三四页，这就好像你在那里单方面地要求：我比别人都重要，请为我花更多的时间！

最后，我建议所有的学生，不管是一年级的“新鲜人”还是四年级的毕业生，都回去写求职信：

“不要觉得你才上一二年级，离找工作还远，不必写求职信。你必须现在就开始写！第一，写求职信给你一种生活的目标感和紧迫感。第二，求职信比你想象的难得多，也许需要几年时间才能写完美。想想看，你至少已经18岁了。亚历山大20岁就成了马其顿的国王，接下来十几年内一直打到印度，几乎征服了已知的世界。你们18岁总应该想想自己要为世界做什么吧？最好的办法，是锁定一个你最想干的工作，然后开始写申请信。当你一下笔时，你必须想怎么把自己‘推销’给这个世界；你作为一个人，是否对这个世界有价值；你凭什么说服别人相信你的价值、给你机会。我年纪比你们的父母恐怕都大，读完大学工作了十多年，又在耶鲁读了九年研究院。可是，我写第一封求职信时，为那两页纸花了至

少两个月的时间。刚开始的时候，我觉得我有那么多的经验、学了那么多，有那么丰富的东西可以展示，觉得两页纸小得装不下自己。这样，我花了许多时间，才终于使自己谦卑起来，把一切浓缩到了两页纸以内。这时，你就感到这两页之重，有了个近乎完美的求职信。但工作两年后偶尔再看这封信，才觉得写得很糟糕。当我想怎么改写时，突然觉得那两页纸实际上很长。我过去感觉我的经验和训练很多，现在则觉得自己很空，用自己所有的东西也难于把这两页纸填满。这时我就有了强烈的危机感：我这一生究竟干了什么？然后又有了明确的目标，知道应该往哪个方向努力才能把有分量的东西写在这封求职信上。你们如果才上大学一二年级，也许首先感到的是没有足够的内容填满这两页纸，自己没有东西可以推销给这个世界，或者说你觉得自己对于这个世界而言是个没有什么价值的人。这种感受，会给你目标，会让你知道怎么努力才能坦然地在求职信上显示出自己的分量。还是那句话：你不是世界的中心，世界不会围着你转，你必须围着世界转。写这样的信，就是让你通过建立自己和世界的关系来认识自己。”

我过去感觉我的经验和训练很多，现在则觉得自己很空，用自己所有的东西也难于把这两页纸填满。这时我就有了强烈的危机感：我这一生究竟干了什么？然后又有了明确的目标，知道应该往哪个方向努力才能把有分量的东西写在这封求职信上。

以上谈的是我写作哲学的一个侧面。这些我在北大的时候没有学，老师也没有教；估计现在的北大也不太会教。但是，大学是你人生的最重要的转型期之一，是你通过在和世界建立崭新的关系的过程中认识自己的时期。写作是完成这一过程的基本工具，也是你日后对付这个世界的基本技能。这些跟唐宋八大家未必有关系，跟《红楼梦》未必有关系。你懂不懂中国的传统文化也许无关紧要。但是，你要懂得人生。写作就是你独特的人生叙述。我劝中文系的教授，不要自以为是个大文豪，

022

大学是你人生的最重要的转型期之一，是你通过在和世界建立崭新的关系的过程中认识自己的时期。写作是完成这一过程的基本工具，也是你日后对付这个世界的基本技能。

不屑于帮助学生修改这种求职信。我相信大部分中文系教授甚至没有能力在这方面给学生提供足够的帮助。对我来讲，给自己写求职信和给《纽约时报》写文章一样具有挑战性。前面已经讲过，导师史景迁教授作为当代西方的一大文豪，对我的写作帮助甚多。但令我受教最深的，还是他对我求职信中一个字的修改。记得当时我写到“我有‘独特’（unique）的经验和训练胜任贵校的职位”，等等。他则说不要用“独特”一字，这样显得太“pushy”，也就是说太过分甚至强迫性地要求人家承认自己的某种品质。事后想想道理也很简单：世界上谁不是很“独特”？而且你怎么知道你所谓“独特”的那些素质别人一定就没有？推销自己没有错，但不能建立在贬低别人的基础上。天下的人多了。这些人都是什么样的，你一无所知。说自己“独特”并不是仅仅颂扬自己，而且是排除了别人身上的相关品质。谁有资格这么做呢？这让我想起赵元任先生当年对自称发现了汉语中独特的语言结构的王力的教训：“言有易，言无难。”王力说这是他一生最为受益的一句教训。我也认为删掉“独特”二字是史景迁先生改正了我在建立自己与世界的关系的叙述中最重要的一个词。

赵元任先生当年对自称发现了汉语中独特的语言结构的王力的教训：“言有易，言无难。”王力说这是他一生最为受益的一句教训。

023

阅读的实质：吸收信息的速度和准确性，在吸收信息的基础上如何有效地表述自己，通过写作和世界建立创造性的关系。

可惜在中国，很多人总是从捍卫中国文化传统的角度来讨论大学语文问题。这等于把大学语文课变成了文学课或者文化传统课，根本没有美国大学在回应大学语文问题时那种实际的针对性。我经常听到教育界人士在呼吁重视大学语文时讲什么唐诗、宋词等古代文化的重要，许多大学语文也要求学生反复诵读甚至背诵这些经典，却从来不去讨论阅读的实质：吸收信息的速度和准确性，在吸收信息的基础上如何有效地表述自己，通过

写作和世界建立创造性的关系。当你要求学生反复诵读一段文字时，他们就必须在阅读量上打折扣，所吸收的信息就不够丰富。当你听任学生只读不写时，学生就会变得“学而不思”。毕竟学生面对的是未来，面对的是信息爆炸的挑战，并且是未来的制造者。那些大学语文的鼓吹者，则往往是中文系出身的人士，知识面非常狭窄，很难体会到学生们的需要，也不懂得怎么加强大学语文的实用性。学生觉得从大学语文中学得不多，也是理所当然的。

我几年前和北大法学院的贺卫方教授就法学院招生问题进行辩论时就指出，法学院的硕士生录取考试，可以完全不看专业，就考大学语文和英文（另外可以加一门数学或逻辑）。考的方法，也要借鉴美国的托福或GRE、LSAT的方式，重点考阅读理解，看哪个学生能在限定的时间内最有效地从大量阅读中吸收信息。其实不论是读研究生，还是在信息时代的职场奋斗，通过大量阅读快速地吸收信息是一个人最重要的素质之一。现在知识更新非常快。你招来的研究生也好，雇员也好，如果专业上很强，但读得慢、写得差，以后自己的专业上知识被更新了，吸收新知识的速度又太慢，就很容易被一个阅读迅速准确的人给超过。你也无法有效地和世界建立创造性的关系。这也是在美国几乎走到哪里人家都要考你语文的原因。

024

其实不论是读研究生，还是在信息时代的职场奋斗，通过大量阅读快速地吸收信息是一个人最重要的素质之一。

我们的大学毕业生考研也好，招聘也好，录用者都过多注重专业，忽视了语文这种基本的素质。更重要的是，大部分大学教授自己就在大学语文上不过关，也不对学生在这方面提出要求。这已经在伤害学生了。几年前一个留美的中国学生和导师发生冲突，差点被开除。

导师的理由之一，是她英文太差，提交上来的东西导师要一行一行地改。虽然后来中国学生一起抗议把她保下来，但此事反映了这位中国学生被我们的教育培养出来的心态：我是科学家，不是文人，犯不上在写作上下功夫。她根本不知道，在美国的教育中，你从小就被告知：不管你干什么，写作是成功的基石。我们的大学只要教给这位留学生哪怕是一点点这样的意识，她也不至于写研究报告不找人润色就交上去，然后让世界顶尖的科学家一个字一个字给自己改英文，甚至还不知道自己错在哪里。可见许多学生在国内不在乎大学语文，到了美国也不把人家的“大学语文”当回事，最后给自己的事业埋下了失败的种子。我希望下一代的学生不要重复这样的经历。

此事反映了这位中国学生被我们的教育培养出来的心态：我是科学家，不是文人，犯不上在写作上下功夫。她根本不知道，在美国的教育中，你从小就被告知：不管你干什么，写作是成功的基石。

北大为什么不读不写？

上节写完，意犹未尽。索性另开一节补论几句。我的总结是，在北大中文系文学专业读四年下来，得到的训练竟是不读不写。其实，从个人的观点看，不读不写纯粹怪自己，不该怨学校。毕竟北大提供了当时国内最好的教育条件，校园里的风气很好，社团很活跃。中文系还出了一群作家。更何况课程很容易对付。你有的是闲功夫阅读写作。我讲这些，并不是对北大有多少个人的怨气。

我对北大的批评，主要是教育上的批评。虽然北大给学生提供了非常宽松的环境，但不读不写毕竟在中文系是主流。至少学校在读写方面没有对学生提出什么要求，也没有提供系统的或者说基本的训练。作为一所大学，当然不能听任学生在校园的宽松环境里自生自灭了。所以，我必须继续我的批评，以求引发进一步的教育改革。

所谓不写，我上一章已经论述得比较清楚。四年北大，一篇二十几页的毕业论文，一篇文字游戏般的千字古文，一篇两千余字的当代文学评论。这样就足以堂而皇之地毕业。说北大学生不写，大致还是准确的。至于不读，则有些极端。毕竟有课本要读，虽然量少些。那时的学生相当用功。不读不写，大家坐在图书馆里夜以继日地干什么呢？

至少学校在读写方面没有对学生提出什么要求，也没有提供系统的或者说基本的训练。作为一所大学，当然不能听任学生在校园的宽松环境里自生自灭了。

我所说的不读，主要是指没有上一节所讨论的那种开放、能动的阅读：分析文本中的叙述层次、叙述者与叙述的关系，破解叙述特权，发现被叙述者所过滤的现实和被压抑的叙述者，等等。这样的阅读从来都是因人而异、见仁见智。我期望的是不同的读者创造出来的多重叙述互相激荡交流，形成一个文学圆桌讨论班。可惜，我们当年在中文系，上课是老师满堂灌，下课的阅读主要是教材和辅助教材（所谓“参考资料”）。“参考资料”里的“原文”，也都是选好、注释好的。总之，你很难有自己的解释空间。没有个人的解释空间，一切被老师讲得很细致，还有什么好讨论的？记得有位颇为自负的古典文学教授不屑一顾地说：“你们这些一二年级的学生，读古诗根本就摸不着门。等三四年级以后，悟性好的才能体会出其中的一点味道。”我等新生刚进北大本来就战战兢兢，听教授这么一训，即使读出些感觉来也会给吓回去。在美国的校园里，你无法想象有教授会这么讲。特别是在一流大学里，总能看到一些十八九岁的孩子，上课在那里试图证明自己比教授聪明。我妻子曾告诉我她在文学课上看到的景象：一位教授讲诗讲得淡而无味。一位小伙子站起来提问，随便评论几句就高出教授一筹。这局面碰多了，哪个教授敢对学生傲慢？再看哈罗德·布鲁姆（Harold Bloom）在耶鲁讲莎士比亚。如此大的权威，莎士比亚的剧本随口就背下来。学生听他的课经常要抽签才进得去。可是真到了班上，则完全是开放平等的讨论，他不会事先给你一个定解。

记得几年前，北大中文系一位教过我的教授来耶鲁访问。在他的讲座上，我委婉地问了这么个问题："我们上学时，读古代诗歌都是读参考资料上选好注好的。根本不是从真正的原始文献入手。我们甚至从来没有碰过《全唐诗》。一直到我写毕业论文，题目是汉乐府对文人诗的影响，也都是根据'参考资料'、'作品选'来进行研究。可是到这里（耶鲁）后发现，美国的学术特别重视原文。有许多同学中文还不过关，但也去直接读史料，一个字一个字地查。北大现在的教学，在这方面有什么改进吗？"我其实问的还是解释空间的问题。比如读唐诗，什么是好诗，什么是重要的诗，全选好了，也通过注解解释好了，当学生的可不就照本宣科地记住，有什么能动的阅读可言？可惜，这位教授显然没有听明白我的意思，马上辩护说："你说的是本科生。我们研究生的训练很严格，不仅要读原文，还要研究版本。"这样，他把话题引向了专业教育，证明中文系的训练很专业。其实，我讲的还是通才教育。即使是本科生，是个学物理的，他也应该有机会从原文中发展出自己的解读的习惯。耶鲁不用说了，就是在萨福克大学这种不知名的地方性学校，我们系里的优等生作毕业论文也都是从挖掘原文

比如读唐诗，什么是好诗，什么是重要的诗，全选好了，也通过注解解释好了，当学生的可不就照本宣科地记住，有什么能动的阅读可言？

档案开始。许多学生在档案里泡一年，最后挖掘出别人没有用过的史料。我当时问他这个问题只是基于一个简单的个人经验：我在北大中文系读了四年，从来没有接受过利用原始文献进行研究的训练。这怎么都说不过去。

不从原始文献开始，只读人家给你选好、注释好的，甚至解说好的东西，结果获得的就是非常肤浅的教育。我不妨再举一个例子。记得在大一春季那个学期时上古代文学史，有位挺权威的教授往讲台上一站，头向左转望着窗外，突然诗兴大发，随口背出韩愈的诗句：

> 天街小雨润如酥，草色遥看近却无；最是一年春好处，绝胜烟柳满皇都。

025

不从原始文献开始，只读人家给你选好、注释好的，甚至解说好的东西，结果获得的就是非常肤浅的教育。

然后他感叹道：看看，这就是写的早春呀！我们这课正赶上这时节。你们看看那草坪。于是他就开始逐句解释，大家低着头记笔记……

毕业那年，一位室友从教学楼回来报告一个发现：他路过一间教室偶尔看到那位教授在上同样的古代文学课，就出于好奇在门口窥视旁听了一下，发现那教授还是老一套：头向左转望着窗外，诗兴大发地背出韩愈的诗，然后是同样地感叹："这就是写的早春呀！我们这课正赶上这时节。你们看看那草坪。"接下来是三年前同样的逐句解释，学生同样地埋头记笔记……要知道，在大学期间大家精神上发展了许多。时隔三年后却突然发现自己的老师不过是十几年如一日地在那里乐此不疲地重复，心中的无聊感也就油然而生了。

这样读书，会把自己读成一个木乃伊。如果你不信，就看看 2008 年湖南高考的作文题，上面出现了同样的诗：

> “天街小雨润如酥，草色遥看近却无”是唐代诗人韩愈的名句。诗句的意思是：在滋润如酥的初春细雨中，春草发芽，远远望去，一片淡淡的绿色。可走近后，却看见稀疏的草芽，绿色反而感觉不到了。诗句的意境是美的，隐含的哲理也很丰富。它使我们领悟到，置身太近，有时反而感觉不到实际存在的东西；要把握某一事物，有时需要跳出这一事物。人对事物的看法和对美的感受同距离是有关系的……其实，生活中的许多事物和现象都含有这两句诗的意境与哲理，关键在于你的观察和体会。
>
> 请根据自己阅读诗句所体会的意境与哲理，联系实际生活，写一篇不少于800字的议论文或记叙文。

这至少可以反映出我们的文学是怎么教的：大家的感受全像是一个车床制造的标准化配件。

让我目瞪口呆的是，这考题中对这两句诗的解释，几乎和那位教授重复多年的解释一模一样！

我无法考察出这种考题的人是否是我们前后班的同学，是否考题中的这些解释都是从我们那位每年都要“诗兴大发”一回的教授那里原封不动地抄来的。无论如何，这至少可以反映出我们的文学是怎么教的：大家的感受全像是一个车床制造的标准化配件。首先，如这位教授或考题的作者告诉我们的，这两句诗“意境是美的，隐含的哲理也很丰富”。你有反对的权利吗？读中国的古诗，好的实在太多。比如《古诗十九首》中的“生年不满百，常怀千岁忧”，比如阮籍的“夜中不能寐，起坐弹鸣琴”，比如杜甫的“星垂平野阔，月涌大江流”，都比韩愈这首更直接地撞击生命和自然。他虽然观察相当细腻，但写得实在太士大夫气，太精致雕琢，应景的痕迹太明显。后两句“最是一年春好处，绝胜烟柳满皇都”，特别体现了被官场驯化的感情。当然，这仅仅是我个人的感受。我不强迫别人有同样的感受。但是，我这种感受的权利从一开始就被剥夺了。我要忠实地按自己这种感受写高考作文，几乎肯定会不及格。最可笑的是，那作文题要求考生“根据自己阅读诗句所体会的意境与哲理，联系实际生活”写作文。考官大人什么时候容许你有“自己阅读诗句所体会的意境与哲理”呢？他早就告诉你：“诗句的意境是美的，隐含的哲理也很丰富。它使我们领悟到，置身太近，有时反而感觉不到实际存在的东西；要把握某一事物，有时需要跳出这一事物。人对事物的看法和对美的感受同距离是有关系的……其实，生活中的许多事物和现象都含有这两句诗的意境与哲理，关键在于你的观察和体会。”也就是说，他事先就帮你体会、领悟好了。他根本不会和你交换任何意见、征求你的认可，就大言不惭地说“使我们领悟到”云云。你已经被关进了这个“我们”的集中营：从选择哪首诗、诗的好坏，到寓意是什么，每个细节都严格地规定好了，然后让你按照这个格式去“体会”。

他根本不会和你交换任何意见、征求你的认可，就大言不惭地说“使我们领悟到”云云。你已经被关进了这个“我们”的集中营：从选择哪首诗、诗的好坏，到寓意是什么，每个细节都严格地规定好了，然后让你按照这个格式去“体会”。

026

感情的标准化，实际上比思想的标准化更可怕。

我不想过多责怪这位出题的考官，因为在北大中文系这样的最高学府就是这么训练人的。这不叫阅读，而是照本宣科。感情的标准化，实际上比思想的标准化更可怕。然而在我们这里，这倒成了“文学”！如果你这么讲授传统文化，传统文化怎么会没有危机呢？

我因为养育着一个十岁的女儿，最近正在阅读意大利教育家蒙台梭利（Maria Montessori，1870—1952）

的《汲取的心灵》(*Absorbent Mind*)。蒙台梭利是意大利最著名的大学之一 Sapienza University of Rome 的第一位女毕业生，也是意大利第一位女医生。她在那个时代读大学，颇有些“木兰从军”的味道。她对男性大学生和大学教育的观察和批评自然也是独具一格。她描述道，当时的学生都留着胡子，看上去十分威严庄重。但是，这些完全成熟的大男人们却被当作孩子一样对待。教授讲，他们听，做教授让他们干的事情，考试成绩不好还会受到训斥。而这些人恰恰是未来的医生、律师和工程师。他们的才智和经验将指导世界。可是，谁会放心去看这么一位仅仅是“合格”的医生？谁会把整个工厂的设计托付给这么一位年轻的工程师？谁会让一位刚刚被准许开业的律师代表自己？这些年轻人花了多少年的时间在那里听别人讲话。但听别人讲话并无法把他们塑造成真正的人。只有实际工作和经验才能使一位年轻人成熟。这也是为什么一位年轻医生要在医院里实习多年，一位年轻律师要在专家的事务所里获得经验，一位工程师也要经过同样的学徒过程，然后才可能独立开业。不仅如此，因为他们在大学毕业时不具备独立开业的能力，要获得自己行业中的准入资格必须托各种关系，找人写推荐信，最糟糕的时候则是大量地失业。在纽约，你见到一大队年轻的大学毕业生在那里游行，打着个标语牌：“我们找不到工作，饥寒交迫。我们应该怎么办？”

027

大学教育，把 20 上下的成人当孩子看，让他们坐在那里几年乖乖地听讲。这样的学生毕业后能干什么？怎么会指望社会雇用他们？

当我读到这些文字时，还觉得她是在讲中国！所不同的是，她并没有把大学生找不到工作的责任推给社会，而是坚持认为教育本身要为这种状况负责。大学教育，把 20 上下的成人当孩子看，让他们坐在那里几年乖乖地听讲。这样的学生毕业后能干什么？怎么会指望社会雇用他们？实际上，恰如蒙台梭利用其一生的经验和努力证明的那样：对待一岁的孩子也不能这样。大人要认识到婴幼儿的大脑实际上比自己聪明（这一经验观察已经被现代脑神经研究所证实），要让孩子自己教育自己，大人只是在一旁协助，就像当助教一样。用她的话来说，是一岁的孩子创造了一个人的人格，而不是家长和老师强加于他的“教育”。真正的教育，就是要让人的这种能动的自我塑造过程不断持续下去。

而我们的教育，则是从小就把这种人的自我塑造过程给打断，想方设法地摧毁人类的能动精神。中国的孩子能得到的最大赞誉就是“听话”。没有上学就开始背诵“白日依山尽，黄河入海流”，虽然他们大多数从来没有到过黄河，更没有登上鹳雀楼亲临其境地感受过。家长和老师已经替孩子们感受好了，哪里用孩子自己去感受？随着孩子的成长，家长和老师总是诲人不倦地告诉孩子：这诗“写的是登楼望见的景色，写得景象壮阔，气势雄浑。这里，诗人运用极其朴素、极其浅显的语言，既高度形象又高度概括地把进入广大视野的万里河山，收入短短十个字中；而我们在千载之下读到这十个字时，也如临其地，如见其景，感到胸襟为之一开。首句写遥望一轮落日向着楼前一望无际、连绵起伏的群山西沉，在视野的尽头冉冉而没。这是天空景、远方景、西望景。次句写目送流经楼前下方的黄河奔腾咆哮、滚滚南来，又在远处折而东向，流归大海。这是由地面望到天边，由近望到远，由西望到东。这两句诗合起来，就把上下、远近、东西的景物，全都容纳进诗笔之下，使画面显得特别宽广，特别辽远。就次句诗而言，诗人身在鹳雀楼上，不可能望见黄河入海，句中写的是诗人目送黄河远

我们的教育，则是从小就把这种人的自我塑造过程给打断，想方设法地摧毁人类的能动精神。中国的孩子能得到的最大赞誉就是“听话”。

去天边而产生的意中景，是把当前景与意中景融合为一的写法。这样写，更增加了画面的广度和深度……”好了，这些还不够孩子消化到高中吗？感官如同身体的其他器官一样，不用就会萎缩。当大人从小就这样替孩子感受，或者告诉孩子如何“正确”地感受时，孩子能动的感官就被闲置，就会萎缩，长大成人后就可能变得心灵麻木。

028

当大人从小就这样替孩子感受，或者告诉孩子如何“正确”地感受时，孩子能动的感官就被闲置，就会萎缩，长大成人后就可能变得心灵麻木。

我们的教育并不会在这里停止。这种教育要摧毁的不仅是人的感受力，还有人的思想能力。家长和老师还要告诉孩子这首诗的“哲理”：“以‘欲穷千里目，更上一层楼’这样两句即景生意的诗，把诗篇推引入更高的境界，向读者展示了更大的视野。这两句诗，既别翻新意，出人意表，又与前两句诗承接得十分自然、十分紧密；同时，在收尾处用一‘楼’字，也起了点题作用，说明这是一首登楼诗。从这后半首诗，可推知前半首写的可能是在第二层楼所见，而诗人还想进一步穷目力所及看尽远方景物，更登上了楼的顶层。诗句看来只是平铺直叙地写出了这一登楼的过程，而含意深远，耐人探索。这里有诗人的向上进取的精神、高瞻远瞩的胸襟，也道出了要站得高才看得远的哲理。”到这里，孩子只能复述这些法定一般的“哲理”，自己的思想停止了。当孩子不用他的思维器官时，思维器官和感受的器官也就一同地萎缩了。

我们的感受、思想从小就被标准化了，都是别人在替我们感受和思想。这种教育对我们的灵魂渗透得如此彻底，乃至教育者本身都没有知觉。

难道这不是我们的教育的一个生动的写照吗？让我来总结一下。前述的湖南高考作文题目典型地概括了我们的教育过程：我们的感受、思想从小就被标准化了，都是别人在替我们感受和思想。这种教育对我们的灵魂渗透得如此彻底，乃至教育者本身都没有知觉。湖南考题严格遵循着我们的教育模式，首先替你选择了“天街小雨润如酥，草色遥看近却无”两句诗，然后告诉你这两句诗“意境是美的，隐含的哲理也很丰富”，完全排除了你另有所感的权利。接着，他不管你怎么感受和思想，强制性地说“它使我们领悟到”云云，好像你还没有投票他就宣布你已经让他代表你了。他后来帮你“领悟”的那一堆陈词滥调，则是你必须接受的“哲理”。应该说，在我们这个教育国度，能为湖南省出高考作文题的人肯定是该省的教育精英。我不好无限地推想，但是，以我们在中国教育体制中的经验，说此人属于中文系塑造出来的典型人才大概八九不离十吧？如果我们的学生从小如此这般地“听话”，并一直听到大学毕业，他们能为社会做什么呢？

“听话”不足以塑造真正的人。这套传统教育体系的问题，被蒙台梭利在六十多年前就一语道破。

“听话”不足以塑造真正的人。这套传统教育体系的问题，被蒙台梭利在六十多年前就一语道破。不过，她所观察的当时的西方教育体系，也并非铁板一块。事实上，从她的描述本身，我们就可以辨析出两种教育所培养的两种人才：一种是在教室里“听话”的唯唯诺诺的大学毕业生，一种是长期的实习所训练出来的称职的医生、律师、工程师。换句话说，她所看到的实际上是两种教育的混合。一种是僵化的大学，经常生产找不到工作的毕业生；另一种是中世纪以来的学徒制，也就是实习制度。正是这种学徒制，把大学生产的不合格的产品再加工，把那些百无一用的大学毕业生训练成各个领域的领袖。可惜，她集中批判了当时的大学教育的无效性，但没有论述为什么大学毕业后当学徒（也就是实习）的经验会那么有效，以及我们如何从学徒制中寻求改造我们的大学的范本。

用学徒制来改造大学？这听起来如同用中世纪来改造现代社会一样荒唐。其实，在现代西方学术界，中世纪早已不是“愚昧”、“黑暗”的同义词，而被视为现代性的起源。事实上，大学本身就是中世纪创造的，其制度结构和精神实质非常近似于中世纪的行会。大学是中世纪给现代社会留下的最持久的遗产，乃至今天西方的大学比之中世纪的大学也没有本质性的变化。关于这一点，请读者参考本书第一章《大学的诞生》中的讨论。

在现代西方学术界，中世纪早已不是“愚昧”、“黑暗”的同义词，而被视为现代性的起源。事实上，大学本身就是中世纪创造的，其制度结构和精神实质非常近似于中世纪的行会。大学是中世纪给现代社会留下的最持久的遗产，乃至今天西方的大学比之中世纪的大学也没有本质性的变化。

最近美国出版了一本书叫《才能密码》，专门探讨才能的培养。此书我将在另一本专著中详细讨论，这里仅需要提及的是该书对中世纪行会、作坊中的学徒制的评价。1997 年，卡内基梅隆大学的统计学家 David Banks 提出一篇论文，通过对杰出人物及其对人类文明的贡献的数字统计，在整个世界史中界定了最为人才辈出的三个时空：公元前 440—380 年的雅典，1440—1490 年的佛罗伦萨，和 1570—1640 年的伦敦。也许不少中国人会不服气，举出先秦诸子百家的时代。可惜，无论从时间、空间，还是人口基数来看，诸子百家时代人才的涌现率比起这三个时空来还是太稀疏了。记住，这三个时空的时间段仅半个世纪多一点，空间上也仅局限于一个城市。其中，如果从统计学上比较人才密度，第一名则非 1440—1490 年的佛罗伦萨莫属。我们可以随便查查名人字典：布鲁内莱斯基(1337—1446)、吉贝尔蒂(1378—1455)、多那太罗（1386—1466)、阿尔贝蒂（1404—1472)、波提切利(1445—1510)、洛伦佐·梅第奇(1449—1492)、达·芬奇（1452—1519)、米开朗琪罗（1469—1527)、马基雅维里（1469—1527)、拉斐尔（1480—1520）……你就数吧，这些还不包括那些领导欧洲工商业、贸易、金融的企业领袖。1440—1490 年大致为两代人的时间，那时佛罗伦萨的人口仅在 4 万左右（中国的大学城海淀区的人口如今是 350 万上下），竟产生了如此群星灿烂的文化巨子，至今照耀着人类文明。

应该指出，David Banks 对佛罗伦萨 1440—1490 年这一时段的界定，就像他对其他两个城市在时段上的界定一样，显然过于狭隘。在 1440—1490 年以外，佛罗伦萨前有彼德拉克、薄伽丘、但丁，后有伽利略。1440—1490 年固然能戏剧化地显示佛罗伦萨的人才密度，但这不过是折射出整个城市长期的文化创造力和制度优势而已。无怪美国著名的佛罗伦萨历史学家 Gene A. Brucker 这样写道："每一个佛罗伦萨史的学生都必须面对这样一个问题：为什么这个社会如此有创造力，如此能够变化和创新？在这些世纪的所有意大利城市中，为什么是佛罗伦萨而不是米兰、热那亚，或威尼斯在艺术和学术上取得了最突出的成就？"一句话：为什么佛罗伦萨成为文艺复兴的中心？

每一个佛罗伦萨史的学生都必须面对这样一个问题：为什么这个社会如此有创造力，如此能够变化和创新？在这些世纪的所有意大利城市中，为什么是佛罗伦萨而不是米兰、热那亚，或威尼斯在艺术和学术上取得了最突出的成就？

对这些问题，历史学家们从政治、经济、社会、文化、地理等诸多方面进行了解释，但很难有令人信服的答案。《才能密码》则在承认这些因素的前提下，提出了一个更具体的因素，那就是手工艺作坊中的学徒制。上述那些人才，特别是艺术人才，几乎都是在作坊中成长起来的。同时，恰如 Gene A. Brucker 注意到的，佛罗伦萨虽然文化繁盛、人杰地灵，但是始终没有一个一流的大学。自 14 世纪以来该城一直试图建立自己的最高学府，可惜办办停停，始终不成气候。所以，大学之外的制度就更值得注意。

根据《才能密码》的分析，手工艺作坊造就了佛罗伦萨的天才。在作坊中有严格的等级。那些学徒的技艺是从最基本、最低级的地方开始：混合染料、准备画布、磨雕刻刀具等；然后逐级上升，所学的技艺也越来越复杂。这一学习过程，和学校里讲大课、灌输理论不同，每一个环节都要自己动手来完成。这是一种以解决真实的问题为核心的学习过程。佛罗伦萨的孩子六七岁就进了作坊，经过几千甚至可能上万小时的磨炼，最终才有所成。像米开朗琪罗，六岁就随着石匠学习如何使用锤子和凿子；后来进了学校，但马上发现自己根本待不住，还是回去再当学徒，结果一过 20 就出头了。手工艺作坊在中世纪的欧洲很普遍，但在佛罗伦萨最发达，组织最严密。北意大利的城市国家是当时欧洲的经济中心，是最发达的地区。在这一地区内，威尼斯、热那亚等城市全是靠海上贸易起家。佛罗伦萨因为地处内陆，从一开始就特别依赖手工业，乃至威尼斯人从小上船出海，佛罗伦萨人则从小进作坊。其作坊制度无意间所创造的教育模式，比处心积虑建立的大学更能培养人才。

029

根据《才能密码》的分析，手工艺作坊造就了佛罗伦萨的天才。这一学习过程，和学校里讲大课、灌输理论不同，每一个环节都要自己动手来完成。这是一种以解决真实的问题为核心的学习过程。

其实，学徒制所确立的干中学、学中干的原则，也被大学所吸收。中世纪的大学和以作坊为基础的行会制度都遵循这一个组织原则。师生关系和师徒关系很近似。即使现代西方大学中的许多做法，还是延续这种原则。比如，美国的许多大学，特别强调学生要参与教授所领导的项目。特别是在那些小型本科生学院，学生甚至可以和教授一起做一两年的项目。这已经和学徒非常接近了。最近我所在的萨福克大学还开始了新的课程设计，要求学生必须在课外完成与课程相关的实际工作，并以此拿到学分，否则就不能毕业。我作为东亚史的教授，目前正在挖空心思地设计，让那些研究东亚的学生

其实，学徒制所确立的干中学、学中干的原则，也被大学所吸收。

到波士顿附近的学校调查中国、日本移民家庭的教育方法和价值观念。在研究院，研究生也必须当助研、助教，这种身份其实就是学徒。在商学院、法学院，案例研究则是主流。学生必须围绕着解决实际问题来推进自己的学业。不久前哥伦比亚大学宗教系一位教授在《纽约时报》上撰文，呼吁取消大学中的系，完全围绕着需要解决的问题来设计课程。中国则正好相反。几年前清华学生在校园里摆摊，竟被学校明令禁止。甚至两年前教育部还宣布不准刚刚获得博士学位的青年教师给本科生主讲基础课和专业骨干课，要求他们先跟着名教授学习教学，等成长到一定时期之后再上讲台。可见中国的博士生在学期间没有机会像美国的博士生那样通过当助教来完成教育学徒过程，乃至毕业后在教学上不能独当一面。

不久前哥伦比亚大学宗教系一位教授在《纽约时报》上撰文，呼吁取消大学中的系，完全围绕着需要解决的问题来设计课程。中国则正好相反。

说到此，我们不妨还回到读和写的问题上来。上一节已经讲过，刚进北大中文系时，老师的第一个教训（有的老师自称这是给新生的“第一瓢冷水”），就是让我们“厚积薄发”，意思是先学了知识才有资格写，基础要打扎实，别急着动笔，你们还差得远呢。在这里，学的过程和做的过程被分得清清楚楚。但问题是：你不写能学到东西吗？

这让我想起一个许多年前读到的故事：一个年轻人刚刚考取一位大名鼎鼎的生物学家的研究生。他兴冲冲地到实验室里见导师。导师的第一个作业是让他花一上午时间观察鱼缸里的一条鱼，然后把鱼的主要特点写成报告。他没有想到这位大师对自己的要求就这么简单。他将信将疑地花了20分钟，把该观察的都观察了，也把观察到的一切都写出来了，自己待在那里无所事事，好不容易熬过这一上午，把报告交给导师。导师在报告上溜了一眼，很不满意地说："就这些吗？"然后随手指出几个他漏掉的特征。他回去和鱼一对，果然如此。于是，第二天还要继续观察。这次他学乖了，一定要把每一个细节都记下来。可是，再交卷时，导师又点出许多漏掉的东西。他第三次回去反复观察，索性花几天时间。在这一过程中，他发现了最好的观察方法就是画。只要照着鱼动手一画，鱼身上许多原来视而不见的东西就突出了出来。他正是这样过了第一关。

每动手一写，就要先回去把已经完成的阅读再消化一遍，发现本来以为读懂的其实没有懂，或者说阅读本身包含着许多矛盾。

其实，他的"画"，就等于我们的"写"。我在耶鲁读书时，写读书报告成了家常便饭。每动手一写，就要先回去把已经完成的阅读再消化一遍，发现本来以为读懂的其实没有懂，或者说阅读本身包含着许多矛盾。不仅如此，我几乎马上就要顺藤摸瓜地找许多额外的书和文献来做一番深入研究，才能把有关问题吃透。讲"厚积薄发"的老师也许会说："你不读可怎么写？"我则要问："你不写怎么读？怎么发现问题？"现在我在大学教书，在课堂上反复要求学生作口头报告、参加讨论。这其实也是一个道理。我每每告诉他们："不要觉得自己读懂了。懂不懂，要看你能否用自己的话简单扼要地把读到的内容讲出来，要看你是否能够回答有关问题。"事实上，许多自以为懂的学生确实讲不出来。有的讲出几句，我根据书上的内容问几个问题，马上就哑了。光是读怎么可以呢？

030

不要觉得自己读懂了。懂不懂，要看你能否用自己的话简单扼要地把读到的内容讲出来，要看你是否能够回答有关问题。

写期末论文、在课堂上作口头报告、参与讨论，这些和手工艺作坊里的动手是一个道理。你必须通过解决一个实际问题来学习。比如我讲中世纪经济史时，给学生们留的作业就是在那个时代找工作。比如佛罗伦萨的大商业公司，经营着重要的银行业，在欧洲许多地方都有分支，每个岗位对雇员都有具体的要求。你把一个岗位的功能理解清楚，想明白自己需要具有什么素质才能胜任，这就必须对当时的社会经济、公司的运营有通观的了解和深入的分析，不可能简单地把书上的内容复述一下了事。这种通过“动手”而完成的阅读，和我们传统的阅读完全是两码事。还说“天街小雨润如酥，草色遥看近却无”这两句诗。我实在不明白，老师为什么不能不进行任何解释，而让学生自己去体会，让他们在课堂上作口头报告、写篇小论文呢？如果是这样，许多学生开始时恐怕会一头雾水、不得不在早春时节到外面亲身观察。有的人恐怕会根据这种实地观察发现：“草色遥看近却无”并不那么准确：你在百米外看早春的草坪是淡淡的绿色，在一米处也许绿色确实如诗中所言在不知不觉中消失；但是，蹲下来真正地近观，则能看得到那刚刚冒出来的绿芽。有的同学也许会像印象派画家一样去研究色彩在我们的感官中的形成过程，或别有所悟。有的同学也许会问：这种诗句是否是反映着骑在马上的官人的视点？两脚泥巴、离地面更近的农民是否另有所见？这样学来的东西，难道不比坐在那里听老师反复地讲“诗句的意境是美的，隐含的哲理也很丰富”要有意义得多吗？

你把一个岗位的功能理解清楚，想明白自己需要具有什么素质才能胜任，这就必须对当时的社会经济、公司的运营有通观的了解和深入的分析，不可能简单地把书上的内容复述一下了事。

附录：不能上讲台的博士还是博士吗？

上节讲到中世纪手工艺作坊中学徒制的好处，并提及了美国大学中博士生通过当助教、以类似“学徒”的方式积累教学经验的事情。几年前，我为此写过文章。主要针对的就是当时教育部宣布原则上

> 不准刚刚获得博士学位的青年教师主讲基础课和专业骨干课，而一定要先跟着名教授学习教学，等成长到一定时期之后再上讲台的事情。既然此事在这里又被提及，我就索性把旧文修改一下，放在这里供读者参考。

我是在耶鲁完成的博士课程，在萨福克大学也教了四年多的书，并开始参与系里招募新教师的工作。根据我的经验和见闻，在美国找教职一般来说新出炉的博士最容易。拿到博士后年头多了，行里就觉得你"太老了"。这当然不是指生理年龄，而是指你博士毕业后的职业年龄。大家为什么喜欢新博士？理由有几点：第一，新博士刚刚埋头做了几年研究，最接近学术的前沿。博士论文里的学术突破非常多，许多学者一辈子最高的成就就是博士论文。毕业后投入实际工作后，就不可能有读博士时那样的精力和专注了。所以，许多学校把新博士看成自己的学术动力，不愿意要博士毕业几年的人。你博士毕业后，除非专著出版，或有重大成就，一般是工作年头越多，经验越足，找工作反而越不易。第二，新博士精力旺盛，和学生的年龄接近，"代沟"较窄，容易沟通，常能在教学中别开生面。

031

博士论文里的学术突破非常多，许多学者一辈子最高的成就就是博士论文。

那么，新博士是否缺乏教学经验呢？比起教了30年书的人，他们当然缺乏教学经验。但是，真看教学上的表现，他们常常比教了三十多年书的教授更出色。这除了他们正处于创造力的盛年的因素外，还在于他们在博士课程中经受了良好的教学训练。

我个人的经验就很说明问题。我28岁时几乎是从零开始学英文，六年后开始在耶鲁读硕士，八年后读了历史系的博士课程。经过两年硕士训练后，我的英文基本能保证写好学期论文，取得像样的成绩；但上课听讲依然很困难，自己开口讲话就更难了。我一直非常担心：像我这样，怎么能教书呢？

所幸的是，学校不仅对我们进行学术训练，而且也进行教学训练。博士课程头两年，我拿的是全额奖学金，万事不操心，集中读书。到了第三第四年，就开始当助教，助教拿的薪水替代一部分奖学金。学校为了我们能胜任助教的工作，还特地给外国学生设计了语言课程，通过考试才能去上课。

032

作为讨论班的主持人，你要知道怎样鼓励学生通过自己的经验和知识背景来理解课堂的内容，同时又要在他们扯远了的时候能自然地把话题引回来。

助教的工作大致有三部分：一是领导讨论班；二是讲一堂大课；三是给学生改作业，判考卷。领导讨论班最难。本科生说话比教授快得多，很难跟上。而且他们讨论问题，不像训练有素的教授和研究生那样规范。比如讲着讲着中国的事情，他们就把问题扯到美国来了。美国的课堂，鼓励这种跨学科的有时甚至有点不着边际的“瞎扯”。作为讨论班的主持人，你要知道怎样鼓励学生通过自己的经验和知识背景来理解课堂的内容，同时又要在他们扯远了的时候能自然地把话题引回来。我刚刚开始做助教时，压力非常大。记得有一次没讲好，一夜难受得睡不着。这样训练两年，对教学就有底了。还没有念完博士，就找了工作上讲台了。

比较一下，中国的博士教育在教学训练上显然有重大缺失。这种缺失，和本科生教育的问题又联系在一起。美国大学特别注重讨论班。本科生如果上大课，还要分成小班讨论。比如，有的学术明星（比如我的导师史景迁）特别有人气，讲课常常三四百人爆满。在这种情况下，就要请十几个助教，保证有讨论班，而且规模要很小。一般而言，讨论班只有十几个学生，20 以上就算很大了。在耶鲁，历史是最有人气的专业，历史系明星教授也多，所以常有几百人的大课，也常常闹助教危机。而在中国的大学，这样的讨论班少，无法保证本科生能够消化大课的内容，也使博士生们没有地方积累自己的教学经验。

中国大学目前在教学中碰到的问题，一是课堂规模太大，二是满堂灌的教学方式太僵化，缺乏讨论班，教授们也不知道如何主持讨论班。把年轻的博士排斥在讲台之外，教书的人就更少了，课堂也就更大了。另外，老教授们虽然有经验，但也容易僵化，新博士可以给教学带来活力，可塑性强，容易尝试新的东西。让他们跟着老教授学，把锐气磨光了再上讲台，大学教育就更难创新。

中国的博士教育要保持自己的声誉，就必须证明培养出来的博士一拿到学位就能充任教学和科研的骨干。看看美国的新博士，大部分不都是在扮演这样的角色吗？不堪此任，就不应该叫博士。

显然，教育部的这一政策，不是没有针对性。新博士不会讲课，没有在教学上受过训练，引起了学生的抱怨。但这又说明了什么呢？这说明我们的博士课程偷工减料，没有教博士生怎么教学，乃至不得不让他们毕业后再回炉。既然大家都明白这是偷工减料，为什么不关掉这些不合格的博士课程？中国的博士教育要保持自己的声誉，就必须证明培养出来的博士一拿到学位就能充任教学和科研的骨干。看看美国的新博士，大部分不都是在扮演这样的角色吗？不堪此任，就不应该叫博士。所以，我们的当务之急，不是把新博士赶下讲台，而是砍掉泛滥成灾的博士课程。

“陋室”求学

《论语·子罕第九》有这么一段：

> 子欲居九夷。或曰：“陋。如之何？”子曰：“君子居之，何陋之有！”

这段话向有多解，非常复杂。比如，“九夷”在哪里？是不是在今天的朝鲜？“君子居之”是孔子的自许，还是指已经有君子（商纣王的叔父箕子）在那里住过，留下了文化传统，所以孔子也想前往？

不过，这些歧解并非本文讨论的主题。我想到这段话，是因为最近不时收到大学生们的来信。他们因我对中国大学的批判而产生共鸣，说自己在学校受到了垃圾般的教育，纯属浪费青春，问我上大学还有什么意义。这使我突然意识到：这几年，我在教育方面出的几本书中，讨论体制方面的内容很多；但从人生的角度，从大学生的角度讨论如何度过这四年时光的文字很少。我批判中国高等教育的原初目的之一，本是让我们的大学更公平，更有想象力和创造力，并不想让大家绝望，更不是鼓励自暴自弃。孔子这段话，正好帮助我回答了这些牢骚满腹的大学生们。只是理解孔子的话，需要一些生活的经历和体验，需要一些对教育的领悟。这是我要细谈的。

这几年，我在教育方面出的几本书中，讨论体制方面的内容很多；但从人生的角度，从大学生的角度讨论如何度过这四年时光的文字很少。我批判中国高等教育的原初目的之一，本是让我们的大学更公平，更有想象力和创造力，并不想让大家绝望，更不是鼓励自暴自弃。

“陋。如之何？”

简单归纳，这些大学生对自己学校的抱怨其实就是：“陋。如之何？”——我们的学校太垃圾，太不像个学校了。我们还怎么享受教育？若是孔子，则会回答：“君子居之，何陋之有！”——你要是个君子，你在哪里读书，哪里就不垃圾了。是人改变境遇，而不是境遇限制人。

无疑，我这里对这段话采取的是最“通俗版”的解释：即孔子以君子自许，自信自己的人格能够改变环境。这一通俗解法，也素有传统。其中最著名的，就是我们中学读到过的唐人刘禹锡的《陋室铭》：

033

你要是个君子，你在哪里读书，哪里就不垃圾了。是人改变境遇，而不是境遇限制人。

> 山不在高，有仙则名。水不在深，有龙则灵。斯是陋室，惟吾德馨。苔痕上阶绿，草色入帘青。谈笑有鸿儒，往来无白丁。可以调素琴，阅金经。无丝竹之乱耳，无案牍之劳形。南阳诸葛庐，西蜀子云亭。孔子云：“何陋之有？”

这段传世美文，无疑是《论语》的读书笔记。不过，其文辞虽然华丽，比起《论语》中那粗朴的21个字来，还是显得肤浅了。刘禹锡的所谓“陋室”，其实是“苔痕上阶绿，草色入帘青。谈笑有鸿儒，往来无白丁。可以调素琴，阅金经”。看来他过得相当舒适风雅，优越而不自知。这也透露出，刘氏的时代，读书人已经形成了圈子，颇受优遇，即使没有官当，“陋室”中照样高朋满座，生活颇为精致，显然没有经过孔子那样的灵魂考验。

正是在这种孤绝中，孔子豪迈地说“何陋之有”，根本不介意到蛮夷之地去生活，彰显了一个超凡绝俗的独立的文化和道德人格。

在《论语》中，孔子对物质上的困顿从不以为意，让他哀叹和绝望的，是很难碰到仁者和君子，梦不到周公，甚至连自己最好的学生，能引以为知己的颜回，也不幸早逝。孔子心灵的孤绝已达极点，哪里是“谈笑有鸿儒，往来无白丁”的“派对动物”所能领会！然而也正是在这种孤绝中，孔子豪迈地说“何陋之有”，根本不介意到蛮夷之地去生活，彰显了一个超凡绝俗的独立的文化和道德人格。也难怪颜渊对他是“仰之弥高，钻之弥坚，瞻之在前，忽焉在后”（《论语》子罕第九）了。刘禹锡家里鸿儒满座，全无寂寞，却引这四个字以孔子自比，未免轻浮了些。

如果现在的大学生们有刘禹锡那种“陋室”的环境，他们中大部分也许就不抱怨了。他们的牢骚是：我们哪里去找那些鸿儒来侃大山？我们的教授一天到晚就想着赚钱，甚至赶着我们帮他们做生意，根本无心上课。这还叫大学吗？

034

一个人不能等到大学都改革好了以后再接受高等教育。况且完美的高等教育永远也不会有。那么，我们能不能秉承孔子那样的精神，在孤绝的环境中，依然保持自己的志向，自己教育自己？

这样的状态，当然可哀。我写一系列大学教育的书，也是希望改变这样的现实。但是，一个人不能等到大学都改革好了以后再接受高等教育。况且完美的高等教育永远也不会有。那么，我们能不能秉承孔子那样的精神，在孤绝的环境中，依然保持自己的志向，自己教育自己？在这方面，我希望和后辈分享自己的经验。

当年北大之“陋”

北大最大的问题，就是老觉得自己是一流。

我 1979 年进的北大。之后的四年是我人生最美好的时段之一，大概仅次于后来在耶鲁的九年吧。上名校，听起来浪漫。其实，无论从物质上还是学术上，1979 年时大学之简陋，很难为现在的大学生所体会。但是，我们很快乐。

有一年除夕，哈佛费正清中心宴请当地研究东亚的学者，我有幸和哈佛燕京图书馆的馆长郑炯文先生邻席。他听说我二十多年前在北大读书，马上翘起大拇指：“你们北大还是一流。”我赶忙说：“哪里，哪里，北大最大的问题，就是老觉得自己是一流。”他马上反驳说：“那时我去你们学校，晚上图书馆和教室都占满了，路灯底下到处是专心致志地读书的学生。一看这场面我就服了。我当时别的名校也走了不少，见不到在路灯下看书的。这种事情，可只有在你们北大才看得见。就凭这个，你们就是一流。”

听了这话，我两眼竟有些发热。当年北大的情景，顿时活灵活现地浮出来。那时图书馆才让借五本书；而且除了教科书外，基本上是1949—1965年这17年出版的。因为以后十年“文革”几乎没有出过书。1949年以前的书，学生基本上借不出来。记得当时有位学生鬼使神差地借出一本1949年以前出版的《爱情心理学》，如获至宝，立即决定不还了。他声称，按当时的制度，怎么罚也抵不上这本书的市场价值。也不知这老兄日后是否成了书商。

我所在的中文系是个热门系，作家和未来的作家乃至高考状元云集。

我所在的中文系是个热门系，作家和未来的作家乃至高考状元云集。不过，教授们许多是刚刚恢复工作，知识结构已经很陈旧。“马列文论”，“文艺理论”，再加上三大斧头“哲学”，“政治经济学”，“中共党史”还是铺天盖地。古文课本来应该是实打实的，教授也颇为出色。但他发现文学青年们喜欢赶时髦后，就频频从《左传》、《史记》跳跃到别林斯基和批判现实主义上来，上课成了个“秀”。俄罗斯文学课的教授搞来个内部的苏联电影《莫斯科不相信眼泪》，大家已经如醉如痴了。

那时的宿舍，六个人十几平米一小间。三张双层床和两张小桌子再加两个简陋的书架摆上，几无立锥之地，就像一个火车的卧铺车厢，全无隐私。一个宿舍能分到一张图书馆座位证，凭证到图书馆在固定的座位上看书，六个人轮流。平时没有证的五个人，一个人留守，剩下

的则多是打游击到教室碰运气。但教室也非常拥挤，经常找不到座位，于是有了郑先生所说的路灯底下用功的情景。

我从来没有那样用功过，不过夏天宿舍的酷热还记得真切。有时热得实在睡不着，就跑到厕所外的洗手间一桶一桶地往身上浇凉水，全身冷透后赶紧回房间睡觉。可惜有时还没睡着，热劲儿又反上来了，于是又得重新浇冷水。当然，每日还要到食堂三次，吃我们所谓的“猪食”。那时早晨进食堂先到一个大桶那里舀一碗玉米粥，情景如同喂猪，并在边上放一分钱饭票。玉米粥不时洒到身上，许多学生（主要是男生），一天到晚高高兴兴地挂着一身粥干巴走来走去，人们戏称是校徽。我便是一直戴这种校徽的人之一。

玉米粥不时洒到身上，许多学生（主要是男生），一天到晚高高兴兴地挂着一身粥干巴走来走去，人们戏称是校徽。

这就是我们的乐园。以今天的标准，也许可以用一个“陋”字概括。但是，当时大家都有一种“何陋之有”的心态。这倒不是因为以孔子自居（当然北大人的自负也是有名的），而是因为我们都知道这是我们所能有的最好条件。同时，从大学里也真正学到了东西。这些东西，对帮助现在的一代理解什么是大学教育很有关系。

在北大学当“君子”

我说从北大学到了东西，并不是说当时北大的学术比现在强。老实说，除了旁听张广达教授的通史和朱龙华教授的古希腊史外，北大在学术上并没有给我什么。不过，在我看来，大学对学生最大的训练是教他或她怎么当一个“君子”。在这方面，我至少是碰到了皮毛。这也恰恰是被现在的大学教育所遗忘的一个最根本的使命。

我对这里讲的“君子”，有一个自己的定义，那就是well-rounded person（饱满的全面发展的人格）。我用英文来定义，是因为中文世界的教育早忘了这一点，没有相应的现代词汇；美国人则天天把这个well-rounded person挂在嘴边。这样的君子所指的，其实就是一种人生的品格：有独立的道德判断和意志，有自己对生活和世界的理解，知道怎么应付挑战，怎么自我发展，怎么创造自己生命的价值。

035

这样的君子所指的，其实就是一种人生的品格：有独立的道德判断和意志，有自己对生活和世界的理解，知道怎么应付挑战，怎么自我发展，怎么创造自己生命的价值。

这样说也许还是太抽象。我不妨举个例子。我最大的幸运，是因为“文革”中断了高等教育，等恢复高考招生后，一些在“文革”中下过乡的大龄学生成了我的同学。比如我们宿舍六个学生，老大老二都姓吴。入学那年“大老吴”32，“二老吴”28，我则不到18岁，是应届高中毕业生。“大老吴”的经历最奇。他“文革”前就考上北大，但因为才气太冒，马克思的书读得太多，对当时批判“毒草”电影《北国江南》的运动看不过去，于是参照着自己熟读的马恩选集给上海的《解放日报》投稿进行辩论。结果，不但没有给人家马列一场，反而被定为反革命，北大的录取资格被取消，并被告之永远失去了上大学的机会。根据他的事后回忆，听到消息后，从没有碰过酒的他，跑到一家小酒店，买了一杯最便宜的烈性白干儿，一饮而尽。酒如一团火从喉头坠到胃里，像个小炸弹一样翻腾起来，忽地一下顶到了头上——他就这么下乡了。生活失去了任何希望。记得一次我们室友几人出去吃饭，有个要饭的跑到桌子边来。好容易打发走后，我嘟囔一句：“这种人很多都是装的。”谁知“大老吴”一下子火了：“你不想给钱可以，别这么说。告诉你，我要是不被及时平反，说不定就变成这个要饭的了！”我看着他羞愧万分，说不出一句话，也上了人生最大的一课。

不过，他们这些人的故事，给我带来的最大的东西还是敬佩后的恐惧。当他们被踢到乡下时，人们做梦也想不到“文革”会结束，想不到他们还有机会上大学。大部分人都丧失了希望，过一天算一天。但是，还是有许多人，要死要活地干完农活后，饿着肚子继续看书！也正是这些人最后抓住机会回来上大学了。看看他们，再掂量掂量自己，我心里比谁都明白：我要是到了那种环境，肯定完了。我的人格中，根本不具备他们身上有的那种东西。我现在在北大，和他们这些老知青在北大完全不同。他们是凭自己的人格战胜了环境进了北大。我则是靠好运气(高中毕业正好赶上恢复高考)进了北大。我完全是被环境塑造的。环境可以成就我，也可以轻而易举地把我毁掉。我无法知道以后将碰到什么样的厄运，当然也对自己的生活丧失了控制。

大部分人都丧失了希望，过一天算一天。但是，还是有许多人，要死要活地干完农活后，饿着肚子继续看书！也正是这些人最后抓住机会回来上大学了。

怎么才能主宰自己的生活？我在这种心理的危机和焦虑中，给自己提出了一个根本的教育目标：培养这些大龄同学所具有的品性，无论在什么环境中，都要做到不放弃。我甚至庆幸地想，我算是幸中大幸：命运放了我一马，“文革”与上山下乡和我交臂而过（再早生几年就赶上了)。好在如今我觉醒了，要事先把自己的品格打造好，准备应付各种挑战。以后可以倒霉，但不会被生活给摧毁。记得“大老吴”在毕业留言时写道：“一个人的性格就是一个人的命运。要把握自己的命运，就必须塑造自己的性格。”老实说，刚刚进北大时，我是一个没有坚强性格也无法把握自己命运的人，一切跟着环境走。毕业时，则至少有了把握命运的性格和自信。

给自己提出了一个根本的教育目标：培养这些大龄同学所具有的品性，无论在什么环境中，都要做到不放弃。

从这个角度来理解，孔子所谓的“君子居之，何陋之有”中的“君子”，就是这种能够自主自立的个人。大学是学本事的地方，更是学做人的地方。你大学毕业时，就应该成为一个君子，不管处在什么环境，都坚持自己的原则和理想，有改变社会的能力。不培养这种君子而只教技能的大学，所给你的是训练，而不是教育。我在北大，也许没有学到什么实际本事，但是懂得了君子是什么。这是我的大学生涯最大的成功。

036

大学是学本事的地方，更是学做人的地方。你大学毕业时，就应该成为一个君子，不管处在什么环境，都坚持自己的原则和理想，有改变社会的能力。不培养这种君子而只教技能的大学，所给你的是训练，而不是教育。

培养君子，是所谓“通识教育”的基本理想和目标。我主张大学生多读文史和基础科学，追寻自己心灵的声音，也是出于这个原因。毕竟，大学这四年，是要干自己最想干的事情，并看看在干自己最想干的事情上能做得多出色的时期。你要从为追求自己的理想所付出的最大努力和奉献中，获得人格的训练。而实现自己的理想的过程，包括克服一切外在的阻碍，在恶劣的环境中享受自己心灵的成长。

你要从为追求自己的理想所付出的最大努力和奉献中，获得人格的训练。而实现自己的理想的过程，包括克服一切外在的阻碍，在恶劣的环境中享受自己心灵的成长。

现在的北大学生，大概没有我当年和三十几岁下过乡的“反革命”当同屋的运气。我当年所学的那些东西，大概也成了北大不教的东西了。但是，现在社会毕竟开放多了，大学也开放多了，学习人生经验的地方和途径有的是。大学里固然世风日下，教授们有许多草包，但是，毕竟资讯发达了，书也多得多了。自己的大学“陋”也许不假，但如果自己的心不“陋”的话，我实在想不出一个人为什么不能自己教育自己。孔子称赞颜回：“贤哉回也！一箪食，一瓢饮，在陋巷。人不堪其忧，回也不改其乐。贤哉回也！”人永远不可能对自己的环境感到满足。但如果在别人“不堪其忧”的时候，你能居陋而不改其乐，你就会享受真正属于你的高等教育，你也

自己的大学“陋”也许不假，但如果自己的心不“陋”的话，我实在想不出一个人为什么不能自己教育自己。

会成为一个真正的君子。还是回到郑先生对北大的评价。他说北大是一流，理由不是北大有气派的大楼，豪华的校门，或者什么名教授。他的理由，是北大到处都是在路灯底下看书的“君子”。这一点，实在值得每个北大的学生好好想想。

“淘粪”教给我了什么？

如果在别人“不堪其忧”的时候，你能居陋而不改其乐，你就会享受真正属于你的高等教育，你也会成为一个真正的君子。北大到处都是在路灯底下看书的“君子”。这一点，实在值得每个北大的学生好好想想。

大概是一年前吧，大学生“淘粪”让媒体很是热闹了一通。我为此写了两篇文章，《大学生：请先淘粪再打高尔夫》和《掏粪乃国学》，都收到本节的附录里，供大家参考。先澄清一个基本事实：当时所谓大学生“淘粪”并非准确的新闻。人家企业招收的是化粪池业务员。但在许多人看来，大学生就不能沾一个“粪”字。我的文章正是针对这种心态而发，指出大学生有些淘粪的经验，比学什么高尔夫对人生要更有意义。文章在自己的博客中贴出后，引起一些愤怒的留言。其中有一条说：“你淘吗？已所不欲，勿施于人！”让我先去淘粪试试的声音响成一片。

我是个城里人，像农民那样淘粪的机会确实不多。但是，如果把“淘粪”定义得宽泛些，我确实淘过，而且一生受益。这是我北大生活值得回忆的一段。

我“淘粪”，是在北大读书的时候，住在32楼。当时一个宿舍六个人，一层楼有三四十个宿舍，也就是二百多人。厕所就两个。大便池就是一道坑，上面用几道墙横向截断，下面则是通着的；而且冲水系统经常失灵，大便池也频频因超载而被堵。一天下来，二百多人的粪便，就堆在这两道坑里。晚上即使停电，你也不愁找不到厕所，反正老远味道就闻到了。原来一直是工友负责清扫，后来学校也许是想让学生锻炼一下，顺便给低收入家庭的同学创造些工作机会，就把这种工作向学生开放。我立即报名拿到了工作。

可是，干了一个月，学校就不让我干了。理由是许多低收入家庭的学生需要这个工作。我老爹在中央机关当个局长，按级别算高干，在那计划经济的年月几乎是家庭经济条件最好的了。我再和低收入的同学抢这个工作，实在不像话。虽然失望，也只好作罢。后来听说有些女生宿舍楼没有学生肯干这个，也许是北大的女孩子放不下这个架子吧。我于是声称："男生给女生清扫厕所可以吗？如果可以，我就去干！"听的人一笑置之，没有人会和我认真。

农村来的室友们，是在油灯下读书考进来的！由此，我心里渐渐有了城里人的道德自卑感。同时，我对北大人那种自负也渐不以为然。

可见，我对"淘粪"，有着原教旨般的信仰。理由有多种。我从小读书不争气。在上中学时，抗日打游击出身的老爹总教训我："我们当年吃的苦你吃得了吗？不要说那个了，我现在一个月 170 块的工资，你妈妈也是国家机关干部。咱们家要什么有什么。看看工人挣多少，三十几块。再看看农民怎么过，你都想象不出来。换了人家的处境你能行吗？"等进了北大一看，果不其然：农村来的室友们，是在油灯下读书考进来的！由此，我心里渐渐有了城里人的道德自卑感。同时，我对北大人那种自负也渐不以为然。那年月上大学不容易，上北大更风光。比如 1979 年我高考时，在北京 27 个考生才有一个能被录取。我在文科里考到了全市前 15 名。出门时邻居在背后指指点点："就是这个孩子，他是四百多分呀！"这是我一生最大的优胜记略，现在想起来都禁不住要吹牛。十几岁的孩子，能不飘飘然吗？许多同学，大概都是这么越来越飘，自以为是国家栋梁了。但时间一久，这种北大文化就让我生厌，觉得做人首先要知道自己是老几。怎么才能知道呢？还是从清扫厕所开始吧。

我总说，大学是一个人的“精神账户”，你一辈子都要不断回来“提款”的。大学经验影响人的一生，我“淘粪”的经验也不例外。这种经验给我最大的教益是：人不能太把自己当回事。你和最穷最苦的人都一样是人，只要是人家能干的事情，你就能干，而且可以高高兴兴地干。生活为什么不能从那里起步呢？在 1989 年我 28 岁时，因为人生事业的突变，夫妻双双决定学英语出国读书。妻子天赋高过一头，1993 年就到耶鲁读博士去了。我则托福考得不理想，哪个学校也不要，只好半年后跟着陪读出来。当时许多在美国的朋友说：“千万别出来呀！你在国内多少还是个人物，出来则什么都不是，给老婆做做饭而已，况且经济上没有保障。20 出头还可以，但对于三十多岁的人来说，这种心理落差会让你受不了。许多人像你这么出来的，后来压抑得不得了。”我则不明白：为什么 20 出头的能受得了，三十多就不行呢？还不是个架子问题吗？我不端这个成功人士的架子，执意出来了。记得当年同机的是一群女士，都是陪读去的，只有我一个是男士。她们戏称我是娘子军的“党代表”。

038

大学是一个人的“精神账户”，你一辈子都要不断回来“提款”的。大学经验影响人的一生，我“淘粪”的经验也不例外。这种经验给我最大的教益是：人不能太把自己当回事。你和最穷最苦的人都一样是人，只要是人家能干的事情，你就能干，而且可以高高兴兴地干。

来美后，确实看到许多像我这把年纪的人很失落，包括一些在国内有所成就的北大校友。我则每天欢天喜地，称自己过的是“天堂里的日子”。为什么呢？我的结论是：我是个能“淘粪”的人，知道把自己往哪里摆，有什么机会都要试试，而且都很珍惜。结果时间一久，反而大有收获。我打过几天工，还挺高兴，体会不到从给报纸写文章到干粗活的心理落差。我开始学日文时已经36岁，身边坐着的女孩子居然是我上大学那年出生的，但我并不觉得自己怎么“沦落”了。读博士最后那两年，因为小女出生，又没有正式收入，还跟着穷人排队领过食物券。“9·11”的场面，就是在排这种长队时从电视里看到的。这些都被我视为可贵的人生经验。而那些失魂落魄的人则多是淘不了粪的。特别是三四十岁，受了精英的教育，在国内又是个“人物”的，一出来适应不了自己“什么都不是”的地位，甚至有了读常青藤的机会，还觉得年纪一大把地当学生心理不平衡，一天到晚怨天尤人，反而荒废了自己。

读博士最后那两年，因为小女出生，又没有正式收入，还跟着穷人排队领过食物券。“9·11”的场面，就是在排这种长队时从电视里看到的。这些都被我视为可贵的人生经验。

如今这80后，不仅是独生子女，而且是中国历史上第一代没有经历过匮乏和贫困的人（限于城里的中产阶层子弟）。20年后，中国劳动力供应减少，被抚养人口增加，一对夫妇经常要抚养两边的四位退休父母；且根据正常的经济周期，各种衰退甚至萧条都可能打击他们的生活。人生的路长着呢，意想不到的打击也许会很多。他们是否有足够的人生智慧应付这些考验？这是我所担心的。所以我才说，现在的大学生，如果有淘粪和高尔夫作为选择的话，还是淘粪去为好。至少我自己会这么做。

039

20年后，中国劳动力供应减少，被抚养人口增加，一对夫妇经常要抚养两边的四位退休父母；且根据正常的经济周期，各种衰退甚至萧条都可能打击他们的生活。

附录：大学生，请先淘粪再打高尔夫！

最近，媒体简直为大学生应招淘粪的工作而炸了锅。什么侮辱大学生呀、斯文扫地呀之类的议论不绝于耳。其实，大学生淘粪和前不久的所谓硕士生杀猪等，全是评论者的误会。人家企业招的是管理人才，或者说是“白领”。只不过企业要求这些“白领”从基层的实践起步而已。媒体和各种专家对此的误读本身，说明了两个问题：第一，中国的一些企业，在实践中逐渐摸索出比较先进的经营理念，知道什么是培养管理人才的有效途径；第二，整个社会的观念结构，特别是大学的教育理念，则跟不上这些在市场经济的第一线冲杀的企业，还停留在士大夫文化酸腐的观念结构之中。

我们不妨从第二点讲起，因为传统观念确实是媒体为正当的现代经营管理而大惊小怪的缘由。在当今中国教育体制所灌输的价值观念下，淘粪和杀猪一样，都是君子不为的贱业。大学生、研究生从事此业，自然会引起哀叹甚至公愤。但时代毕竟不同了。我劝大学生还是积极应征“淘粪”的工作。最直接的理由是钱多，十万年薪是大部分大学毕业生挣不到的。不过这倒在其次。更深刻的理由是：这类基层的工作，乃是年轻人事业起步之正道。经过淘粪锻炼的大学生，日后成才率怕是高于自己的同侪。新一代人应该率先突破传统观念。

这类基层的工作，乃是年轻人事业起步之正道。经过淘粪锻炼的大学生，日后成才率怕是高于自己的同侪。

既然谈传统，就不妨先随手举两个历史上的例子。大家知道，明清两代是中国科举制度的顶峰。稍微有条件的家庭都要供孩子考科举，就像现在大家都督促孩子考大学一样。结果社会上遍地是举子。这就是我们继承的传统。有人估计，当时的“生员”，也就是俗称的“秀才”，大致维持在50万之众的水平上，恐怕比现在的大学生还要“精英”多了。有此资格，就可以在政府中登记，算是进入了士大夫阶层，在地方上受到尊重不说，亦有各种特权，如免除徭役，见知县时不用下跪、知县不可随意对其用刑、遇公事可禀见知县，等等。换今天的话来说，这就是干部编制了。想想看，明清两朝每代人中都大致有50万秀才，几百年、十几代下来，大致也是快千万人了。这些人成就了什么呢？当时帝国行政最低一级大致是县，全国就两千多个县，一个县就一个县令。可见一个七品芝麻官也要挤破门，其他位置更少了。秀才不过是一种身份，并不具备当官的资格。要想当官，必须成为举人才行，而且即使是举人，饭碗也没有保证。那么，当官的那些“精英的精英”对社会贡献又如何呢？当时地方政府的吏治之败坏，是众所周知的事实。可见即使是那些幸运地考了高分、当了官的人，实在也是乏善可陈。而在接近千万之众的秀才中，既没有官做不说，大部分也没有其他成就留下来。他们多只能皓首穷经，酸兮兮地“之乎者也”一生，落得个孔乙己的下场。

当官的那些“精英的精英”对社会贡献又如何呢？当时地方政府的吏治之败坏，是众所周知的事实。可见即使是那些幸运地考了高分、当了官的人，实在也是乏善可陈。

在这种找不到工作的情况下，读书人淘粪是否算是出路？在那个时代，这要比现在更有辱斯文，更少有人去做。但是，以中国之大，人口之多，总有几个异数。甘心这么做的，还大多有所成就。研究社会经济史的，都知道有本《沈氏农书》。大概明清时代读书人的心思都在科举上，使我们这个最大的农业国家在这一时代的农书数量非常少。在这样的背景下，《沈氏农书》也就更显得珍贵了。此书作者“沈氏”的身世很难细考，大致只知道他是明末清初之乡绅，是否有科举的功名不甚清楚，但显然受了良好的教育，家境非常富裕，为当地之大户。他隐居江南乡下务农，随手写下这本务农手册，大概是供经营自己的农场之用。读此书便知，他是个淘粪好手，不仅告诉你到哪里买粪、怎么运粪、各种粪的用法和效能，还非常细致地教导你粪应该如何搅拌、怎么观察粪的颜色变化等，谈拌粪如同谈酿酒，感情溢于字里行间。根据其书的记载，他耕种的土地亩产在当时几乎是最高的。说他是个成功的农业 CEO，绝非言过其实。

18 世纪末 19 世纪初还有位包士臣，素有文名，和龚自珍、魏源等都属于“经世致用”派的知识分子。他早年家贫，亲自务农，想来也是淘过粪的。在他的笔记《安吴四种》中，就写到粪池的修造以及粪的种种好处，并指出南方人比北方人更懂得修粪池，使得水田得益，产量高不说，也使环境清洁。

沈氏也好，包士臣也好，都是中国士大夫中的异数。他们学问不错，特别是包士臣，诗词文章俱佳，书法也颇有成就，很为士林所重。但是，从今天看来，他最大的贡献(或者说他“引用率”最高的作品)，怕还是讲大粪、海运等非传统的“经济之学”的文字。沈氏的一小册农书，虽不入当时士林之主流，但已经成为中国农业史的经典，其价值高于那些“之乎者也”之辈所著的万卷诗书。

政府的地方官大部分没有实践经验，在法律、财政等关键的行政技能方面没有任何训练，甚至因为不通方言，和当地百姓无法直接沟通。中国政治之破败、官僚之无能，也就不足为怪了。

他们能有这种意想不到的成就，一大原因就是敢于突破传统士大夫那种“读书、考试、做官”的“事业格局”。在科举之下，你当官的正途是苦读四书五经，然后通过考试、获得功名。一旦“高高得中”了，就可能在毫无实践经验的情况下被派个官做。这是中国传统的人才管理原则。在这种原则之下，政府的地方官大部分没有实践经验，在法律、财政等关键的行政技能方面没有任何训练，甚至因为不通方言，和当地百姓无法直接沟通。中国古代政治之破败、官僚之无能，也就不足为怪了。

如今中国正迅速转型为市场经济社会，本不应该歧视动手的实用技艺，不应该鄙视劳动。但我们的高等教育，其实还是继承了这种陈腐的科举价值观念。比如，几年前北大有位知名教授为北大毕业生还要辛辛苦苦地自己找工作而痛心疾首。他称北大学生都是国家一流人才，毕业后应该被各用人单位争着来抢才对，怎么竟然还需要自己写简历找工作呢？从科举传统上看，这样的想法确实名正言顺：你考得高，就已经证明了自己是国家栋梁之才，做的官就应该大，这叫“野无遗贤”，是政治清明、社会繁荣的盛世表征。让精英之才苦苦地求人讨个饭碗，甚至从最低层的贱业干起，则反映了世道不古。

也难怪，有的大学已经把高尔夫列为必修课，理由是高尔夫是成功人士的修养，自然也是成功的阶梯。不错，以中国土地资源之紧缺，打高尔夫确实是富人奢侈、摆谱儿的最好方式之一。可是，你总得先教学生怎么成功，再教他们成功后怎么摆谱儿吧？再形象点地说，你总得先淘粪、杀猪，再学怎么打高尔夫吧？

040

名校的牌子说明不了什么。20 年后没有人会在乎你年轻时在哪里读书，大家是要看的你都干了什么。你必须从基层的事情做起，必须“什么都能干”，必须以实际的业绩“证明自己”。

现代市场经济的游戏规则，和科举制度下那种以考试定身份的理念正好相反。你到美国的名牌大学看看就知道，即使是哈佛耶鲁，也反复告诫自己的学生：名校的牌子说明不了什么。20 年后没有人会在乎你年轻时在哪里读书，大家是要看的你都干了什么。你必须从基层的事情做起，必须“什么都能干”，必须以实际的业绩“证明自己”。第一个工作，就是给你这样一个“证明自己”的机会。这些学校的学生不仅要和别人一样在劳动力市场上竞争，学校还拿出大量资源帮助他们写简历、包装自己。所以，大学毕业生从事艰苦的体力劳动，在美国很难成为新闻。

最近美国出版了一本书《高盛的生成》(*The Making of Goldman Sachs*)，讲到这一著名金融公司的成功秘诀之一，就是重点招募从下层奋斗上来、吃过许多苦的员工。这种经营哲学，中国的许多企业其实已经在市场经济的实践中学到了。它们已经摆脱了那种要把高位直接送给新科状元的旧观念，不愿意把毫无经验的大学毕业生直接放到管理层上当白领，而是要先让他们在最基本、琐碎的工作中“证明自己”。比如招“硕士猪倌”的企业，虽然招的是管理层人员，但要求新来的员工从亲历杀猪卖肉中积累工作经验。这次的大学生淘粪工，其实是“清淘化粪池业务员”，是否真要去淘粪从新闻里看不出来。但在我看来，这些业务员还是亲身经历一下清淘粪池的过程后工作才更称职一些。我们的年轻学子，其实学得也非常快。几年前，在一个招聘会上，一位自称是“什么都可以干”的女大学生，在被用人单位问及“是否可以扫地”时勃然大怒，斥责对方不知道尊重人才，还获得了媒体的普遍同情。如今，杀猪、淘粪这些“贱业”，则颇获大学生们之青睐。看来他们在市场经济中有着良好的生存本能。反而是我们的社会和教育机构跟不上趟。

这一著名金融公司的成功秘诀之一，就是重点招募从下层奋斗上来、吃过许多苦的员工。这种经营哲学，中国的许多企业其实已经在市场经济的实践中学到了。

杀猪、淘粪这些“贱业”，则颇获大学生们之青睐。看来他们在市场经济中有着良好的生存本能。反而是我们的社会和教育机构跟不上趟。

如今大学生杀猪、淘粪等，闹得舆论鼎沸。从事此道的年轻学子们，心理压力也一定甚大。但是，也正是在这种举世谤议的压力下，方能显示他们的人格和品性。在我看来，那些顶着社会偏见，在此业中宠辱不惊、踏踏实实地工作的人，日后恐怕更堪当大任。有眼光的企业，要盯着这样的人才。

也正是在这种举世谤议的压力下，方能显示他们的人格和品性。在我看来，那些顶着社会偏见，在此业中宠辱不惊、踏踏实实地工作的人，日后恐怕更堪当大任。有眼光的企业，要盯着这样的人才。

附录：淘粪乃国学

最近因为某企业以高薪招聘大学生当化粪池业务员，闹得媒体沸腾。我写了一系列文章为大学生“淘粪”辩护，讲到这种基层的、对社会有益的工作是如何锻炼人，等等，道理已经很清楚。不过，许多读者非常愤怒地质问：

大学生从事粪业，岂不是浪费人才？言下之意，大粪里没有学问，配不上大学生的训练。

这种心态，反映出了我们的教育和社会观念是如何病入膏肓。试问：如果一个大学生毕业研究国学，是不是浪费人才呢？如果一个大学生毕业成为石油勘探的业务员，是不是荒废了学业呢？要知道，淘粪不仅有学问，而且是门“国学”，甚至应该“申遗”。

先说淘粪为什么是国学。国学需要满足两个基本条件：第一是本国的学问；第二是外国没有，或者外国虽然有却没有我们这么发达。我在美国的大学里讲课，每讲到孔子的“己所不欲，勿施于人”时就不免自豪起来，觉得这是我们的文化遗产，是国学。美国学生不服气，马上问：“这有什么新鲜的？基督教传统里有‘黄金定律’，讲的话几乎一模一样，我们从幼儿园时就学，怎么就成了你们的国学呢？”遇到这样的挑战，我不免一愣，马上给自己解围：这证明不同的文化在价值观念上是相通的，这说明普世价值确实存在。

每讲到孔子的“己所不欲，勿施于人”时就不免自豪起来，觉得这是我们的文化遗产，是国学。美国学生不服气，马上问：“这有什么新鲜的？基督教传统里有‘黄金定律’，讲的话几乎一模一样，我们从幼儿园时就学，怎么就成了你们的国学呢？”

不过，一讲起淘粪来，那些美国学生就没有办法挑战了。讲淘粪比讲儒学更让我为我们这个民族和文明自豪。我问学生：在工业化以前，你们西方的土地能养多少人？我们中国的土地能养多少人？17、18 世纪英格兰的农业革命，被历史书吹得神乎其神。但宋代江南的亩产如果按卡路里含量计，比中世纪英格兰的亩产高了几乎三倍。即使比起所谓“农业革命”后的英格兰，也快高出 30%。法国年鉴学派的掌门人布罗代尔对亚洲特别是江南的稻米经济大为惊叹：“稻田就是工厂！”因为在欧洲中世纪，一块地种了一年就得抛荒休耕，以恢复地力，否则怕是连种子也收不回来。而亚洲的稻田则全然

不同。他引述欧洲传教士的话：这里不仅每一寸地都被耕种，而且一块地一年种两季！

这样狠地使用土地，怎么就不怕地力衰竭呢？关键还在于用粪。中国自古便有“惜粪如金”的话。翻开《杭州府志》就知道，在杭州经营粪业的公司叫“金汁行”，淘粪的规矩很多，各家竞争必须信守条例。在北京，1949年以前城门外布满了粪厂。市内各区的粪成色不一，富人因为饮食考究、蛋白质摄入量大，进而粪中油水大，其粪便价值高，被有势力的大粪场所垄断。日本的情况也大同小异。江户时代作家马琴的日记中记载，他一家七口（五个大人两个小孩），所产之粪被一家农民包下来，定时前来淘粪不说，而且每年一个大人的粪价值五十个茄子，逢年过节外加若干新鲜蔬菜。江户的房租，则会随着房客的增多而下降，就是因为房客产粪。这也恰恰证明了中国“肥水不流外人田”的古训。

我并不是说西方没有淘粪术，但远不如中国或者东亚社会这样复杂精到。大粪对于当时的农业，如同石油对于今日之工业，乃能源之命脉，学问大得很。

我并不是说西方没有淘粪术，但远不如中国或者东亚社会这样复杂精到。大粪对于当时的农业，如同石油对于今日之工业，乃能源之命脉，学问大得很。当时中国和日本人口之密集，是欧洲不可想象的。我们不妨想想：那时没有自来水、没有抽水马桶，这么多密集的人口，卫生如何维持？看看当今世界，世界人口死亡的最大原因，还是因为缺乏干净的饮水。可是，如清人包士臣所描述，南方人清理粪便及时，修建粪池，环境就比较干净。这一点后来在20世纪初也被日本的调查人员所证明。最有戏剧性的例子还是发生在日本。19世纪70年代，雄心勃勃的明治政府要把新都东京建设成世界一流城市，希望模仿伦敦这一帝国之都，修建自来水金属管道系统，并以重金请来了设计伦敦系统的著名工程师

R.W. Atkinson。R.W. Atkinson先测试了东京所用的传统竹筒供水管中的水质，然后告诉日本人："你们的水比伦敦的还干净，要伦敦的系统有何用？"这一惊人现象背后的关键，还在于日本人如同中国人一样惜粪，清理迅速，很少有环境污染。只是明治时代对西方崇拜过分，对自己的国学有所疏忽。

如上所述，淘粪是东亚乃至中华文明之基石。没有这种独特的淘粪产业和技术，中国就不可能有这么高的粮食产量，不可能养活这么多的人口，自然也不可能有从宋到清的经济繁荣和源远流长的文化。如今我们有季羡林先生这样的国宝，因为他精通吐火罗文等，有人说他是国学大师，我也完全拥护。但是，淘粪难道不和中华文明关系更大？淘粪当然是国学，而且值得申遗。和我们能竞争的，也就是日本等几个东亚国家而已。另外，在能源危机、粮食危机的今日，粪学更有现实意义。粪不仅可以作为再生的肥料，而且也是再生能源。如今世界人口饮食中蛋白质摄入量奇大，粪的价值也就更高，可惜却被白白弃置。无怪乎在加拿大教书的Vaclav Smil教授靠研究大粪而著作等身，而且建立了广泛而崇高的国际声誉。他研究的重点地区就是中国。他一再呼吁，如今世界最大的资源浪费之一，就是对大粪的浪费。可见，这种国学，我们不研究，人家会如获至宝地拿过去研究。难道这样的学问，不值得大学生问津吗？难道这样的行业，有点文化的人就不能沾吗？

淘粪是东亚乃至中华文明之基石。没有这种独特的淘粪产业和技术，中国就不可能有这么高的粮食产量，不可能养活这么多人口，自然也不可能有从宋到清的经济繁荣和源远流长的文化。

讨论班：大学的教学与文化

我在北大读了四年书，一堂讨论班也没有上过。从来没有一位老师上课时突然转向我说："薛涌，你能和我们分享一下你对这个问题的看法吗？"没有讨论班，是北大教育的最大缺失之一，其后果也非常严重。

英语危机，还是教学危机？

几年前，一些关于麦肯锡（McKinsey）报告的文章在网上流行。主要内容是说，中国大学生英语不行，比不过印度学生。中国这几年每年的大学毕业生虽然在300万以上，但是能够胜任外企工作的只有十分之一，而印度则有四分之一的大学毕业生可以胜任。

其实，该报告虽然指出中国学生的英语能力是主要的问题，但英语绝不是唯一的因素。大学所学的东西在实际生活中派不上用场，恐怕才是要害。

麦肯锡是一个独立的国际经济思想库。这个报告，主要是立足于跨国公司的人才需求，并不能作为设计中国教育战略的指针。不过，考虑到中国经济结构的高度国际化、对外资的严重依赖，该报告给中国的教育乃至中国经济的未来还是提出了严重的警告。可惜，这一警告并没有引起社会的充分注意。其中一个原因，是有关文章对该报告的描述，只强调英语一个因素。于是有人说，英语不是中国人的母语，却是印度的官方语言。这是没有办法的事。这样的比较，抛开了中国的国情，未免太荒谬。

其实，该报告虽然指出中国学生的英语能力是主要的问题，但英语绝不是唯一的因素。大学所学的东西在实际生活中派不上用场，恐怕才是要害。从这个角度看，该报告所提出的警告，我在《南方周末》上关于"白领危机”的文章，以及在近著《谁的大学》和《美国是如何培养精英的》两书中，都从不同角度提出过，而且做出了初步分析。因此，我这里不妨以该报告做一个引子，对中国的大学教学进行一番评说。

国内网上流行的文章，主要是依据《金融时报》2005年10月7日的一篇社论，标题是《中国最脆弱的环节：为了经济的发展，中国的大学需要很大的改进》（*China's Weakest Link*：*For the Sake of Business*，*Universities Need Big Improvements*）。其社论的核心，不是说中国人的母语不是英文，而是强调中国的大学质量太差，特别是受儒家文化中死记硬背的教育传统的影响，不鼓励学生的创造性，过分强调对老师不加质疑的尊重。结果，除了顶尖的一层薄薄的精英外，中层的人才奇缺。英语程度不佳和实用技能的缺乏，成为中国学生竞争不过印度学生的主要原因。在未来全球化的进程中，发达国家服务业中大量白领的工作外包给印度，但以中国目前的高等教育状况，中国很难像印度那样抢到这笔生意。

041

除了顶尖的一层薄薄的精英外，中层的人才奇缺。英语程度不佳和实用技能的缺乏，成为中国学生竞争不过印度学生的主要原因。

我不久前在《新京报》上还撰文指出，英语不好并不是一切。最近《华尔街日报》报道说，许多外国企业，到中国来不喜欢雇英语流利的“海龟”，而更喜欢懂得中国市场的本土人才。有的老板甚至大放厥词，说英语越不好的，甚至完全不会讲英文的人才，才越显得珍贵。可见，外企并非盯着英语这一项。毕竟人家是在中国做生意。关键的问题是，我们的大学培养不出适合现代企业的人才来。

最被国内媒体忽视的，还是麦肯锡报告指出的儒家文化中死记硬背的教育观念对大学的影响。关于这一点，我在几年前对“读经运动”的批评中也已经指出来。再

看近年人大国学院开学，第一堂课下来，学生的反应就是上课满堂灌，师生之间互动不足。我们的“建设世界一流大学”的运动轰轰烈烈，但是，对基本的教学改革，却避而不谈。

以讨论班为例

我们的“建设世界一流大学”的运动轰轰烈烈，但是，对基本的教学改革，却避而不谈。

比如，美国的大学，特别强调“讨论班”(seminar)。在研究生教育中（主要是文科，理工科因为实验室的重要因素，不可一概而论），讨论班是主体。我自己在耶鲁硕士、博士读下来，上的全是讨论班，大课一堂没有上过。本科生的讨论班也非常重要。比如各校不仅有大三讨论班，而且许多还设置新生讨论班。即使是上大课，教授讲完后，学生也要分成小组，参加由研究生、助教主持的讨论班，每个班人数都控制在十几个。这样保证人人参与讨论。

042

大家要看的是，你和其他人读了一样的东西，你能拿出什么新东西来？你有没有批判性的思考能力、指出作者的缺陷？你能否在作者研究的基础上，再往前走一步，指出深化研究的路径？

在这种讨论班中，老师不过是个主持人，不停地提出问题，引导讨论的深化。学生死读书不行，因为很少有人问你书上讲了什么。书是大家都看过的，重复书上的内容等于说废话。大家要看的是，你和其他人读了一样的东西，你能拿出什么新东西来？你有没有批判性的思考能力、指出作者的缺陷？你能否在作者研究的基础上，再往前走一步，指出深化研究的路径？要知道，大家读的书，许多是名著，如韦伯等。匆匆看完，讨论班上去批一通，深化人家一下，这在中国老师看来算什么呢？轻说是强人所难，重说是对学术大师的不敬，或者是无知的狂妄。毕竟大家还是学生。但美国大学的讨论班上，这是人家对你常规的期待。压力之人可想而知。

你不仅要理解书本，还要汇通其他学科的知识，挖掘自己的生活经验。一句话，把所有本事都使出来，创造一些别人没有的思想。

我开始上讨论班，非常紧张。当然这和开始时英语不好有关。我对自己唯一的要求，就是张嘴说话，别被吓住。但常常说话前5分钟，脑子里一片空白；说话后5分钟，脑子又是一片空白。后来才渐渐从一个边缘人物，变成了爱说话的主角之一。这一转折点，发生在James Scott教授主持的“农业社会”的讨论班上。

你不仅要理解书本，还要汇通其他学科的知识，挖掘自己的生活经验。一句话，把所有本事都使出来，创造一些别人没有的思想。

这个讨论班是耶鲁著名的课程之一。每次持续三个多小时，一般是四个不同领域的教授一起教。第一个小时，教授各自讲自己的观点。第二个小时则是大课问答，主要是学生和来自世界各地的访问学者（有时人数可达二十几人）提问，教授边回答边讨论，谁都可以插话。第三个小时，访问学者退场，学生分小班讨论，四个教授分散在各小组参加讨论。

那天讨论，正好James Scott教授和另一搞农业技术的林学院教授在我们组。我被轮上当主持人，即对所读的书提出概观性的分析，然后提出引导性的问题。那周读的，是法国著名年鉴学派史学家Emmanuel Le Roy Ladurie的经典著作“*The Peasants of Languedoc*”(Languedoc的农民)。该书的主题是14—18世纪这400年间法国农村的经济和人口变动。他大致的观点是，这段时期农业停滞，土地上的产量没有提高，人口稍有增长就下跌，无法突破马尔萨斯的铁律。究其原因，是中世纪的社会没有技术进步的能力，等等。当时我是博士课程第一年，英语还非常差，而且这是我读的第一本法国史的著作，300多页，加上其他两门课还有大致相当

的阅读量压着，根本读不完。如此主持讨论，心惊胆战。

不过，我马上发现，人家并不在那里检查你是否读完了书，而是要看你的思想。于是灵机一动，马上提出一个话题：作者仅仅提出没有技术进步，但没有分析原因是什么。这似乎和年鉴学派的基本信念有关：基层社会这种“长时段”的缓慢演进，如人口、生态等，是历史最本质的深层动力。政治层面的变化（传统史学的主要题材）则是短时段的、浅层的现象，很难影响长时段的历史。人类不过是长时段的历史的囚徒。想跳出生态和技术的时代限制，改变自己的命运，就好像胳膊拧不过大腿，是徒劳的。真是如此吗？我引述彭慕兰的一个研究，指出在20世纪初的山东，有改良的棉花种子，但当地一些社会就是不接受。原因之一是当地村里的统治阶层，害怕一旦引进了改良种子，村民得到了实惠，就都跟着那些带来新种子的人走，自己的权威受到损害，所以他们抵制新技术。由此我进一步提问：法国农村没有技术进步，究竟是技术本身的问题，是长时段历史的缓慢节奏所导致，还是地方权力结构的问题？政治上的所谓浅层的变化，是否可以决定性地扭转长时段的深层历史发展？

基层社会这种“长时段”的缓慢演进，如人口、生态等，是历史最本质的深层动力。政治层面的变化（传统史学的主要题材）则是短时段的、浅层的现象，很难影响长时段的历史。人类不过是长时段的历史的囚徒。

此论一出，全班一下子被激活，James Scott兴致尤高，马上引述其他例证对我提供支持，说二战前美国海军将领拼命抵制新技术的运用，生怕一旦技术更新，自己这一代不懂新技术的人会被新一代替代，结果影响了美国海军战斗力的提高。可见，技术是否进步，不能仅仅通过技术本身来解释。大家你一言我一语，这堂本应该上到下午5点的马拉松课程竟然没有能够按时下课。经此一事，我慢慢找到了门道，自信了许多。反复磨炼的结果，使自己的创造力大有长进。

“什么都写”就是什么都想

这种讨论班，挑战着我们的整个教育观念。几年前我和贺卫方教授就法学院研究生招生考试要博还是要专的问题展开辩论。他因为招生考试太博而罢招，我则说法学院研究生考试完全不必考专业，要考学生的中文、外语和分析等几项基本能力。因为你看看美国的研究院就知道，学生入学前的专业知识基础并不是那么重要，但人家培养人才非常有效率。在那里，关键看你会不会读，会不会写，是否知道如何思想。

> 因为你看看美国的研究院就知道，学生入学前的专业知识基础并不是那么重要，但人家培养人才非常有效率。在那里，关键看你会不会读，会不会写，是否知道如何思想。

最近，贺教授对北大法学院新生讲话，提到这次辩论，在介绍我时，用不无嘲弄的口气说我是个“什么都写”的人。可见，在我们的一些教授（甚至许多和国外接触频繁的教授）看来，“什么都写”显然是不严肃、不深刻的同义词。但是，如果你真到美国大学的讨论班试试就知道，前后左右坐着的，常常是非“本专业”的人，讨论很快就脱离具体学科。你对人家讲的问题一无所知，就插不上话。最好还是什么都能谈。这也无怪 James Scott 这么一个研究农业社会的专家，一下子讲起美国海军来能振振有词。其中道理是社会对教育的要求就是如此。我前面已经讲过，你接受法学院训练时，可能从来没有听说过干细胞研究这回事，但当了法官，马上面临干细胞研究的案子。你能说这不是我的专业，我不是个“什么都弄”的人，因此拒绝受理吗？教授这样的态度，自然影响到了教学。看看我们的大学，学生缩在狭窄的专业中，听那些只知道自己专业的教授满堂灌。我当年上北大，一个突出的感觉是，一走进课堂，就像进入一个和现实完全没有关系的世界。在那里随着不闻世事的老学究梦游一小时，出了教室门，才算回到现实中。这样的教育，能给学生提供什么呢？到了社会上，任何问题几乎都是什么都涉及，你必须准备好接受出其不意的挑战。学生守着自己的学科，没有自由思想、自由表达的训练，没有讨论班刺激出来的创造欲，能够解决什么现实问题呢？

如今我自己教了书，才充分尝到“什么都写”的好处。因为“什么都写”就是什么都想。这几年“什么都写”的经验，等于把在中国大学中错过的基本的人文教育补回来许多。生活是活的，历史也是活的。“什么都写”之后，看历史的眼光也大有不同。比如我给学生讲希腊史，讲起希腊的军制和同性恋问题，我不是照本宣科，而是从美国自克林顿上任以来对同性恋是否可以参军的辩论谈起。在现代的许多美国人看来，同性恋参军，把军队内的性关系搞乱了，影响战斗力。可是在古希腊，人们认为同性恋组成的军队最强大。因为任何一个战士，在自己的恋人面前都会表现得神勇，捍卫自己的荣誉，而且彼此生死与共。同是民主社会，古典和现代的人想法竟如此天上地下。为什么？这么一讲，课活了，历史也活了，历史和现实联系在了一起，帮助学生用历史批判现实，以现实批判历史。

这几年“什么都写”的经验，等于把在中国大学中错过的基本的人文教育补回来许多。生活是活的，历史也是活的。“什么都写”之后，看历史的眼光也大有不同。

可是在古希腊，人们认为同性恋组成的军队最强大。因为任何一个战士，在自己的恋人面前都会表现得神勇，捍卫自己的荣誉，而且彼此生死与共。

最近国内一位博士生给我写信，说现在大学里也开始学美国，办讨论班。但是效果不好。老师不会主持，不能有效地引导话题、提供有价值的评论，学生发言也没有质量。反而不如大课的信息量多。这是为什么？因为我们的老师就是大课里灌出来的。如果除了自己的专业外，“什么都不写”、什么都不想的话，面对讨论班当然不知所措。学生的背景各异，生活经验不同。老师的功能之一，就是帮助学生从自己的经验和学识中挖掘洞见。比如我和学生讨论的时候，明明讲日本的事情，学生突然扯出美国的东西来，大谈西奥多·罗斯福。怎么办？我不能简单地让人家闭嘴，而是要首先理解西奥多·罗斯福的意义在哪里，为什么这位学生把他和课上的讨论主题联系起来，然后才可以引导讨论。如果只守着东亚的领域，不理解学生的知识背景，看不出他的背景和我谈的问题的相关性，那还怎么能够帮助他从自己的经验和知识中挖掘洞见呢？

许多哈佛、耶鲁的教授常说本科生比研究生聪明。为什么？在我看来，本科生没有接受太多专业训练，提问也好，讨论也好，直接立足于生活经验，不太受学科的束缚，所以比较有原创性。研究生专业训练多了以后，容易为学问而学问，多从自己的专业角度提问、讨论。

苏格拉底如何培养精英

到美国前就听说，许多哈佛、耶鲁的教授常说本科生比研究生聪明。为什么？在我看来，本科生没有接受太多专业训练，提问也好，讨论也好，直接立足于生活经验，不太受学科的束缚，所以比较有原创性。研究生专业训练多了以后，容易为学问而学问，多从自己的专业角度提问、讨论。但专业仅是某些专家对现实的一个简单化的归类。生活中许多活生生的东西给漏掉了。一个学者最珍惜的，就是人家能够直接基于现实的经验，把自己专业分类中漏掉的东西捡回来。从这个角度讲，本科生的问题和看法更加“原始”、未经雕琢；研究生操心专业太多，原创性被学科所驯化，思想被别人给套住，讲出来的话太文绉绉，已经没有那么“生猛”、有活力了。

读柏拉图的《理想国》，里面的苏格拉底在讨论如何培养统治精英的问题时，他的起点，竟是怎么驯狗！好

的狗，对敌凶狠，对主人温柔。怎么把这种对立的品性培养到城邦的守护者身上？他提出音乐、诗和体育两方面的训练：前者使人温和儒雅，后者使人刚毅凶猛。你能想象，在我们一个名校的教育系的讨论班上，那些一级级考试上来的博士们，在讨论培养精英的问题时，会遵照驯狗的规则来推理吗？这样的路数是哪个学科的呢？这在我们看来恐怕简直就是“农民意识”、愚昧无知，是土老帽儿把人贬成了牲口。然而，柏拉图笔下苏格拉底的原创性，就在这种“糙”劲儿上。被学科包裹的太多，这种人类原始的“糙”劲儿就没有了，创造的冲动就被文化给驯服了。也正是基于这个立场，我认为专业可能会伤害学者的原创力。大学里面的教授，需要时不时抛开自己的专业、脱掉学者的衣裳，什么都写，什么都想，赤身裸体、直截了当地面对生活。这才能保持“糙”而不“粗”、“深”而不“晦”的知识品格。

苏格拉底在讨论如何培养统治精英的问题时，他的起点，竟是怎么驯狗！好的狗，对敌凶狠，对主人温柔。怎么把这种对立的品性培养到城邦的守护者身上？他提出音乐、诗和体育两方面的训练：前者使人温和儒雅，后者使人刚毅凶猛。

以上拉拉杂杂，讲的不过是个人片面的经历，但多少反映了美国大学的现实。我在《美国是如何培养精英的》一书中，则讨论得更细致一些。我希望读者以中国大学的现实对照一下，看看我们究竟缺少什么。用最简单化的说法，从讨论班出来的学生，到了社会，马上知道自己能干什么、能够贡献什么别人没有的东西。因为他每天上课就是演习这些技能。上大课满堂灌4年，到了社会上就容易不知所措，因为自己在学校很少主动说过话，很少独立解决过什么问题，甚至没有机会发表自己的看法。老实说，我很难想象，我在讨论班上的几个“优胜记略”，在北大的课堂上能够被激发出来。

043

从讨论班出来的学生，到了社会，马上知道自己能干什么、能够贡献什么别人没有的东西。因为他每天上课就是演习这些技能。

在中国读书，总担心自己没有学问、不懂什么。在美国读书，总担心自己没有思想，没有激发人的能力。

一年下来，你发现学到的死知识似乎有限。但整个环境，都在逼着你创造、冒险，走别人没有走的路径。讨论班上，同学竞争非常激烈，争先表现自己的智慧。你讲不出有意思的话，马上就被撂到一边，成为无足轻重的人物。所以，这种环境下出来，个人进取精神必须非常强才行。这样的大学，实际上是这样一种文化：不在乎你知道什么，但刺激你一刻不停地进取、创造，不论捡起什么都能闹出一番动静来。这是现代社会的精神，也是现代大学的精神。这种精神，和我们从小背书的传统是相反的，对当今中国大学中的整个既得利益集团都是一个挑战。找不到这种精神，中国就不会有一流大学，也很难成为一个世界一流大国。

讨论班上，同学竞争非常激烈，争先表现自己的智慧。你讲不出有意思的话，马上就被撂到一边，成为无足轻重的人物。所以，这种环境下出来，个人进取精神必须非常强才行。

附录：反思精英白领危机

044

“中国什么都缺，就是不缺人！”这话几乎成了“真理”，没有人会反对。但是，随着经济的发展，中国这个世界第一人口大国，竟开始闹人荒，而且并不是限于某个特殊部门，许多领域都出现了找不到人干活的现象。

不在乎你知道什么，但刺激你一刻不停地进取、创造，不论捡起什么都能闹出一番动静来。这是现代社会的精神，也是现代大学的精神。

前一段的“民工荒”，实际上证实了笔者在此之前对中国将面临劳动力短缺的预言，只是预言兑现得比笔者预料得快而已。如今另一个领域又出现严重缺人的现象：高级管理层。这一领域的精英白领供给严重不足，可能比“民工荒”对中国经济产生更严重的威胁。

一

不久前，英国的《经济学人》从外资的角度就中国的经济人才问题进行了报道。目前外企在中国的投资，每周高达10亿美元。外资毫无疑问已经成为中国经济增长的重要动力。但是，这么大笔的资金，谁来经营？外企纷纷抱怨找不到人。

Oracle 中国南方及香港分部的执行经理 Arics Poon 最近直言不讳地指出："我们必须（在中国）找到一群能力强、有职业精神的经理，否则就无法维持我们在中国的增长。"著名的会计公司 Ernst & Young 中国与香港部分的总裁 Anthony Wu 也承认："我们已经决定不接一些主要客户，因为我们没有人手向他们提供服务。"

外企在中国扎根，就必须"本土化"，用当地的人才替代从本国派来的高薪管理人员，减少费用，否则就无优势可言。如今，给外企服务的中国精英白领已经收入不菲。根据《经济学人》的调查，在京沪两大城市，外企中层的中方经理，年收入（包括工资和年终红利）可达 2.7 万～3.2 万美元，大致 20 多万元人民币；高级经理则收入高达 4.6 万～5.4 万美元，相当于三四十万人民币；企业总裁则岁入 8 万～9 万美元，即六七十万人民币。据《华尔街日报》报道，一般经营消费品和医药的公司，在美国一个有 MBA 的雇员可以挣到 8.5 万～9.5 万美元的年薪，在亚洲的职位只有这个数的一半。以这个标准衡量，中国的白领的收入还是给外企省了一些钱。但是，如今中国的通货膨胀率仅为 2%。这些精英白领的工资上涨率则为 6%～10%，甚至有过 50% 这样神话般的加薪。可见这些人的价码正在急剧看涨。以这样的速度，再过几年，中国的白领就会变得太贵了。

我们必须（在中国）找到一群能力强、有职业精神的经理，否则就无法维持我们在中国的增长。

更重要的是，即使如此高薪，公司还是留不住人。去年在深圳，10 个企业总裁中就有一个换了工作；在北京，12 个中有一个跳槽。在全国范围内，跳槽率从 2001 年的 8.3% 上涨到 2004 年的 11.3%。有些小公司的跳槽率高达30%。像L'Oreal这样知名的跨国公司，在中国拥有3000名雇员，跳槽率也接近15%。其人事经理称他们在3年内几乎把所有最初雇来的人丢光了。

企业雇用一个高级白领，招募费用非常昂贵；人员不停地换，企业的正常运营就无法维持，大大影响了效率。再加上工资不断地上涨，这些企业很快在中国就没有赚头。一些外企已经开始想后路，希望到别的国家找机会。

越是尖端的产业，越需要高级管理人员。没有足够的管理人员，就会阻碍中国企业的升级。

这一状况，为中国经济提出了严重的警报。中国能否像现在这样持续地、大量地吸引外资，在很大程度上取决于中国能否提供足够的、称职的管理人员来经营这些资本。否则，外资就不会再来。更重要的是，随着中国经济的增长，劳动力费用在上升，中国必须不断提高产业层次，摆脱低薪、低技术的陷阱，才有出路。从这个角度看，中国必须吸引高技术的尖端产业，而不仅仅是那些有很少技术要求的服装业。但是，越是尖端的产业，越需要高级管理人员。没有足够的管理人员，就会阻碍中国企业的升级。

二

这一现象，说明中国高级白领的严重短缺。外商的普遍抱怨是，在中国找个称职的管理人员实在太难。好的就那么几个，谁都在抢，结果这些人在哪家都待不长。

高级白领的高薪，与民工的低薪甚至拿不到工钱形成了鲜明的对比。这一现象，说明中国高级白领的严重短缺。外商的普遍抱怨是，在中国找个称职的管理人员实在太难。好的就那么几个，谁都在抢，结果这些人在哪家都待不长。GE的一位培训主管称，中国的高级管理人员还是第一代，他们的父母是在国有企业效力，他们没有榜样可学。Asimco Technologies的一位总裁也说，中国的人才常常由两部分人组成，一部分来自国有企业，官僚习气太重；一部分来自私营企业，又实在有些太无

法无天。更多的外商则抱怨，中国的雇员缺乏创意、冒险精神和管理才能，同时对自己的估价又太高。中国的教育太强调死记硬背。许多人才履历很好，英语不错，但总是没有敢为天下先的闯劲。在一个部门按部就班还可以，一旦需要跨部门协调，主动和其他人合作，就无所适从。

045

中国的雇员缺乏创意、冒险精神和管理才能，同时对自己的估价又太高。中国的教育太强调死记硬背。许多人才履历很好，英语不错，但总是没有敢为天下先的闯劲。在一个部门按部就班还可以，一旦需要跨部门协调，主动和其他人合作，就无所适从。

这些对中国刚刚开始了解的外商，当然只是看到现象，并不一定能够抓住问题的根源。不过，他们的意见，到底属于“用人单位”的反馈。我们必须据此进行反省。这种打着灯笼也找不到可雇人才的现象，在如今中国大学毕业生失业严重，许多“海归”也纷纷成了“海待”的背景下，显得格外令人震惊。精英白领层毕竟属于一个比较小的群体，空缺有限。我们只有提供足够的人才供给量，这些精英白领才不会这样炙手可热，价码才不会过高，乃至吓走外商。但是，我们的大学年年扩招，守着世界最大的人力资源，竟不能为这么几个位置供应称职的人才。

由此可见，我们的教育体制，已经和经济发展严重脱节。

我们的大学年年扩招，守着世界最大的人力资源，竟不能为这么几个位置供应称职的人才。由此可见，我们的教育体制，已经和经济发展严重脱节。

三

笔者在近作《谁的大学》一书中指出，中国目前已经向市场经济转型，但教育没有摆脱计划经济的体制。大学单纯依靠国家投资，并由“上面”定出档次，按级“领赏”、拨经费。这样，大学之间没有什么真正的市场竞争，只有让学生在一套僵化的考试制度下竞争。学生从小就围绕着高考，被老师家长高度看护，毫无独立精神，而且背景越来越单一，偏远地区和农村的学生越来越少。这些学生在大学里泡在一起，对社会的见识就越来越狭窄，开创精神越来越差，而且总是抱着一种不知道天高地厚的“状元心态”，眼高手低。笔者在美国见过一些名校的中国学生，一毕业就回国。问他们为什么不在美国闯一闯，回答是，太累了，还是回去的日子容易过。结果他们连试也不肯试一下，留学多年，在外面就没有竞争过。这样的态度，“海归”不“海归”有什么用？

我们的文化，更有走向封闭保守之势。比如去年掀起的读经运动，公开提倡死记硬背。最近连、宋访问大陆，一些人不注意分析其政治上的创意，反而盯着宋楚瑜那篇《祭黄帝文》，称其中“订律设制，立五千年不拔之根基。造车指南，辨兆万民不易之方向”之语“有点骈体文的味道”。论者一边指出，“这样的文字，搁在晚清，随便哪个年轻秀才，恐怕都能写出来”，一边不停地赞叹人家的国学根底令大陆同代人汗颜。其实，连、宋来访，可圈可点之处甚多，何必拿这个晚清随便一个秀才都能够写出来的句子说事？我们应该为讲不出别人没有讲过的话而羞愧。如果仅仅是重复“晚清随便一个秀才都讲得出来的话”，又有什么可汗颜的？可见，我们的社会文化，崇拜的根本不是创造力，而是重复前人的能力。在这样的文化中，我们的毕业生进了现代企业中找不到北，也就不足为奇了。

连、宋来访，可圈可点之处甚多，何必拿这个晚清随便一个秀才都能够写出来的句子说事？我们应该为讲不出别人没有讲过的话而羞愧。我们的社会文化，崇拜的根本不是创造力，而是重复前人的能力。

笔者一位朋友，有位号称是不争气的儿子。当年他在美国找到教职，告诉这位在国内还没有上高中的儿子：“好好学英语！”但他儿子一句英语也没有学，收集一堆“文革”纪念章，要到美国做买卖。买卖当然是没有做成，学也上得不怎么样。高中毕业当了几年兵，后来到社区大学（相当于我们的大专、夜大之类）读书，再跳到一个小大学完成学业，如今跑到上海，成了高薪白领，手下有一群清华、北大的MBA．我这朋友说，我这孩子要是在国内，什么机会也不会有，最差的大学也上不了。但就是能折腾。结果七折腾八折腾，如今比我挣得多多了。

中国的教育还鼓励学生折腾吗？连学生开餐馆都成了不务正业，毕业后除了照本宣科还会什么呢？

> 中国需要多元的教育体制，要鼓励小的民办大学的成长，要把学生的人生经历作为一个录取标准，要创造条件让学生半工半读地完成学业，要号召年轻人到国外闯天下。

中国的教育必须改革。中国需要多元的教育体制，要鼓励小的民办大学的成长，要把学生的人生经历作为一个录取标准，要创造条件让学生半工半读地完成学业，要号召年轻人到国外闯天下。单靠国家投资，自以为是地创几个“一流”，培养出来的人，还是个百无一用的书生。在中国市场经济的发展中，这个部门不改革，教育就会成为中国发展的瓶颈。

第二章

北大的经验与反省

薛涌 XUEYONG

一转眼就30年了。30年前我上北大时还没满18岁。如今已经是奔半百的人了。我曾经反复地说，大学是一个人的心灵故乡，一生的精神账户。北大四年，塑造着我的一生，想忘也忘不了，讲起来话也长。30年后，应该作个反省：从北大得到了什么，从北大没有得到什么？北大的好处在哪里，北大的坏处在哪里？我是散漫惯了的人，无法系统地整理思绪，索性把随时想到的分开来慢慢讲了。

我曾经反复地说，大学是一个人的心灵故乡，一生的精神账户。北大四年，塑造着我的一生，想忘也忘不了，讲起来话也长。30年后，应该作个反省：从北大得到了什么，从北大没有得到什么？北大的好处在哪里，北大的坏处在哪里？

从“寡妇班”考上北大

1979年考上北大，是我一生最大的“优胜记略”。这一“优胜记略”，对比起我考上之前那副没有出息的样，就更显得特别“优胜”了。

我从小不是个好孩子，从来不好好读书，父母说我干什么都是“三分钟热气”，觉得上面的哥哥和下面的弟弟长大都没有问题，要操心的就是我一个人。记得初中毕业时考物理，当时学校还是文革时代的教学，开卷考试，题目有6道，全是书上的例题。只要你从书中找到那6道题，抄下来，就算100分了。但是，这样的考试，我居然才得60分。因为我从来不看书，不知道例题在哪页。就这么块料，别说考北大，按说根本就不应该上大学。

不过，我那时突然有个男孩子的青春期觉醒，一上高中就知道读书了。我的心理大概和一般孩子不同，或者说不太正常。记得六、七岁在北京海淀区的花园村住时，偶然跑到家后面的农地，看到了一个农家的葬礼。那简单地说就是埋棺材，有人哭得撕心裂肺，十分恐怖。当时的震撼，影响了我的一生。我突然意识到，总有一天，我也会是这个下场，被埋到深深的地下，一下子就被生命的虚无和恐惧所征服。当时是否父母正在下干校已经记不清了。其实即使他们在，也是早出晚归，根本没有时间和我在这方面交流。童年的孤独实在可怕。我被死亡的前景折磨了很长一段时间。晚上睡不着觉、做恶梦，甚至从床上滚下来……由此开始了一场面对死亡的挣扎，至今也没有结束。

我被死亡的前景折磨了很长一段时间。晚上睡不着觉、做恶梦，甚至从床上滚下来……由此开始了一场面对死亡的挣扎，至今也没有结束。

记得大学毕业后在《北京晚报》当记者，跑去采访李泽厚。李先生不是个很健谈的人，不过有一句话让我终生难忘："当人意识到死的时候，才感到真正在活着"。我听了浑身一振，小时候对死亡的恐惧全回想起来了。确实，当人意识到死亡后，对生命就有一种迫切感，甚至可能有一种使命感。我虽然从小不成器，但这种感觉一直在我的挣扎中伴随着我。我知道没有人会注意我，没有人会瞧得起我，但我自己不能辜负这一生，我要做出一番事情来让世界记住。这种劲头，一上高中就突然引起了人生的觉醒。

"当人意识到死的时候，才感到真正在活着"。我听了浑身一振，小时候对死亡的恐惧全回想起来了。确实，当人意识到死亡后，对生命就有一种迫切感，甚至可能有一种使命感。我虽然从小不成器，但这种感觉一直在我的挣扎中伴随着我。我知道没有人会注意我，没有人会瞧得起我，但我自己不能辜负这一生，我要做出一番事情来让世界记住。

当然，这种觉醒也并非没有外在刺激。那时我们突然被告之：高考将恢复！考上了就上大学，考不上就继续插队（其实后来考不上的也没有插队）。刚刚"觉醒"的我，什么事情都要思考。这么宝贵的生命，又怎么能错过大学呢？我开始读书了。

那是个"学好数理化，走遍天下都不怕"的时代。

其实这话是“文革”前“17年”留下的。我们那时候的学生和家长都对之深信不疑，觉得科学技术是第一生产力，要学就学数理化。可是，我对这些一点兴趣没有，一想到一辈子搞技术，就觉得灵魂里空荡荡的，寒冷得浑身发抖，喜欢的就是文史。说实在的，这种心情，实在也说明了我们的教育的问题。一个青少年时期的孩子，内心最关注的是生命意义的问题。但是，我们的教育哪里管这一套？教育就是让你成为干某件事情的工具。这也是当时越是“有用”的专业越让我感到空虚的原因。所以，当时文理分班，我毅然上了文科班。

在他们看来，文科一是没用，二是危险。这是那代政治运动中过来的人的普遍心态。

这一举动，首先惹急了家长。父母连续彻夜开家庭会议，要求我学理科。在他们看来，文科一是没用，二是危险。这是那代政治运动中过来的人的普遍心态。当然还有另一层面，是我自己看出来的。当时，好学生都上了理科班，学不好的人才去文科班。父母都是国家机关干部，同事彼此之间其实也很好面子，在孩子上暗中比来比去，竞争激烈。说自己的孩子上文科班，怎么说得出口！

我本想在学校压力会小一些。但真到了文科班一看就傻了：五十多人的班，就三个男生。我们因此很快就被称为“寡妇班”（我实在要为这种称呼向当时的女生道歉。那时男女授受不亲，男生也不懂得尊重女生，总想办法捉弄）。同学谁还把我放在眼里！况且，我当时的学校是一四五中，“文革”期间由小学改的，质量不太好。和平里的一七一中，则是高考明星，那里的文科班也许还是正经人去的地方。我在一个破学校上个“寡妇班”，怎么能指望人家不把我看成个“混儿混儿”。

不过，我没有寻求转学的机会。我在班里鹤立鸡群。

老师都对我说："你看，我们学校是不好。但文科方面所有力量都集中在你们三个人身上。到了一七一，你不可能被老师这么重视。"当时我心里也知道，除了我和两个女生，班里没有别人能上大学，老师确实心思全在我们身上。另外，我特别喜欢那位满嘴口音的语文老师。他叫叶向忠，后来才知道他是北大 1949 年后的第一任党组书记，北大中文系的乐黛云教授还提起过他。他因为在政治上犯了错误，被发配到中学教书。他古文非常好，满腹经纶，也很喜欢我。所以，我没有转学。另外，父亲还托同事帮我找了一个某大学（好像是钢铁学院）附中的黄河老师业余给我补作文。他好像也是个"坏分子"之类，过去在国民党的什么报纸里干过，自然除了教书不可能有别的前途。如今想想实在是感叹：那年月人家真心实意喜欢聪明好学的孩子，白教你，而且无微不至。可惜我自己不知道珍惜。后来一忙，和黄老师断了联系。现在写了这么多文章和书，也真想问问他的见解。我能肯定他会为我高兴的。

那年月人家真心实意喜欢聪明好学的孩子，白教你，而且无微不至。

高考那天正值酷暑。我按父母老师的嘱咐，没有骑自行车，乘公共汽车到了考场。这是怕太紧张出事。我们和一七一中学的学生一个考场，甚至同样的教师监考。我在考场入口远远望着一七一的学生，敬畏得不行：人家一个个全像有大学问的人，我自己则是地道的"小屁孩儿"，实在不是对手呀！第一场是语文，刚刚开始不一会儿，坐在我前面的一个女生（我当时判断很可能是一七一的）就昏倒被抬出去，气氛紧张异常。我倒由此士气大振，下笔如飞，提前半小时交卷。那时我为了"中举"是多么自私冷血呀！我注意到，监考老师见我这么快交卷，脸上掩饰不住地吃惊，并且凑到一起看我的卷子。

我倒由此士气大振，下笔如飞，提前半小时交卷。那时我为了"中举"是多么自私冷血呀！

到下一场，我似乎一下子获得了“主场优势”。监考老师对我特别客气，特别勤快地给我递冷毛巾擦汗。我心里马上明白，她们看了我的语文卷子，我肯定做得不错，她们把我当个大人才保护呢！这是那个时代的典型风气：老师见了好学生，甘心情愿地服务，从来不想什么回报。

我借着这种“主场优势”舒服地考完，不久分数下来：408分。那年是先考试后填志愿，我开始还不知道这分是高是低，后来听说连一七一中也没有一个文科四百的，老师都说我高得不得了，一定要报北大。我心里没底，妈妈马上陪我到北京市招生办去问我的成绩到底在什么位置。记得那天屋子里很多人，都问的是大同小异的问题。主管人员很耐心对我说：“看看，成千上万的考生，怎么可能知道你排第几？就是大概的情况也不可能知道，我们不能回答这样的问题。”他见我们黏着不走，干脆就问：“你说你考了多少分吧。”“408。”此言一出，那人马上一惊，全屋子人的目光顿时集中在我的身上。“我马上查一下。”他态度变了，翻了一下档案，然后郑重其事地告诉我：“北京市今年文科过400的只有15位。你想报考哪个学校大概都没有问题。”我和妈妈一下子都傻了。范进中举呀！那办事人员似乎还不过瘾，把我每门成绩都问了一遍。我报一个分周围人就叫一次好。

“408。”此言一出，那人马上一惊，全屋子人的目光顿时集中在我的身上。

这下子我的社会地位和家庭地位全变了。妈妈逢人便说我考了408，最后惹得我抗议，说她太爱炫耀。平时走到家门口的街上，也经常感到有人在我身后指指点点：“这孩子四百多分呀！”家里自然也宾客盈门。大家都来给我出主意，帮我选专业。比如有人让我学经济。我一听就觉得俗不可耐，坚决不干。竟还有人让我上外贸学院。我视为奇耻大辱：我差不多也是个“文曲星”了，怎么能做生意呢？！有人让我学法律，我马上反驳：“中国的法律连打离婚也管不了，一切领导说了算。法官不过是个秘书。”其实我谁的话也不可能听。我上大学就是追寻自己的灵魂的。我就要上北大中文系。那时我仗着分数高，光宗耀祖，在家里从弱势变成强势，谁也奈何我不得。最后，我接到了北大中文系的录取通知书。哥哥特别嘱咐我：“这段日子小心些，别出交通事故。”这一语道破了我的心理：我即使拿着录取通知，也不能相信自己会进北大，总怕去报到的路上先被车撞死。

中国的法律连打离婚也管不了，一切领导说了算。法官不过是个秘书。

其实，文学并不是我的灵魂所在。我之所以选文学，不过是青春病。那年月很保守，中学里男女授受不亲。可十六七岁的孩子，正被青春期烧得彻夜难眠。况且刚刚开放，能看《家》、《春》、《秋》等小说。那里的那种缠绵，占据了整个的心灵。唯一可发泄的地方，大概就是文学了。后来我开玩笑：上中文系读文学专业纯属性压抑下的选择，实在是个人生的误会。

在中文系丧失了对文学的兴趣

我春风得意地进了北大中文系，心里满得不能再满了。那时还没有商品化的冲击，选专业非常有理想性。理工科录取分数最高的是物理系，文科录取分数最高的是中文系。再看看系里，77级有陈建功等已经成名的作家，我们班有王友琴这样的高考状元。那时新文学初起，什么朦胧诗、伤痕文学等风起云涌；校园里各种诗社、文学社团也好不热闹。中文系本身就是个明星。一个小破中学里的“小屁孩儿”突然跳到北大中文系，自然有些飘飘然了。

不过，我生命的冲动却出现了变化。当然，我还是在青春期的生理亢奋中，还是把文学看成莫大的感情需要。不过，高中时，我受刚刚开放的社会风气的熏染，开始关心更广泛的问题，几乎每周都往西单跑，对政治突然有了兴趣。

当然，我还是在青春期的生理亢奋中，还是把文学看成莫大的感情需要。不过，高中时，我受刚刚开放的社会风气的熏染，开始关心更广泛的问题，几乎每周都往西单跑，对政治突然有了兴趣。

我在政治上，本是个典型的“傻二”。举个例子吧。1976年周恩来、毛泽东相继去世，周围的人失声痛哭。我哭不出来。其实哭不出来也就完了。但我还生怕自己阶级觉悟或阶级感情跟不上人家，顿然产生一种道德自卑感，觉得自己人格低别人一头，否则怎么别人哭得那么伤心自己则没有眼泪？可叹的是挤眼泪的本事也没有。当时各种悼念活动不断，要在班上念稿子，化悲痛为力量等。但你总得先有悲痛呀！没有还不是说明自己品德太差？心里自卑，到了这些场合就要掩饰。我还记得一次在班里念悼念周恩来的稿子，我尽了最大努力做出悲恸欲绝状，但终于眼泪还是下不来，结果急中生智，马上装出在眼泪如雨的关头一下子控制住、化悲痛为力量了。至于效果如何，自己不知道，也不敢问在场的同学。总之心里对自己很讨厌：怎么这么没有阶级感情呢？！总之，这就是一个十四五岁孩子在那年月的心理状态。想想现在同龄的孩子，实在是为他们感到幸福呀！

中国怎么办呀？为什么中国会是这个样子？怎么才能改变？这种痛苦，渐渐取代了青春期的性压抑，成为精神发育的主动力。

我的政治意识，就是这个水平：没有独立思考能力，没有分析能力，相信主流意识形态，相信社会主义的无比优越，相信自己生在蜜罐里、天下还有三分之二受苦人。开放后，突然通过民间渠道看到那么多社会阴暗面，心里的震撼可想而知。震撼带来了愤怒，从愤怒中又产生绝望：中国怎么办呀？为什么中国会是这个样子？怎么才能改变？这种痛苦，渐渐取代了青春期的性压抑，成为精神发育的主动力。

也正因为如此，上了北大半年，范进中举的那股飘飘然渐渐没有了，人变得复杂了一些。刚上北大时周末回家和父母出门，妈妈总要让我戴上北大校徽，现在我则把校徽忘到了一个自己也找不到的地方。青春期的自我中心淡出，开始有了社会的承担。结果是对文学兴趣的丧失。文学本身当然非常复杂。但是那时对我来说，文学就是青春的热病，狭隘得很。心胸稍微开阔些，当然就另有志向了。记得那时在图书馆前的草坪上仰面朝天地躺着，看着满天的星星，想着那些星光是几百甚至上万光年前闪耀出来的、现在才旅行到我的眼中。我的一生，不过相当于一闪烁的星光微不足道的一段旅程，连沧海一粟也算不上！可我在这里干什么？我在学文学、儿女情长，所关心的不过是这宇宙瞬间中我这个渺小的存在——今年为这个女孩子要死要活，明天为那个女孩子要死要活。这样的日子，在这永恒的宇宙面前有什么意义？再看看这个苦难的国家，看看那么多人的生命如草芥般地消失，我在这里哼哼呀呀地对自己并不了解的女孩子单相思，还觉得一辈子就献身于这个专业了。渐渐地，我对文学反感至极，觉得实在是我这等少年不识愁滋味的青年无病呻吟、浪费生命的专业。

渐渐地，我对文学反感至极，觉得实在是我这等少年不识愁滋味的青年无病呻吟、浪费生命的专业。

由此，我和文学分道扬镳了。那些喜欢纯文学的人评价最低的伤痕文学等，在我看来还有些意义，因为那揭示了社会。新诗几年内不知道有了几代，可是最震撼我的，还是最老的一代，比如北岛的“卑鄙是卑鄙者的通行证，高尚是高尚者的墓志铭”，等等。再有，我发现

新诗几年内不知道有了几代，可是最震撼我的，还是最老的一代，比如北岛的“卑鄙是卑鄙者的通行证，高尚是高尚者的墓志铭”，等等。

我是个毫无文学才能的人。比如和我下铺的同屋高远东比，实在感觉贫弱；只要他活着，我学文学就断无存在的意义。

当时转系是没有可能的。那还是计划经济时代，我们的专业早就被计划好了。不过，当时有个好处，中文系的学生素质比较高，特别是有一批大龄同学。对我影响最大的，一是同屋吴秉杰，他入学时已经32岁，大我14岁。他“文革”前本来已经考上了北大。后来因为读马克思的书太多，受了马克思批判精神的熏染，年轻气盛，当时对《北国江南》等毒草电影的大批判让他实在看不过去，就奋笔疾书，给《解放日报》写稿参加辩论，最后成了反革命，被赶到农村改造了十几年。另一位就是大名鼎鼎的高考状元王友琴，是和我交流最多的同学。她也是黑五类子弟，到云南插队，从那里以全国文科第一的身份进了北大。她当时给我一篇陈平在《光明日报》上发表的文章：《单一小农经济是中国长期贫穷落后的根源》，对中国的问题做了宏观的历史分析。现在看来是很幼稚的文章，但当时引起了我的思想地震。我意识到，我虽然不知道怎么改变中国，但至少可以把中国成为现在这个样子的原因搞清楚，而这个原因首先要从历史中找。我就这样决定学历史了。现在我以历史为职业，大概还是北大二年级时思想地震的结果。

大名鼎鼎的高考状元王友琴，是和我交流最多的同学。她也是黑五类子弟，到云南插队，从那里以全国文科第一的身份进了北大。

八十年代北大的中文系和历史系

前文已经说过，我因为社会和政治意识的觉醒，放弃了文学而想转学历史。在当时，转系是不可能的，我只好偷偷跑到历史系旁听，见了不少历史系的老师，也接触了一些历史系的学生。以下观察，当然带着个人兴趣转移后强烈的偏见，抬历史而贬中文。希望中文系的老师和同学不要介意。

从考分上来看，中文系的学生明显比历史系要高。当时文学专业考分是文科中最高的。没有考上文学专业的学生，如果成绩还在北大录取线内，一般有两个去处。首先是中文系留人，把这些学生转到本系的汉语专业。另有许多学生按第二志愿到了历史系。那些汉语专业的学生挫折感最大。因为他们大多属于“文学青年”，立志写作。可是，汉语专业大概是文科中最抽象、离写作最远的专业。其实，这个专业学问很大。语言学好比是文科中的数学。有些同学，也确实一头钻到现代语言学里，抱着布龙菲尔德、雅格布森、乔姆斯基猛看一通（比如当今的政治明星胡春华，就是汉语班的，属于抱着高深的书泡图书馆的一位。他是我们这年级里最小的学生之一，脸又长得特别幼嫩，人看上去非常单纯，很招人喜欢，大家都把他当小弟弟看）。可是，即使是这样的同学，有时也会摇头：“我愿意献身现代语言学。但是，要走这条路，大学应该上数学系或者物理系，否则没有必要的分析技能，将来根本竞争不过从理工科改行过来的语言学家。”相对而言，历史有意思多了。我第一志愿是文学，第二志愿就是历史。历史系的同学知道我放着文学课不上却跑到他们这里听课，无不叹息：咱俩换专业吧，我第一志愿就是文学呀！我则说：你真是生在福中不知福呀！

比如当今的政治明星胡春华，就是汉语班的，属于抱着高深的书泡图书馆的一位。他是我们这年级里最小的学生之一，脸又长得特别幼嫩，人看上去非常单纯，很招人喜欢，大家都把他当小弟弟看。

我抬历史系贬中文系，除了专业偏见外，还和两系的风气有关系。当时正好赶上新文学崛起，中文系领导校园时髦。比如卢新华的小说《伤痕》，就是复旦中文系一年级新生的作品，一夜之间创造了一种文学，使中文系成为校园明星。另外，刘心武的一篇《班主任》，也红得洛阳纸贵。刘心武后来成了我的朋友，是很有自知之明的人。我们熟起来后，我一想挖苦他时，就拿他的《班主任》开涮，他一点脾气也没有。可是，研究这样的文学就是中文系的时髦了。当时系里流行的是现当代文学、新诗、美学。甚至日本有个垃圾电影《人证》，也被当经典一样拿出来讨论。俄罗斯文学很热。但俄罗斯文学课上，人量时间在讨论《莫斯科不相信眼泪》。中文系的学生每天消化这些东西，还觉得自己很新潮、很精英。当然就更不用说什么赵树理、孙犁、杨朔了。你年轻的生命要是消耗在研究这些人身上，还能有出息吗？一些聪明的老师，自己也有反省能力。记得好像是乐黛云老师私下感叹过：研究现代文学，常常越研究自己水平越低。因为你总要读低水平的东西。即使是茅盾，和人家外国的大家也是没有办法比的。(这是我个人模糊的记忆，如果有错误肯定是我的责任，请大家不要把账算到乐老师头上。) 另外，我在高中刚能看"文革"前的旧书时，特别喜欢杨朔的散文，觉得他的语言和感情非常清丽，或者说很有"小资产阶级情调"，和"文革"时代的斗争语言形成了鲜明的对比。我中学阶段写作文，一是学鲁迅，一是学杨朔。后来还是阅历多的同学王友琴一句话把他的骗局给捅破："杨朔那种清丽漂亮，是在20世纪60年代初饥荒年代最残酷、丑恶的社会中写出来的。你可以把现实的一切都写得很玫瑰色。但在当时那种极端的物质条件下，根本就没有像样的纸，最后也只好印在极其粗糙低劣的纸上。这种粉饰文字和粉饰不住的低劣纸张

研究现代文学，常常越研究自己水平越低。因为你总要读低水平的东西。即使是茅盾，和人家外国的大家也是没有办法比的。

杨朔那种清丽漂亮，是在20世纪60年代初饥荒年代最残酷、丑恶的社会中写出来的。你可以把现实的一切都写得很玫瑰色。但在当时那种极端的物质条件下，根本就没有像样的纸，最后也只好印在极其粗糙低劣的纸上。这种粉饰文字和粉饰不住的低劣纸张对比，在物理上就让你感到其文字的虚伪。

对比，在物理上就让你感到其文字的虚伪。”看看，在中文系受教育，有时也有精彩之处。那就是有阅历的大同学把我天真地喜欢的东西做一番历史分析，一下子使我脑子复杂了许多。

当然，中国文学有两千多年的传统，并非没有可学的。我至今耳边还常常响起同屋高远东在熄灯前朗诵古诗的声音：“生年不满百，常怀千岁忧；昼短夜苦长，何不秉烛游……”一下子唤起我儿童时代以来面对死亡的心理挣扎。他的口味非常纯正，最常读的是《诗经》、乐府、古诗十九首、阮籍、李白、杜甫、王维等。有些诗我一时品味不出来，听他一读，就有感觉了。这也是我觉得自己不是文学的料的原因之一。可惜，那时中文系主流的风气不在这里。比如古代汉语课本是我最喜欢的。比如何九盈教授，属于明星级老师，据说是中文系四大嘴皮子，讲课能讲到全班鼓掌。即使是30年后，我脑子里还经常响起他念《左传》中“郑伯克段于鄢”的声音。我虽然经常逃中文系的课到历史系旁听，但他的课我一直坚持不逃。可是到了最后，当他的课和历史系张广达教授的通史冲突时，我就实在别无选择了。这一方面是张先生的课实在太精彩——我一直认为在20世纪80年代他是北大文史方面的第一人——这且留在后面讲。另一方面，也是何老师的课太跟着时尚走。比如，他讲《左传》、《史记》等，发议论要扯到俄罗斯的批判现实主义、别林斯基等，占用了许多课时，引得阶梯教室里一片喝彩声。大家越喝彩，他日后这方面的内容就讲得越多。上课如同唱戏，我也只好逃了。

何儿盈教授，属于明星级老师，据说是中文系四大嘴皮子，讲课能讲到全班鼓掌。

到了历史系，则是另一番光景。历史系想赶时髦也不容易。首先近现代史是非多、禁忌多，当代史则根本无法研究，大家最重视的还是古代史。对比之下，中文系崇新，历史系尚古。我觉得当时历史系的通史课安排得特别好，总把最好的中年师资列出来，实实在在，让人一下子就入门了。大学四年，北大教授对我影响最大的，恐怕还是讲隋唐史的张广达和讲古希腊史的朱龙华。只可惜这两位先生上大班的课，不可能认识我这个外系学生；我也太胆怯，不敢主动和他们建立联系。没有这些老师的耳提面命，我又年轻气躁，虽然知道该学什么，但就是安不下心来读书。最后在大学对历史也只学了皮毛，荒废了青春。上述这两位先生，还是大学毕业后才开始交流的。这就是后话了。

大学四年，北大教授对我影响最大的，恐怕还是讲隋唐史的张广达和讲古希腊史的朱龙华。只可惜这两位先生上大班的课，不可能认识我这个外系学生；我也太胆怯，不敢主动和他们建立联系。

平心而论，中文系出了不少人才。最近我才从一位没有见过面的师妹那里知道，中文系出来的女孩子，在美国大学当终身教授的已经有一大把，搞文学、历史、人类学等的都有（不久前我自己见了一位，还成为计算机工程师）。不过这位已经用英文在著名出版社出了书的师妹承认：中文系的教育不行，她做学问还是在美国读博士时学的。我说你为什么不写写。她赶紧说不行，因为自己中文系的老师还在，不能太不厚道。毕竟她是读过研究生、有导师的人，说话不如我这个没有导师的本科毕业生方便。在我看来，中文系里有学问的人其实很多。不过，名声最响的文学专业，水分其实很大。而默默无闻的古典文献专业，则最货真价实。我如果现在上中文系，也许会报古典文献专业。至少古典训练是结结实实的。

默默无闻的古典文献专业，则最货真价实。我如果现在上中文系，也许会报古典文献专业。至少古典训练是结结实实的。

北大就是个雅典

我喊了半天学历史，但最终没有潜下心去。在北大的历史训练，最多是通史课的水平。中国通史大致听完，近代史没有听（主要是怕讲成了政治课，当时的中共党史是我必逃的政治课）。世界通史则就听完了古希腊。

我不了解现在的通史怎么上。当时通史课是很重的。比如中国通史要上两年四个学期，还不包括鸦片战争以后的近现代史。这样的教育，似乎太呆板了。照我看来，应该缩减通史课时，增加专题史的课时，使学生有更多的选择。这一问题在这里难以讨论。不过，这到底还是形式问题。关键要看什么人来上。如我前文所述，历史系投入到通史课的师资相当精良。两年大课虽然形式单一，质量则很有保障，而且讲得也比较细致，有助于学生打好基本功。历史系不是没有赶时髦的课。比如我听过一次“比较历史”的课，大概是想赶当时中文系领导的“比较文学”之类的新潮了吧。可惜听了几节，全是花拳绣腿，还是通史课实在。我大学所学最多的，是通史课的旁听。从专业的角度看，这点训练也许什么都算不上。但至少从今天所谓的通识教育的角度看，对我的人生很有意义。

我高中最后一年每周跑出去“关心国家大事”，进北大后又赶上海淀区的基层选举，北大一下子成了全国的焦点。当时随便一个候选人，在饭厅或者三角地，往凳子上一站，就开始演讲，阐述自己的主张、回答问题。听众也都非常投入、认真。

先说那点古希腊史吧。

我高中最后一年每周跑出去“关心国家大事”，进北大后又赶上海淀区的基层选举，北大一下子成了全国的焦点。当时随便一个候选人，在饭厅或者三角地，往凳子上一站，就开始演讲，阐述自己的主张、回答问题。听众也都非常投入、认真。我当时还问一位美国留学生：“以你们美国的标准衡量，这够不够民主？”他连连点头：

"这很民主呀！这是真正的民主！"那时我真感觉到生活在一个伟大的时代，甚至幻想着我们这代人毕业后能够彻底改变中国。

我虽然没有具体参与竞选，不过这一段经历塑造了我的世界观。我一直认为，北大之所以是北大，就是因为我们都经过了三角地、饭厅里那种面对面民主的洗礼。大概也正是因为这种环境的熏染，我开始对古希腊史人迷。在我看来，北大就是雅典，三角地就是agora（希腊城邦中心的广场，也是公民讨论各种事务的中心地带）。没有三角地的北大，自然也不成其为北大了。我还一直宣称：雅典是我的精神故乡，古希腊是我的传统文化。在北大沉迷于古雅典的世界，实在是一种政治上的"寻根"了。

我一直认为，北大之所以是北大，就是因为我们都经过了三角地、饭厅里那种面对面民主的洗礼。

开始时能找到的关于希腊史的书，全是"文革"前翻译过来的苏联教科书。虽然这些书苏式意识形态色彩很重，但写得还是比较具体，人家毕竟在这方面的学术水平比中国高一截。从字里行间，还是能学到不少东西。记得王以铸译的希罗多德的《历史》，前面就有一位苏联学者的序言，非常精彩，可惜后来新版时被去掉了。到了高年级，则看到了顾准的《希腊城邦》（那本书刚一出版我就读了几遍）。在我这代人中，我大概是最早的顾准迷之一了。我特别印象深刻的是他从希腊城邦民主一直讲到"五月花号"上的民主生成。这种跳跃在现在来看大概不太合乎学术规范，在当时则有着相当的思想一贯性。从知识上看，他讲的并没有超出我已经读到的东西。但是，他是唯一一个能把希腊和中国关怀联系起来的人。他讲雅典，正好满足了我政治寻根的需要。

在我看来，北大就是雅典，三角地就是agora（希腊城邦中心的广场，也是公民讨论各种事务的中心地带）。没有三角地的北大，自然也不成其为北大了。

那时世界通史课上讲古希腊的，是朱龙华教授。他童颜鹤发，一讲话就满脸放光，极有神采。当时世界史专业的学生，还在他的顾问下上演了希腊悲剧《俄狄浦斯王》，看后让我激动了好久。上他的课谈不上什么思想震撼，他不是个激情澎湃的人，而是“古典式”的风格，庄重平和，而且特别清晰。当时这方面的书不全，听他一讲，对古希腊的概观就有了把握。作为外系旁听学生，我没有机会和他直接请教。不过毕业工作几年后，开始上门拜访。记得20世纪80年代《读书》杂志非常火爆，我是《读书》的常客和作者，而且有一段想调到《读书》去。沈昌文先生那时是《读书》的负责人，特地跑到我的工作单位《北京晚报》要人，但是《北京晚报》不放。后来我索性义务为《读书》办事，推荐了朱先生，并自告奋勇地代《读书》向他约稿。他应我之邀写了一组西方史笔记，非常受读者欢迎。

没有希腊的民主制度，古典文化的精神传统就变得不可能。那种对公共事务公开的、无休止的讨论，那种赢得公众的尊重和同意的压力，鼓励着激烈的、有说服力的论辩，使知识得以成长。

这段教育，使我不仅成了西化派，而且是个“言必称希腊”的西化派。老实说，那时候的古希腊史观，还属于19世纪英国史学家格罗特所代表的那种“浪漫派古典主义”，有其天真之处。但这种天真，有着珍贵的精神。要知道，即使在西方历史上，希腊民主也没有太好的声誉。比如 William Mitford 在1836年出版的《希腊史》，大概是在当时的英国影响最大的希腊史著作了。他经常把绝对民主等同于僭政，称之为暴民专制，称“作为一个富人，生活在雅典民主中和生活在土耳其专制中一样危险”，在希腊的小城邦中发展出来的政治体制，不适合领土广阔的英国，“英格兰制度中固有的自由传统，并不是来源于希腊民主所代表的古典传统，而是来源于日耳曼的森林。”但1851年格罗特的《希腊史》，则彻底为民主翻案。他声称没有希腊的民主制度，古典文化的精神传统就变得不可能。那种对公共事务公开的、无休止的讨论，那种赢得公众的尊重和同意的压力，鼓励着激烈的、有说服力的论辩，使知识得以成长。从现在的眼光看，William Mitford 称英格兰的自由传统来自日耳曼森林确实是真知灼见。现代欧洲直接起源于中世纪的传统而非古典世界，这在史学界基本已经成为共识。但是，雅典精神，是欧洲现代性发育成熟、政治社会走向民主的 19 世纪的时代需要。格罗特的浪漫古典史观压倒了 William Mitford 保守古典史观，也是那个时代精神的写照。弗兰克·特纳（Frank Turner）在《维多利亚时代英国的希腊遗产》中评论道："格罗特对古典民主的翻新是如此成功，乃至 19 世纪的英国人觉得他们离公元前 5 世纪的雅典比离 18 世纪的英国更近。"这也恰恰是我对雅典的感受。在 20 世纪 80 年代初站在北大的三角地，我觉得自己离古典时期的雅典比先秦两汉要近，比盛唐要近，比明清要近，甚至比近代的中国、1949 年以后的中国都要近。我觉得：中国的历史和传统站在一个新的起点上。人为什么不能选择自己的传统，而非要被既定的传统所桎梏？英国有《大宪章》，有莎士比亚，有柯克，有一整套宪政传统。但是，你能嘲笑维多利亚时代英国人"崇洋媚外"、冷落自己的传统而拜倒在古典希腊的脚下吗？当然不能。维多利亚时代英国不仅是英国历史的顶峰，也是人类历史的一个顶峰。日不落的帝国就是在这种拥抱古典希腊的文化自信中建立的。

现代欧洲直接起源于中世纪的传统而非古典世界，这在史学界基本已经成为共识。但是，雅典精神，是欧洲现代性发育成熟、政治社会走向民主的 19 世纪的时代需要。

在 20 世纪 80 年代初站在北大的三角地，我觉得自己离古典时期的雅典比先秦两汉要近，比盛唐要近，比明清要近，甚至比近代的中国、1949 年以后的中国都要近。

美国也是同样如此。Henry Steele Commager 指出，是古典传统造就了华盛顿、杰佛逊、麦迪逊等建国之父。"这些建国之父对古典世界比他们对欧洲甚至英国更为了解。他们对古典世界的熟悉程度可能比他们对本区域之外的美洲殖民地还要高。”在建国之初，潘恩对雅典民主的推崇在崇尚古罗马共和传统的政治家中还是少数派。许多人如汉密尔顿那样仍然把“民主”当一个贬义词来用。但是，到了19世纪20年代，“民主”就成了主要政党的名字。美国人开始回归希腊而非罗马，拥抱雅典而非斯巴达。这个年轻的国家显然从“民主、共和政体是否只适合小城邦而不适合一个大国”的忧虑中摆脱出来，相信自己的人民有足够的品德来自己管理自己的事务。这，也正是美国成为现代社会最伟大的国家的根本动力之一。

这个年轻的国家显然从“民主、共和政体是否只适合小城邦而不适合一个大国”的忧虑中摆脱出来，相信自己的人民有足够的品德来自己管理自己的事务。

从现在的角度回想，20世纪80年代北大的精神更符合北大兼容并包的传统。当时的中国在政治和经济上是封闭的，但在文化心灵上是开放的。那时北大人的精神，似乎面临着无限的可能，让人想起19世纪的英国、建国时代的美国，仿佛一个大时代正在开始。所以我觉得北大就是个雅典。

那时北大人的精神，似乎面临着无限的可能，让人想起19世纪的英国、建国时代的美国，仿佛一个大时代正在开始。所以我觉得北大就是个雅典。

现在的北大呢？这要让现在的北大人来回答。

八十年代北大文史第一人

沉迷于古雅典，塑造了我的价值观念。这种学习主要是自学。不过，现在我成了以历史为职业的教书匠，专攻中国史。如果在这方面要追溯到大学四年对我影响最大的人，那还是张广达先生。他那时还不满50，正好是我现在的年龄，其貌不扬，说话似乎也不那么利落。不过一讲隋唐史，就让人亢奋起来。想想看，那是1980、1981年。一般大学里讲课不上来给你马列一场就不错了。他则十分精要地综合各家，把陈寅恪、内藤湖南、宫崎

他则十分精要地综合各家，把陈寅恪、内藤湖南、宫崎市定、伯希和等各家的观点逐一介绍，讲唐史分析周围民族的互动，特别是中亚政治贸易的发展，把中国史放在世界史的背景中展示。

市定、伯希和等各家的观点逐一介绍，讲唐史分析周围民族的互动，特别是中亚政治贸易的发展，把中国史放在世界史的背景中展示。这对于我们这些只知道从农民起义分析历史动力的人来说，是不折不扣的历史意识的地震。听完他的课，你恨不得一头扎进图书馆，把他提到的各家都找出来自己看看。他是个右派，掌握多种语言，被压制多年不能搞专业，反而不受当时意识形态的限制，能关在图书馆读书。所以"文革"结束后他的知识结构是最领先的。他本来研究中世的中西关系，但对所谓海外中国学研究，在当时恐怕也是最通的。

张先生被恢复教学权利后刚上讲台，精力无限。我向一位同学推荐他时，对方说："我知道你讲的是谁。是不是那个总推着自行车在马路边上和别人说话的？"不错，你下课问张先生一个问题，他先是拿着黑板擦儿站在讲台边和你谈，等下堂课的师生进来，他就不得不走出教室，走到自己的自行车处，打开锁，推着自行车边走边谈，最后干脆站在大家要分手的十字路口，一讲就是半个多小时，也不管认识不认识你。这成了当时北大的一景。我当时问他，在转到历史系不可能的情况下，想学历史怎么办。他毫不犹豫地说："读《通鉴》，一遍不够读两遍。"接下来就是一通关于司马光的长篇大论。可惜我三分钟热气，《通鉴》一本也没有看下来。

他先是拿着黑板擦儿站在讲台边和你谈，等下堂课的师生进来，他就不得不走出教室，走到自己的自行车处，打开锁，推着自行车边走边谈，最后干脆站在大家要分手的十字路口，一讲就是半个多小时，也不管认识不认识你。这成了当时北大的一景。

毕业几年后，我有机会去访问他。那时我当记者，采访了不少知名的学者。其中对杜维明关于儒学现代性的采访，对邹谠关于政治文化的采访，都相当有影响，我自然也乐在其中，有些飘飘然。找张先生，目的也是采访。他当然来者不拒，滔滔不绝地讲了一大通。但造访结束临出门时，他突然对我说："你虽然年轻，但每天这么跑来跑去，可要意识到别人都在进步。你不动就落后了。还是要读《通鉴》呀！”我这才明白，几年前我在北大马路边问他学历史的问题，他至今还记得！我本觉得，他那时在马路边推着辆车，和谁谈起来都没完，不可能记得我了。可是，他不仅记得我这个人，而且连我问的问题似乎也记得。在他看来，几年下来，我是光说不练，站着不动，所以才有这样一番委婉的告诫。这样的老师，不知道在当今的北大是否还存在。

他不仅记得我这个人，而且连我问的问题似乎也记得。在他看来，几年下来，我是光说不练，站着不动，所以才有这样一番委婉的告诫。这样的老师，不知道在当今的北大是否还存在。

我动真格的读书，还是在1989年。那年夏天，我立志学英语，日后到美国求学，于是把自己关在屋子里，和外界不太交往。可惜学英语天分太差，考托福第一次590，第二次竟得了580，600分死活过不去。幸好后来妻子赴耶鲁读博士，我跟着借光，从以学生家属的资格旁听开始，再读东亚研究的硕士，最后到历史系读博士。一天在校园里骑车，看见一个中国人走路，两人对视，一下子全停了下来。天呀，是张先生！他也记得我！一晃十多年了。久别寒暄，才知道他也是1989年后就出国游学。先是在欧洲，成为获得法兰西学院国际讲座教授的第一位亚洲人。这个职位是法国文化界的最高荣誉之一，凭工作证件可以免费出入各大博物馆，甚至还可以带客人进去。据说此职位刚设立，第一年请的是戈尔巴乔夫；老戈不来，就请了个研究东欧的学者；第三年请到了张先生头上。我们都知道张先生懂得多门外语，但法语他在大学仅学了一年，后来就没有再动。几十年后荣任此职，每周用法文讲课，竟顶了下来，人没有讲少一个。以后他又不停走访世界名校。刚到美国来后，英文明显讲不利落，在一个聚会上碰到我的导师史景迁先生，两人还只能用法语交流。可是没有几个月，英语就

这个职位是法国文化界的最高荣誉之一，凭工作证件可以免费出入各大博物馆，甚至还可以带客人进去。

十分流畅。周围的教授提起来，都说他英文实在很好。他至少能够用流利的法文、英文和俄文讲课。这在搞“国学”的学者中，有谁还有这个本事？在耶鲁期间，他还坚持学梵文。即使在耶鲁，这种文字的课也就两三个人上，还有位年轻的学生半途放弃。张先生则一直学下来。他到此时可已经是快70的人了。

顺便还说一下，我36岁开始学日文，功夫花了不少，成果则不足观，于是频频向他抱怨自己阅读还是不行，问他如何。他叹口气说，日文不好是他一个最大的遗憾。日本人学问实在很好，人家要找你商榷起来，还真让人紧张，所幸日本人挑战他的好像至今还没有。（我还听过一位师妹告诉我，国内老一辈的一位权威，一次学术会议上让日本学者猛商榷了一下，下场后把自己关在旅馆房间里直哭。）张先生解释说，日文不好的最大原因还在于自己的民族感情。日本人打进来时，他还在北京的中小学读书。他觉得日文是占领者的语言，心理抵触情绪很大，不愿意好好学。不过，当时看日本人，感情其实也很复杂。比如，日本军队刚开进来，第二年书店就跟进来了。而日本的书店和过去中国的书店不一样，是开架的，井然有序，你可以在那里阅读。几十年后访日，他对日本大学里的同事的敬业精神也很感叹。比如有位日本同事，每天在办公室从早八点干到晚八点，纹丝不动，几十年如一日。日本人一起读会要，老师领着解读到某页时去世了，继承他的徒弟就从那页开始接着带着大家读，多少代下来，就有了传统。人家的学派可不是拍拍脑袋说几句猛话就创造出来的。这么积累的学问你怎么可以小看呢？听张先生这么一说，我对日文就更不敢怠慢了。有一次拿本日文书问他，他用手指跟着

日本人一起读会要，老师领着解读到某页时去世了，继承他的徒弟就从那页开始接着带着大家读，多少代下来，就有了传统。人家的学派可不是拍拍脑袋说几句猛话就创造出来的。这么积累的学问你怎么可以小看呢？

竖行字飞快地读下去，随口把中文意思说出来。我马上说："张先生，您这叫日文不好吗？"他笑笑："唬人而已，你程度还浅。"

张先生来过耶鲁几次。最后一次来时，头几天没有找到房子，正巧我妻子到日本做研究还没有回来，我就请他在我家委屈几天。当时还有一位武汉大学的徐少华先生，也是刚来正在找房子，我索性也把他请来。我们三人，戏称三个单身汉，过起大学宿舍的生活。我和徐先生一直好奇想看看张先生做学问的神通到底在哪里，这次算是有近观的机会了。每天早晨我们两人起床时，都看到张先生已经端坐在书桌前读书。我们一问，他才说自己年纪大了，睡眠不需要太多，早晨起来干几个小时，这一天就"够本儿"了。后来徐先生向我感叹："真算是见了大师了。自己这几年为学小有成果，有些飘飘然了。一看张先生，才知道自己该怎么做。"此话实在不假。有一次闲谈中，我们替张先生鸣不平，说他命运实在太坎坷了，当了那么多年右派，现在在国外生活也颇不稳定。如果命运公平一些，还不知道是什么光景呢！张先生则轻描淡写地说："我可不这么看。我当右派属于走运了。看看当年的北大，没有当右派的人怎么样呢？他们每次运动都要出来冲锋陷阵。不少最后被搞到梁效里面。哪里还能做学问？我被关在图书馆里，多少还看了几天书。后来恢复正常才有点东西可以教给学生。现在我要是在国内，当然也是会如人所说成为个权威泰斗什么的。可这种大轿子对我有什么意义呢？还不是一天到晚开会吃喝？像现在这样在外面东奔西走，对各国学术有机会观察。特别是在法国那几年，对年鉴学派什么的，有现场学习的机会。"另一次他私下对我说："谋事

上天如果多给我几年，我也许会把所学归纳总结出来一些。如果不给我那么多时间，所学所知也就跟着我走了。但这又算什么呢？看看历史，许多饱学之识都是这样，我们根本不知道他们的存在。留下东西来的人也许算是偶然。

在人，成事在天。上天如果多给我几年，我也许会把所学归纳总结出来一些。如果不给我那么多时间，所学所知也就跟着我走了。但这又算什么呢？看看历史，许多饱学之识都是这样，我们根本不知道他们的存在。留下东西来的人也许算是偶然。这些我早看开了，能够平淡对之。”

所谓宠辱不惊，说的就是张先生这样的人。这也是我心目中的北大！

在北大如何逃课作弊

当时的政治课实在太多了。比如哲学、政治经济学、中共党史这三大件，全校都必须学，而且内容有许多中学就学了不止一遍，高考也死记硬背过。现在又来一遍，没有人不烦的。记得当时经济学家于光远先生到办公楼礼堂做讲座，他说了一句“建议大学取消政治课”，顿时全场掌声雷动。可见民心所向了。

我如今在大学当老师，对逃课、作弊的事情非常不能容忍，有一次监考，甚至跳到讲台上面，居高临下地观察是否有人偷看，弄得底下的学生面面相觑、互相吐舌头。可是，四分之一多世纪以前我在北大时，却是个逃课大王、作弊大师。不过对这两点，我的内疚都十分有限，甚至还挺得意。

我并非行为不端的学生。相反，在一些老师和同学眼里，我恐怕还属于严肃向学的。甚至有同学预测我未来会成为学者。可是，大家都知道我逃课。室友们也知道我考试偶尔作弊，他们有时还给我一些配合。

为什么要逃课？道理很简单。第一，当时的课不如现在，大多数都是必修，只有到高年级才开始选修。前两年，全班如同一条流水线上的产品。我那时志向不同，希望转学历史，中文系的课就成了紧箍咒，非逃不可。第二，当时的政治课实在太多了。比如哲学、政治经济学、中共党史这三大件，全校都必须学，而且内容有许多中学就学了不止一遍，高考也死记硬背过。现在又来一遍，没有人不烦的。记得当时经济学家于光远先生到办公楼礼堂做讲座，他说了一句“建议大学取消政治课”，顿时全场掌声雷动。可见民心所向了。我还必须加上一点：中文系外面看着时髦，大家张口闭口“纯文学”，但课程设置其实有许多还是政治课性质的。比如“文学理论”，“马列文论”，一天到晚就是“革命的现实主义”和“革命的浪漫主义”，“典型环境中的典型人物”，是政治课在文学领域的具体演绎。还有门“民间文学”，滔滔不绝地讲的是劳动人民创造历史和文学的大道理。把这些加在一起算算，全上下来会消耗多少时间和精力？这么读实在让人有一种“入土”的感觉。

政治课千篇一律，而且不知道已经是几进宫了，你不可能完全不会。只要不图得优，一般都能安然过关。

不过，当时的一个好处就是班级大。仅文学专业就53人，而且大部分时间还和三十几人的汉语班一起上，几十人挤一个阶梯教室，老师也不知道谁来谁不来。另外，当时“文革”刚刚结束，考进来的都是天之骄子，非常知道珍惜读书机会，上课很少不来的。几个人溜走，一般无伤大雅。特别是政治课，因为是最大的公共课，规模也是最大的。不仅不同专业的学生一起上，有时还和外系学生到大礼堂上过。这时逃课就更方便了。在逃课的全过程中，心理状态会逐渐发生变化。比如刚逃课时，逃一次就觉得自己赚一次。但逃到后来，就觉得不去是自己的天赋权利，去一次就觉得自己亏一次。所以，逃课总是越逃越凶，甚至有些每周上两次的课，我一学期就去过两三次（包括考试）。最初考试前的总复习还去，后来连这种课也懒得听了。

一个学期不上课，考试蒙混过关按说比较困难。其实未必。第一，政治课千篇一律，而且不知道已经是几进宫了，你不可能完全不会。只要不图得优，一般都能安然过关。第二，实在不行，同学还可以帮忙。关键是要坐在努力学习的同学边上。在阶梯教室里几十人考试，老师只长了两只眼睛，盯不过来，下手很容易。

我考试作弊并非没有基本的道德准则。我只是政治课作弊，其他课不管怎么不喜欢，从来是只逃课不作弊。记得中学最好的朋友同年考到浙江大学建筑系，考试作弊被抓住，挨了处分，记入档案，我还写信骂他怎么这么糊涂。我认为那是很不道德的事情。毕竟他正经学的是建筑学。我这里则要背政治课本。在我看来，强迫我们这样的青年用人生最好的时光背政治教条那才是不道德。这样作弊就属于正当防卫了。

我考试作弊并非没有基本的道德准则。我只是政治课作弊，其他课不管怎么不喜欢，从来是只逃课不作弊。

我逃课的最大优胜记略是中共党史。那堂课我基本没有去过，考试前有些慌张，最后决定盯着同屋老吴。他是我们班最大的一位，进校时 32 岁，虽然对政治课总是嘲弄，但上课大体还是去的。何况他不仅年纪大、稳重一些，对我这位小老弟有责任，而且马列确实读过不少，水平一定是有的。我在去考场的路上一直缠着他，嘴里念念叨叨："老吴，关键时刻拉兄弟一把呀！"他不停地摇头："你可别连累我呀！你坐我边上可以，我把卷子摆在那里，要看随你的便。被抓住是你自己的。我可不是要故意给你看的呀！"我赶紧千恩万谢，依计而行。真考起来，比想象的容易得多。中学的历史和政治课里都讲了不少。用大家事先总结出来的经验和战略，要尽可能把相关的"点"写进去。判卷总是按点计分，有一点没有写会扣分，但多写了一点不相关的东西甚至错的东西一般也不扣分。可是，一道关于抗日统一战线的题把我难住了。我看看老吴，他也在那里犯虚。我只好把别的题做完，等着他。等他下笔后，我往他卷子上一瞟，但见他写道："全国人民团结起来，在党中央的领导下……"我一看心里就暗笑：这课扯淡是扯淡，但不会这么便宜你吧。光讲"团结在党中央周围"肯定不够，总要有几条具体的政策。看来他是靠不住的。我定下神来自己想：那时共产党要团结谁、孤立谁？这么一分析，真还记起不少内容，于是独立完成了这道题。

后来考试成绩下来了，老吴拿了个良，我竟然拿了个优。老吴那几天一直在宿舍里仰天发牢骚："党呵，我可是一直很信任你的呀！我可是老老实实地上课，没有功劳也有苦劳呀！这小子一学期没有上课，考试抄我的，怎么能让他拿优我拿良呢？"我则反唇相讥："哈哈，党冤枉你当反革命，下农村那么多年，看来你还是不觉悟呀。仅仅相信党是不够的，关键是要理解党。看看，我理解党，所以党给我了一个优。你光相信有什么用？"老吴还是气不过，他到毕业时还在说：在所有老师中，就是那个党史老师最没有水平。

党呵，我可是一直很信任你的呀！我可是老老实实地上课，没有功劳也有苦劳呀！这小子一学期没有上课，考试抄我的，怎么能让他拿优我拿良呢？

其实那个党史老师不错，至少是有自知之明。她知道上政治课是难为大家，从来不会和谁过不去。但另一位讲政治经济学的老师就不一样了。他似乎把不来上课看成是对他个人的不尊重，执意要惩罚一下。我一个学期没有上他的课。一进考场，就觉得他认出我来："这是个从来没有见过的人！"那年头过来的人都知道，政治经济学也是从中学就学，不上课不可能什么都答不上来，一般还是能混过去的。要避免的就是被他盯上。对我最大的危险是：我交卷子时他认出我，然后在我卷子上做个记号，那我就彻底完了。所以，我做完题，一直在等待。等到五六个同学都去交卷子时，我迅速跟上去，把自己的卷子和其他同学的一起递过去。我感觉到当时他确实要抓住我，但眼前五六张卷子晃动，他看花了，几乎不可能不搞混。我心情紧张地走出教室，算定自己大概会过这一关。后来听说，我们班的一个和我一起交卷的女生不及格。老师肯定把人和卷子对错号了。当时几乎考试没有不及格的。这实在是件很大的事情。那女生一直是老老实实上课的，事发后心里非常难过委屈，还给老师写信澄清。老师大概也终于明白自己的“阶级敌人”抓错了。后来那女生顺利通过补考，我则一直不清楚她倒霉是否是因为我，心里多少有些歉疚。

047

一个天才，最好到北大发展，因为学校管你的少，你可以自由发展。清华则不同，不管你才分如何，大体都要上学校的课。而这些课不仅时间很多，要求也很高，对付功课会耗尽你的精力，自然也就很少有自由发展的空间。

北大和清华

这个题目，我其实没有资格讲。我只在北大读了四年书，并没有上过清华。虽然毕业后频频去清华，和不少清华学生有过接触，但那毕竟是隔一层。以下讲的，不过是北大的偏见，望清华的同学见谅。

刚刚考上北大，就跑到中学的语文老师叶向忠那里报喜。那时才知道他是建国后北大的第一任党组书记，后来被整到了中学。其实我们准备高考时他已经恢复名誉，可以高就了。但他说我们班上有三个有出息的学生他不能放下不管。等我们一考上大学，他也就从中学出来了。

听到我上了北大，他先是恭喜了我，然后就如数家珍地讲北大和清华的区别：北大松，清华严；北大讲自由，清华讲纪律。一个天才，最好到北大发展，因为学校管你的少，你可以自由发展。清华则不同，不管你才分如何，大体都要上学校的课。而这些课不仅时间很多，要求也很高，对付功课会耗尽你的精力，自然也就很少有自由发展的空间。不过另一个结果是：“清华产品”质量比较整齐，即使最差的清华学生，只要能毕业，那就是靠得住的。北大则没谱儿了。有非常天才的学生，但也有些学生，上了四年白混过去，照样毕业，什么也干不了。

中学教师一般对人一生影响最大，何况叶老师这样一位非凡的老师。我对他的话深信不疑，到了北大有机会还问老师是否如此。一位老师说：哈哈，北大清华的对比是有名的。咱们北大的特点就是四个字——“自由散漫”。当年青年节北京高校去天安门集会，北大学生如同遛马路一样，大大咧咧，有说有笑，一完事队伍全散了，闹得喇叭里组织者直叫：“北大同学，请你们遵守纪律、保持秩序！”再看清华，一色的白衬衣、蓝裤子、绿球鞋，队伍严整，一丝不乱。这也怪不得为什么北大能折腾了。

“清华产品”质量比较整齐，即使最差的清华学生，只要能毕业，那就是靠得住的。北大则没谱儿了。

我一听心中大喜。因为我上中学时，每次总结优缺点，我的缺点都是“自由散漫”。我当时还挺得意，觉得这样挺“资产阶级”的，有些优越感。我们的教育就是这么奇怪：你越批资产阶级、“小资情调”，这些东西在孩子心目中就越“酷”。我由此相信，在北大，我接受的是自由教育，进而很有些优越感。

北大清华的传统是怎么形成的实在很难说清。大概又需要一个博士论文来讲清楚了。记得当年在北外主编了最通行的英语专业教材的许国璋教授来做过一次讲座。他当年是清华的学生。据他说，1949 年以前现在北大的地方是燕京大学，那是洋味十足的私立学校，多是富家子弟，做派自然很潇洒。当时燕京女生的旗袍，领导着时装潮流。清华则以公派生为主力，学生用功，生活简单严谨。可见，北大的精英传统，实在也不全值得那么自豪。

不过，1949 年以后学习苏联进行院系调整，高等教育走向极端专业化的道路。清华的文科被取消，变成了一个纯理工的大学。在某种意义上，这就不是一所现代意义的大学了。没有文科的存在，清华就变得非常枯燥乏味。特别是理工科基本是男生的领地，社会也有女孩子不宜学理工的偏见。结果清华男女比例严重失调。后来清华男生向我抱怨：为了追某个寝室里的一个女孩子，男生有时不得不每天为那个寝室六个女生打热水！我当时还很奇怪：难道另外五位稀缺的女孩子就没人追吗？如今在美国，女孩子读书超过男孩子一头，结果大学也男女比例失调，许多大学不得不降低对男生的录取标准。有些女权主义者抗议，说女性刚有成就就被压制。但她们很快也哑了：如果一个学校男生太少、女生太多，男生女生就都不报那个学校。毕竟大学不仅仅是读书，也是谈情说爱的地方。学校的教育必须考虑这一面向。特别是一对男女在大学恋爱最后结婚，就会把大学当成自己的感情故乡，或自己的家，以后拼命捐款回来。美国的大学，自然非常注意学生们的感情环境。中国大学则基本不考虑这些。大学是培养工具的地方。当时清华在这方面，自然也走得比北大更极端了。看看美国的几所理工大学，如麻省理工和加州理工，都有良好的文科课程。几年前麻省理工的中国学生抗议学校的一个描绘甲午战争日本版画展览，说人家辱华。那些版画当然是辱华的，但展览的目的是展示日本军国主义意识形态的话

048

毕竟大学不仅仅是读书，也是谈情说爱的地方。学校的教育必须考虑这一面向。特别是一对男女在大学恋爱最后结婚，就会把大学当成自己的感情故乡，或自己的家，以后拼命捐款回来。美国的大学，自然非常注意学生们的感情环境。

语霸权是如何建立的，展览者对这些版画当然有强烈的批判意识。这在美国学术界也是非常热门的话题。可惜，受了这么好的教育，乃至能上麻省理工的中国学生连这么简单的事情也不理解，无理取闹，自取其辱。也可见我们那种培养工具或者“永不生锈的螺丝钉”的理工教育，有时培养出来的人竟是精神残疾。也正是如此，我对清华恢复文科非常欢迎。只是希望校方不要觉得文科仅是几个专业而已，而是把文科当成学生人格形成的重要条件。话说回来，虽然我自己觉得接受北大的教育更优越，我从北大的“自由”中，还是有得有失。关于这个问题，还是下篇再谈。

我们那种培养工具或者“永不生锈的螺丝钉”的理工教育，有时培养出来的人竟是精神残疾。

教育就是要使人成为自己

049

我说北大的自由式教育优越，其实还是应该就事论事。北大教育是否成功，还要取决于每个人对这种教育环境的利用。就我个人而言，可以说是有得有失。我不妨先讲得，再讲失。当然，这些个人经验，不可避免地充满了个人偏见。

我说北大的自由式教育优越，其实还是应该就事论事。北大教育是否成功，还要取决于每个人对这种教育环境的利用。

北大最大好处是管理比较松。比如政治学习、班级会议，搞得非常少。说是一周一次，其实根本没有。班主任也很少介入学生事务。那时我们的班主任是现在已经大名鼎鼎的曹文轩老师。1979 年我们进校时，他 28 岁，大我 10 岁。而我们班最大的老吴是 32 岁，另外同是我室友的“二老吴”，乃至班长老贺、高考状元王友琴，大致都和他是同龄人。他和这几个同学，基本是平等相处，不会摆老师的架子。对我们全班，他也明言：“我作

为班主任，职责就是上传下达。你们有什么要求，告诉我，我就向上面反映一下。上面有什么事情，也通过我向你们传达一下。除此以外，都是你们自己的事情，我不必管。你们都是大人了，应该能自己管理自己。”可见，比起那些动不动就政治学习的大学，我们是够逍遥的了。这种环境虽然离西方大学中那种学生自治还差很远，但就中国的大学而言，北大学生大概是最有自主权利的。

另一点就是文科课松，比较好混。我这个“逃课大王”，自然也比较容易生存。如果换在清华，我的大学时代肯定就是另外一种过法了。如前文所述，我本来是按自己的第一志愿上了中文系文学专业，但一年后就转念想学历史。再后来，则开始挑战整个专业教育的概念，宣布自己不属于任何专业。

你们都是大人了，应该能自己管理自己。

050

这种环境虽然离西方大学中那种学生自治还差很远，但就中国的大学而言，北大学生大概是最有自主权利的。

达成这样的认识，是源于自己对教育哲学不断的思考。当过了高考关、进了大学门后，我对自己最大的庆贺是：此生不必再为考试而读书、不必再为别人而读书了！以后读书，全是为了自己的兴趣！可是，读了一年多，发现即使在北大也并非如此，必须对付许多自己觉得很无聊的课。而自己真正想学的东西，又没有机会去学。为什么“自由教育”并不自由呢？我开始对这种教育背后的哲学进行思索。

我的发现是：即使在最开明的北大，教育还是追求专业的目标。各系老师对教育都有一套见解，许多见解在当时还是很与众不同的。但是，他们的这些见解，基本是以本专业为中心。再往深一想，追求这种专业目标就不可避免地使教育偏离了人的目标。我渐渐发展出这么一套理论：专业教育就是对人的奴役。比如，政府中的官僚决定国家需要100名计算机人才，50名笔杆子，于是就在计算机系招100人，在文学专业招50人。这些人的培养目标，全是官僚机器中的螺丝钉，只懂得上面让你做的那点事情，甚至只对上面需要你感兴趣的事情感兴趣。你越接受这样的教育，就越丧失了自我。最后，“理想”的计算机人才，几乎就变成了一台计算机，别人给他输入什么程序他就按什么运行，不懂得喜悦，不懂得哭泣。搞文学的本质上也是一样的。上面需要表达某种情感，他们就被训练出来去书写这种情感。最可笑的事情还是指导我毕业论文的陈贻焮教授告诉我的。他说，一位搞古典文学的著名学者，其实根本读不出哪首古诗好来。我问他你怎么说某首诗好。他理直气壮地回答：“我不懂，这是何其芳同志告诉我的。”他把几首诗拿到“何其芳同志”那里请示过，获得首肯，自己回来就思想性、艺术性地写出许多论文来，现在也算是这行里的权威了。而这还是相当普遍的现象。可见，文学这种最个人、最需要自由的东西，居然也被套在计划的体制中而非人性化了。

051

“成为自己”，实在是我最大的教育启蒙。后来到了美国，看到这里人们从小就教育孩子在面临各种人生选择或考验时要be yourself，即“成为自己”。甚至大选的总统候选人辩论，选民们也要看候选人们是否有be yourself的能力。

我自以为看透了这些，发誓要做一个活生生的人。自己拥有着唯一一次生命，绝不能接受这种计划体制的教育的切割。上大学就是追寻我心灵的声音，而非国家意志。我必须先建立自己不属于任何专业的自我认同，然后根据自己的精神需要，超越系和学科的限制，在全北大自由选课。后来还读了一本翻译过来的《教育哲学》，上面赫然写道：“教育，就是要使人成为自己。”我当时兴奋得几乎叫出来：这不就是我的教育目标吗？！“成为自己”，实在是我最大的教育启蒙。后来到了美国，看到这里人们从小就教育孩子在面临各种人生选择或考验时要be yourself，即“成为自己”。甚至大选的总统候选人辩论，选民们也要看候选人们是否有 be yourself 的能力。反省自己的经验，“成为自己”实在是说说容易、做起来难。比如前面讲的，在毛泽东、周恩来逝世时，大家都哭，你哭不出来就心理害怕、自卑，于是真心诚意地努力去哭。在这种压力下，你不知道什么是自己。我现在 48 岁，生活在自由社会，但回顾 38 岁时的许多情感，也经常会发现那些情感有时不是自己的，而是顺应社会、同伴的压力去感受。我们的社会和教育把人给异化了，让人迷失了什么是自己。教育的功能则是要把这种丧失的自我找回来。

应该说，松松散散的北大，在当时为我追寻这样的教育目标提供了最好的条件。

052

本科教育的第一使命是人格的完成，而非具体技能的培养。人要首先成为人，而不是个专业工具。当时中国还非常闭塞，很少有外面的东西可以参照，我更不知道所谓“well-rounded person”（饱满的人或全面发展的人）这样的说法。

通才教育可能吗？

还是继续上节的话题。我读大学时期怀抱着通才教育理念。对我来说，本科教育的第一使命是人格的完成，而非具体技能的培养。人要首先成为人，而不是个专业工具。当时中国还非常闭塞，很少有外面的东西可以参照，我更不知道所谓“well-rounded person”（饱满的人或全面发展的人）这样的说法。达到这样的理念，自然经历了长期的独立思考。从今天的角度回顾，当时的这些理念，和现在我所了解的西方大学的主流教育理念也颇为相合。为此，我还是很自豪的。不过，把这种理念运用在自己身上，则会产生种种问题。

通才教育并非兴之所致地读书，自由之上还必须有一个架构。在美国的大学，一般选专业到了三年级也不晚，而且选了还可以换，确实非常灵活。不过，这种教育还是有严格的要求的。在大部分大学，选课也不能乱选。比如文科的学生必须修一定的理科课程，理科则需要修基本的文科课程。外语上也有相当的要求。哈佛的本科生核心课程的改革，在几年前就被前校长萨默斯当作最重要的议事日程之一，但到他辞职时仍无结果，现在虽然已经经过了许多教授和学生代表的审核，仍没有达成共识。可见自由的框架是多么难建立。

20世纪80年代的北大，和当时中国大学的普遍情况差不多。大学恢复高考招生不久，教授们陆续恢复正常教学。但是，什么是正常教学呢？实际上就是“文革”前受苏联影响的那一套。也就是说，20世纪80年代的教学用的是20世纪60年代的框架；只不过一些“思想解放”的老师，试图在这些旧框架中装一些新内容而已。特别是“文革”刚过，老师们都觉得自己在专业上“被耽误了十年”，一恢复正常就更强调专业了。所谓通才教育，根本不可能被提到议事日程上来。大家最多说一说交叉学科的优势。我基本上是“文革”中上的中小学，上了高中后才算是开始用功读书。而那时候的读书，与其说是求知，不如说是准备高考。这样进了大学，很少有先期的教育准备。在这种情况下能自己意识到专业教育的缺失，立志用大学来追求个人的自我实现，按说已经不容易了。可是，具体怎么往前走？我毕竟是个20岁上下无甚学养和经验的青年，需要过来人指导。可惜能够提供这种指导的老师，当时是很难找到的。

能自己意识到专业教育的缺失，立志用大学来追求个人的自我实现，按说已经不容易了。可是，具体怎么往前走？我毕竟是个20岁上下无甚学养和经验的青年，需要过来人指导。可惜能够提供这种指导的老师，当时是很难找到的。

另外，当时的文科教育非常意识形态化。北大在文史方面有些老底子，中文系、历史系的古典训练，还是实实在在的学问。但社会科学几乎不存在。哲学、经济

学、法律等，都镶嵌在“文革”前的社会和教育结构中，和政治课差别不大。政治学、社会学等还未建立。这些学科的许多教授，除了政治教条外，没有什么靠得住的知识。如果追求通才教育、跨出专业选课，可选的东西实际上非常之少。用鲁迅的话来说，我反叛了专业教育，却遇到“娜拉走了以后怎么办”的问题。

除了一个大的架构和内容外，通才教育还必须有具体的手段。其中一个核心就是师生互动的讨论班，多元性的观点的撞击。比如美国大学招生，追求各种阶层、种族、文化、国家的学生的融合，上课也是各专业的人都有；因为选课也不受年级的限制，一般的课常常是四个年级的学生，甚至研究生聚集一堂。这样，大家看问题的角度各有不同，阅历不同，术业亦有专攻，讨论起来兴味盎然。再有，美国大学生上课除了讨论外还有两大件：课堂报告（presentation），学期读书报告或论文。两者强调的都是表达，要让学生发出自己的声音。可惜，我们那时在北大上课，文学专业的学生最多和汉语专业一起上些系内的公共课，如古代汉语；偶尔也和外系同学一起上几节政治课，好像是大家一起集会。年级之间的界线更是森严，很少有不同年级的学生坐在一起的事情，除非是讲座和非常少的几门选修课。即使像张广达先生的课，也是阶梯教室爆满，面对五六十人，也只好满堂灌地讲大课了。课堂提问是非常罕见的，更不用说是讨论、辩驳了。同学的自我表达能力也相对比较低。记得有一次有位台湾出身的外籍教授来做讲座。他虽然通场都用中文，但带来了外面的习惯，要留时间回答问题。一位同学站起来提问，因为过度紧张，竟说不出个完整的句子，乃至谁也没有搞清楚他究竟想问什么。可

053

美国大学生上课除了讨论外还有两大件：课堂报告（presentation），学期读书报告或论文。两者强调的都是表达，要让学生发出自己的声音。

见我们在这方面的训练是多么欠缺。

也正是因为如此，我特别要为大学生涯感谢我的几位室友。那时六个人一间宿舍，非常拥挤。学生生活也很单纯，没有什么校外活动。宿舍就是生活和学习的中心。我们六个人，32岁的老吴来自上海，下过农村，属于老反革命，给了我许多人生的教训；28岁的“二老吴”来自广州，口口声声“我们广州人把广东以北的人都叫北方人”，今天看来令人不可思议的是，他又听古典音乐，又听邓丽君，学过许多年油画，是班里西方艺术史的权威，还曾经“乘机离开北京”（就是乘飞机回过一次广州。那时坐飞机实在是不可想象的。我们把新闻中报道党和国家领导人出国访问时用的千篇一律的话“乘机离开北京”来开他的玩笑），是很洋派的；剩下三个基本同龄，其中高远东来自山西城乡之间（好像他父亲属于城里的户口，母亲是农村户口），王达敏来自河南农村，郭东胜来自内蒙，我则来自北京，可以说是五湖四海，比起现在北京人主宰校园的景象也许略有不同，虽然当时北京学生的比例还是太高。因为背景、年龄、经历不同，大家聊起来就比较有意思，互相能学到的东西也很多。当时上课没有讨论班，但在宿舍几乎每天都开“讨论班”，特别是晚上9点半下了自习到11点熄灯那段时间，宿舍里异常兴奋。记得有一次大家晚上本来该出去自习或者在宿舍看书，但因聊得投机而欲罢不能，一直聊到9点。我表示我们是否浪费了太多学习的时间，高远东则说这样聊聊实在难得。他本来就比我用功，学得也好。既然他都觉得聊天好，我心里就更踏实了。只可惜，我们六个人全是文学专业的，天天上同样的课，在学术上所谈的内容就未免狭隘了一些。

因为背景、年龄、经历不同，大家聊起来就比较有意思，互相能学到的东西也很多。当时上课没有讨论班，但在宿舍几乎每天都开“讨论班”，特别是晚上9点半下了自习到11点熄灯那段时间，宿舍里异常兴奋。

在这样的环境下，自己单枪匹马地追求通才教育自然会有营养不良的危机。当然，摆脱了系里的专业课程自己去闯，总是比在系里当个乖学生要好。我一逃课，系里一些课的成绩就有所下降。不过我振振有词，称“一个全优的学生，充其量不过是一个对自己所受的教育毫无反省的学生”。这话看上去很酷，多少有些给自己壮胆的味道。把系里的要求不放在眼里没有关系，问题是到外系听课能有目标，能够努力学到东西。可惜，那时自己实在太年轻，性格不成熟。比如，自己当时非常理解文科学生要学理科课程的道理，曾经制定了学习高等数学的目标。我读高中时，班里的数学老师非常喜欢我，高考时我数学考了 80，而许多上了重点的文科生数学都不及格。按说能力还是有的。但是，制定这个目标时已经是大二，数学彻底放下了两年。况且重新捡起来，也要旁听理科的公共课（肯定不能去数学系听，那里水平太高了）。按说，这时学校如果有教学咨询，我可以得到些帮助。但那时学校根本没有这些服务。我自己坚持这一目标也不够坚决，最后不了了之。现在回想，没有大学的数学训练，对我日后的事业有相当大的影响。另外，对历史我也没有全力深造，听的专业课不够多，除了和张广达教授课后聊了一两次外，和历史系教授基本没有过接触。最糟糕的是我不好好学英语。出了大学，实际上在英语上是个文盲。关于这一点，就得另文再述了。

我振振有词，称“一个全优的学生，充其量不过是一个对自己所受的教育毫无反省的学生”。这话看上去很酷，多少有些给自己壮胆的味道。

提到这些旧事，是想指出当年在北大追求通才教育的目标是多么困难。如今四分之一世纪已经过去，北大号称要成为“世界一流大学”。平心而论，各方面的条件也确实比过去好许多。比如社会科学各系的教授多少有一定的阵容，主流不是靠背政治教条吃饭。一个有我当年那样想法的学生，如今跨系旁听也好，选课也好，内容就丰富多了。但是，通才教育是否已经被提到议事日程上来？核心课程的框架又应当是什么样子？讨论班在教学中的比重是多少？北大如果不辜负其学子，在这方面就必须有所作为。

听讲座胜过听课

054

通才教育是否已经被提到议事日程上来？核心课程的框架又应当是什么样子？讨论班在教学中的比重是多少？北大如果不辜负其学子，在这方面就必须有所作为。

如前所述，文革后的北大，精神上新，学术上浅，思想框架则旧。一般老师在干校、大批判中已经把盛年耽误了，有的回来拣起十几年前的旧货，照本宣科，算是“恢复正常”了；有的精力充沛，希望跟上时代步伐，大讲新诗、美学等等，可惜底气不足，流于赶时髦。比如美学课，场场都爆满，好像不听这种课就错过了北大经验似的。可是现在回想一下从那里学了什么，恐怕大家都说不出来。我是希腊史迷，逢有关古希腊的课就听。那时有门“古希腊罗马美学”很时髦，外号“古希罗”。但跑去听听，除了放几张幻灯片外，空空如也，十分败兴。所幸北大有一点好处，那就是讲座成风。最热的讲座，一般在办公楼礼堂或者大饭厅，常常要提前半个多小时占座，还有为此打架的。比如赵复三来讲基督教，过道、台上都坐满了人，他几乎都走不进来。再有就是中央乐团的指挥李德伦来讲交响乐，什么“第一主题”，“第二主题”等等。每周大家要是不听讲座心里就难受。

当然，这些讲座大多也是追时髦，很难深入。不过，我在北大听过的印象最深的一课，就是个讲座。

那是中文系内的一个小讲座，在普通教室中，听众也就三、四十人。来主讲的是日本汉学家小川环树。他时年已过了九十，思想依然非常敏捷。我在此之前并不知道小川环树是谁，只是跟着讲座的时髦凑热闹而已。后来才知道，小川环树兄弟几人，是明治时代出生的一代文化豪杰。其父地质学家小川琢治的四男中，老大小川芳树，是著名的冶金学家；老二贝 茂树，是顶尖的汉学家；老三汤川秀树，是物理学家，1949年的诺贝尔奖得主，也是第一位获得诺贝尔奖的日本人；小川环树是老四，主攻中国古典文学，是那一代日本研究唐诗的第一人。你看看当今的世界，谁家能一下子养出这么四个孩子来？

老大小川芳树，是著名的冶金学家；老二贝塚茂树，是顶尖的汉学家；老三汤川秀树，是物理学家，1949年的诺贝尔奖得主，也是第一位获得诺贝尔奖的日本人；小川环树是老四，主攻中国古典文学，是那一代日本研究唐诗的第一人。你看看当今的世界，谁家能一下子养出这么四个孩子来？

小川环树主讲的题目是《敕勒歌》的语源问题。此歌最早见录于宋郭茂倩编《乐府诗集 · 杂歌谣辞》，按通说约产生于429～449年，作者为无名氏。辞曰：“敕勒川，阴山下。天似穹庐，笼盖四野。天苍苍，野茫茫，风吹草低见牛羊。”读中文系的人，大抵对此都很熟悉，属于千古绝唱。小川所讲的细节，在四分之一世纪后，我的记忆已经不敢说很靠得住，好在他的文章登在《北京大学学报》上，读者可以参考。不过，他的基本要义则让我终身难忘。

小川开讲很平淡：这首《敕勒歌》原文不是汉语，本为鲜卑语，北齐时译成汉文。不过，最初的语言究竟是什么？由于当时中亚诸民族的互动变化无穷，很难追寻。小川则作了一番考证，一个语言一个语言地追下去，证明此歌是经过许多语言连环翻译，最后成为汉文的。按说到此讲座就可以结束了。可他最后加上了点睛之笔：此歌最原初的那一中亚语言，我完全不懂。不过，我查了该语言的辞典，并检视了该语言在那个时代诗歌的格式，发现其诗大抵是两行，每行十四个音节，每行中间有一顿。这和唐代的七绝的形式，就非常相似了。我的这番研究不敢说解答了任何问题。我只是希望能提出一个问题：我们过去理解唐文化，总强调唐对周边文化的辐射式影响。这是大唐中心的观点。但是，唐文化的形成，是否也是周边文化影响的产物呢？我们是否也应该把唐作为文化互动的接受一方来讨论呢？讲座就这么结束了。

我们过去理解唐文化，总强调唐对周边文化的辐射式影响。这是大唐中心的观点。但是，唐文化的形成，是否也是周边文化影响的产物呢？我们是否也应该把唐作为文化互动的接受一方来讨论呢？

这在现在，也许平淡无奇。但是在当时，足以引起我的思想地震。这种地震之所以发生，也多亏前述张广达教授给我开阔的视野。张教授上课反复强调：唐王朝是在中亚诸民族互动的过程中产生的，唐王朝的发展，也必须要在中亚民族的动向中才能理解。比如土蕃的压力，西域各族的消长，乃至安禄山的崛起等等，全都联系在一起，切不可仅仅从宫廷政治的角度解读。事实上，唐朝非常依赖西域的商路，长安是丝绸之路的终端，大量中亚商人由此进入，使长安成为一个国际大都市。后来，阿拉伯等地的商人又从海路造访广州，刺激了南方的贸易。而大运河把南北接通，唐王朝成了国际贸易体系中的枢纽。日本学者加藤繁、日野开三郎等，作了大量研究，证明中亚商人的活动对当时中国的经济有举足轻重的意义。特别是他们掌握的铜钱数量远超过国库，对贸易影响甚巨。宫崎市定甚至怀疑中亚或穆斯林商人向中国输入了远程贸易的技巧。其实，欧洲史学家们，也很早提出意大利商人远程贸易的技巧是从阿拉伯商人那里学来的假设。既然在政治经济上是如此，在文化上如唐诗等等，怎么可能和外部世界全无关系？

中亚商人的活动对当时中国的经济有举足轻重的意义。特别是他们掌握的铜钱数量远超过国库，对贸易影响甚巨。宫崎市定甚至怀疑中亚或穆斯林商人向中国输入了远程贸易的技巧。

这些在学界也许已经是老生常谈了。可是，在我们

的历史意识中却不是。最近我和一位海外留学生朋友讨论问题时还提到，在中国受的教育，即使像我这一搞历史的人，也认为唐朝是世界第一，长安是世界的中心。直到最近教世界史、眼光放开后，才知道我们的教育是如何培养井底之蛙。看看唐王朝时的世界版图，伊斯兰的Umayyad Caliphate帝国比唐帝国大一倍还多，覆盖了从现在的伊朗、中东地区，到北非、西班牙，横跨欧亚，把地中海变成了自己的内湖。在文化上，这一帝国则吸收了从印度到欧洲古典世界的遗产：印度数字变成了阿拉伯数字，成为日后欧洲科学进步的基础；古希腊、罗马的典籍成了阿拉伯的典籍，后来欧洲人在文艺复兴时代要从阿拉伯人手中再学过来；贸易上，阿拉伯人更是沟通世界的使者。这一点，你想想从广州到地中海的阿拉伯商人，想想没有阿拉伯数字如何算账，就明白阿拉伯商人对世界经济的重要性了。几乎从各方面说，这个阿拉伯帝国对世界的影响都不在唐帝国之下。可是，有几个中国人知道这样的事实？我们封闭的民族主义史学，把人都教育成了什么样子？

看看唐王朝时的世界版图，伊斯兰的Umayyad Caliphate帝国比唐帝国大一倍还多，覆盖了从现在的伊朗、中东地区，到北非、西班牙，横跨欧亚，把地中海变成了自己的内湖。在文化上，这一帝国则吸收了从印度到欧洲古典世界的遗产：印度数字变成了阿拉伯数字，成为日后欧洲科学进步的基础。

大中华的意识形态，塑造了这种井底之蛙式的历史意识，最终会导致我们心灵的锁闭。以这样的视野，中国是无法在全球化的时代成功的。作为崛起的大国，中国不仅要从自己的眼光看世界，更要学会用世界的眼光看自己。中国的文化并不置身于世界之外。而世界的文化当然也可以成为中国文化的一部分。这一点，读读唐史就应该明白。听小川环树的讲座之前，我还很信许多老师的话：日本人就会考证，考得很细，但缺乏意义。小川环树打破了我的成见。他考证确实很细致，但心里装着大问题，只不过他对这些大问题点到为止，不会夸

055

大中华的意识形态，塑造了这种井底之蛙式的历史意识，最终会导致我们心灵的锁闭。以这样的视野，中国是无法在全球化的时代成功的。

夸其谈，许多人（特别是知识框架比较旧的人）因此也就不会注意。其实，许多研究中国的日本学者，都带有这种国际视野，只是多从小处着手而已。日后我相当注意日本学者的研究，和这次的经历也相当有关系。

我的“北大中文系英语”

前面已经说过，我在北大读书时单枪匹马地探索通才教育。这种尝试可谓成败兼半。成功的地方在于我正确地选择了自己的教育目标，打破了专业教育狭隘的框架。我日后的职业生涯，大部分都在文学之外（我们当年文学79级的同学，现在仍然从事文学事业的人是绝对少数），能够适应得比较快，也在于大学期间学得比较宽，做了相当的准备。失败的地方，则主要在操作方面。比如，我明明知道数学应该学，却没有执著地去旁听。其实在这方面，我最大的损失还是英语。

我日后的职业生涯，大部分都在文学之外，能够适应得比较快，也在于大学期间学得比较宽，做了相当的准备。失败的地方，则主要在操作方面。

我的英语，在当时是典型的“北大中文系英语”。这里首先声明，我这么说不是在诬蔑中文系同学的英文水平。我已经说过，中文系的师兄师弟、师姐师妹，在美国已经成为终身教授的有一大堆。他们的英语当然是不错的了。不过，在我们那个年月，也就是77级、78级、79级三个年级，中文系同学的英语一般而言比起其他系的同学来弱得多。一来是因为历史的原因，大家上大学前都没有学过什么英文。二来则是刚刚进大学门，想学的东西太多了，必须有个选择。中文系的同学多是文学青年，即使做文学研究，对象也是中国文学，很少有人觉得英文有多重要。不像其他系的同学，把英文当成求学的基本工具。例外是有，比如78级的商伟，人不声不响，毕业后很快出国读书，现在则是哥伦比亚大学的教授。一般而言，理工科同学英语比较好。文科中西语系不用说了，英语好的多是带“国”字好的系和专业，如国政系、国际关系专业等。另外，不管在哪个系，“出国派”的同学英语自然也好得多。等我毕业，中文系的后辈英语好的则多的是。毕竟他们中小学受了正常的教育。高考也要考英语。英语不好，很难考进来。

英语白卷上北大

我的英语，则即使在1980年前后的中文系中也算很差的；乃至大学毕业，英语几乎就和没有学过一样，后来对英语甚至有了心理障碍。这说来话长了。我是在1974年升初中。那时正赶上小学从六年制改成五年制。1960年出生的人，六年级毕业就到中学读初一。我们这些1961年生的，如果按五年制小学毕业，正好和上一年级一起进入中学。当时的中学无法容纳突然增加了一倍的新生，所以我们读完小学就留在原来的地坛小学里读初一，号称“戴帽班”，上初二时才去和上一年级的同学在真正的中学会合。

我的英语，则即使在1980年前后的中文系中也算很差的；乃至大学毕业，英语几乎就和没有学过一样，后来对英语甚至有了心理障碍。

当时正处于“文革”后期，邓小平已经复出。父母这些国家机关的下放干部已经从农村回到北京恢复工作。学校里也早就经过了“复课闹革命”，逐渐恢复了正常的教育秩序。我们作为第一届五年制的小学毕业生，虽然因为中学没有教室而只能在原小学的“戴帽班”凑合着读初中，但学校居然开始给我们开英语课了。

对于这一突然而来的正常秩序，每个孩子的适应能力不同。我父母“文革”期间去干校，把我们兄弟三人留在北京，靠一位不识字的保姆照顾。当时父母的考虑是，农村太苦，我们三个在城里长大的孩子怕是受不了。而且，因为父母在不同单位工作，被下放的地点也不同。父亲去了河南，母亲则在相当一段时间去了辽宁。三个孩子跟谁也不是。不过，这样一来，孩子没有父母监管，容易荒废学业甚至学坏。我从小调皮捣蛋，上一年级时就曾试图打老师，甚至有一次把老师气哭了。放了学也基本上是在街上玩，根本没有人管。小学毕业时，还只能看连环画，而且从来不看连环画的文字说明。父母从农村回来后，单位里非常忙，没有心思过问我们学校里的情况。大概他们很珍惜来之不易的“恢复正常”的工作机会，每天都早出晚归。

他抗战后下去发动群众，宣传蒋介石如何腐败，最拿手的罪状，就是蒋介石居然每天都吃苹果！可见他那时穷得想象力有限。

在这样的状态下让我学英语，实在是勉为其难了。记得第一次上课时，老师上来讲：“Good morning, boys and girls.”我们觉得她阴阳怪气。当她试图教我们A、B、C的发音时，全班都被那怪里怪气的声音逗得前仰后合。我就这样上课嘻嘻哈哈，回家也不见父母的影子（他们一般六七点才回来），全放羊了。到了学期末，一次父亲吃完晚饭想看看我英语学得如何，结果发现我一个字也不会。他自然大怒，逼着我补。这里补充几句题外话。他在抗战前在老家河北新乐上了中学，学过几年英语，据说已经达到了能读《鲁滨孙漂流记》的水平。这让我对那时乱糟糟的中国的教育水平有些吃惊。父亲的家境我不太清楚，大概属于地主、富农之类，在当地有些名望。但听父亲说，那时这种富裕家庭，一年也难得尝几次肉味。他抗战后下去发动群众，宣传蒋介石如何腐败，最拿手的罪状，就是蒋介石居然每天都吃苹果！可见他那时穷得想象力有限。但是，这么穷的地方，居然还有学英语的地方，似乎比现在中国内地农村还好不少呢。书归正传，他因为有从他一直谴责的“旧社会”带来的一点文化遗产，就把 40 年前的记忆翻出来教我。经过这么一个星期，我期末一考试居然还拿了九十几分，连老师也吃惊不小。父母也由此松了口气。

其实，这样轻松地拿高分也只能说明那时候学的东西实在简单。第二学期，父亲一忙没有管我，我就又放羊了。等期末再一检查，我又是什么都不会。而他 40 年前在中学学的那点英语，也就够教我第一年的。这次又逼着我连滚带爬地过了关，然后他警告我：“以后再不自己学，我即使发现你不会也教不了你了！”可惜，我到了正式的中学照样不学。他一气之下，开始对我进行体罚。但是，越是体罚，我越是反感英语，嘴里还振振有词：“我长大又不当外交部长，学英语有什么用？”这句话成了我们家里的“名言”，大家常用来取笑我。不过，生活在那样一个封闭社会的孩子，确实也很难想象如果不当外交部长学英语有什么用。

我按照老师的嘱咐，在卷子的选择题上瞎勾一通，居然蒙对了 10 个，正好在总分中加了一分。当年许多在各省市考了前几名的学生，有不少也是这样的状况。

1979 年高考照顾到“文革”教学的不正常，规定英语考试只按十分之一的分数算，即你得了 100 分就在总分上加 10 分，得了 50 分则算 5 分。这样英语就无足轻重了。我因为早就放弃了英语学习，高考时在英文上完全是个“白卷先生”。记得当时拿到考卷，填上自己的名字，剩下的就一个字也不认识了。我按照老师的嘱咐，在卷子的选择题上瞎勾一通，居然蒙对了 10 个，正好在总分中加了一分。当年许多在各省市考了前几名的学生，有不少也是这样的状况。

美国人是什么?

进北大后，我先是想当文学青年，后来又想学历史，总之是研究中国，从来没有出国的心思。按当时的要求，英语要上两年公共课，从A、B、C开始。我自然也要跟着上。因为学英语缺乏内在动力，加上那时课本还是不脱文革时代的意识形态，编得十分枯燥，我自然也就没有兴趣了，每次上课坐在后排跟着混。当时校园里时髦的是交响乐，各种讲座层出不穷。我每天花大量时间听交响乐作品，脑子里全是贝多芬、柴可夫斯基，有时上课也欲罢不能。记得有一次英语课我坐在后排，脑子里突然响起了贝多芬，一下子忘情于其中，大概也有些情不自禁的身体动作，至于老师在讲什么早就不知道了。一会儿听到老师愤怒地对班上的同学讲："有的同学根本不用心学习，回去不做作业，基本的词汇、语法也掌握不了，甚至上课也不听讲，一个人坐在那里摇头晃脑，不知道发什么神经。这样学英语，还不如不学。因为只要公共课一停，两个月就全忘光了，跟没有学过英语的人没有区别，成了文盲。"

这样学英语，还不如不学。因为只要公共课一停，两个月就全忘光了，跟没有学过英语的人没有区别，成了文盲。

我并非不知道英语的重要，也并非不想学英语。但当时学英语，有两个障碍需要克服。第一个障碍和现在的年轻人所面临的几乎相同：学语言是个慢功夫，需要持之以恒。有时，越喜欢思考的人学语言的确挫折感越大。你学别的东西，不管是科学、工程、历史、法律，只要用心，一个学期下来就收获甚丰，甚至有一下子进入一个新天地、掌握一门新技能的成就感。学外语则是投入了两三年还觉得自己是个傻子，最简单的话都不会说，能读的书也不过是儿童读物的水平。所以，学外语头两三年经常很有挫折感。如果教材很枯燥乏味，课程僵化，那就更难了。我那时年轻，没有人督促，没有坚持下来，后来后悔莫及，也希望年轻朋友不要重复我的错误。第二个障碍，则是我们那个年代特殊的。按说，学英语的最大动力，是用英语所接触的人类文化要丰富得多。我现在劝年轻人把英语作为头等大事之一时，经常问他们：想想看，你用英语能读到什么，用中文能读到什么？至少现代中文里的内涵太贫乏了。但是，当时我们能接触的英文书很少，报纸杂志几乎没有，更没有现在上网这种技术可能。另一方面，经过文革十年连中文书都几乎禁绝的日子，一下子能看中文书了。这就像是知识爆炸，令人目不暇接，虽然现在看来，我们那时能读的中文书实在可怜。既然中文能够满足相当的知识需求，读英文的动力就减少了许多。我作为一心要“改造中国”的青年，心思全在中国。

056

我现在劝年轻人把英语作为头等大事之一时，经常问他们：想想看，你用英语能读到什么，用中文能读到什么？至少现代中文里的内涵太贫乏了。

更可惜的是，在北大的第二年，学英文又加了一层更特殊的心理障碍。那就是在留学生楼“陪住”的经历。这段经验是我大学生活的恶梦。回想一下，我在那里和美国人开始接触，至今没有成为一个爱国排外的“愤青”，也算难得吧。

随着大学恢复高考招生，第一批外国留学生也开始进入中国的大学。当时外国人在中国的情形，如今的八十年代后、九十年代后的一代恐怕是很难想象的。我们这代人对于外国人，有着巨大的心理障碍需要逾越。

小时候我很少在街头见到外国人。偶尔在天安门广场等繁华地带或使馆区见到几个外国人，也几乎和见到动物园的动物一样，站在老远看个没完。

那年月，外国人即使在北京也非常少。小时候我很少在街头见到外国人。偶尔在天安门广场等繁华地带或使馆区见到几个外国人，也几乎和见到动物园的动物一样，站在老远看个没完。我小学五年级以前住在北京海淀区的花园村，旁边有个华侨公寓，偶尔还真看到几个肤色不同的老外。那时在小孩子圈里，有各种关于华侨公寓的传说，比如里面多么豪华，许多人家里有电视，甚至还开车等等。要知道，那时我上的花园村二小，全校没有一台电视。我们在那里小学毕业后按理要上花园村中学，即所谓“花中”。孩子偶尔谈起来这个前景，无不兴奋不已：“知道吗？那个学校有电视呀！”

我父亲在五十年代是驻苏的外交官，带回一台十七寸的黑白电视机，非常笨重，需要两个大小伙子才能抬动。不过那台电视坏了很长时间。曾经修好过一次，但又坏了。不管怎么样，家里还如同宝贝一样保留着。我还记得那时上演朝鲜电影《卖花姑娘》、《金姬银姬的命运》，讲到不小心沦落到“南朝鲜”的女性，在万恶的资本主义社会成为“天下三分之二的受苦人”，命运非常悲惨。电视里一演这些，全单元的人都来我家里看，跟着哭，更觉得“天下三分之二的受苦人”是多么水深火热，我们是多么幸运。

朝鲜、罗马尼亚、阿尔巴尼亚，是当时中国绝无仅有的几个国际朋友，每次人家的领导人来访，都要组织上街夹道欢迎。外国人可不是闹着玩儿的，必须隆重对待。这么长大的孩子，自然觉得外国人是高人一等的了。

当时中国基本没有什么电影。文革初期全国就八个样板戏，后来开始拍电影，有什么《春苗》、《决裂》等等，全是“反资本主义当权派”的文革电影，缺乏人情味。比如，这些电影里不仅没有爱情，甚至连夫妻都没有，讲的是无性政治动物的日子。反倒是进口的一些社会主义国家的电影更好看些，包括朝鲜电影。至少人家有男男女女的事情。当时孩子们编出顺口溜，归纳这些电影的特点：“朝鲜电影哭哭笑笑，罗马尼亚电影又搂又抱，阿尔巴尼亚电影莫名其妙……”朝鲜、罗马尼亚、阿尔巴尼亚，是当时中国绝无仅有的几个国际朋友，每次人家的领导人来访，都要组织上街夹道欢迎。外国人可不是闹着玩儿的，必须隆重对待。这么长大的孩子，自然觉得外国人是高人一等的了，至少人家可以“又搂又抱”呀。这对青春期的孩子还是很有诱惑力的。

当然，外国人可怕起来，也不是闹着玩儿的。我们从小就要“备战备荒”，特别是要为核战争做好准备。原子弹的可怕，我们小小年纪都知道。那实在太恐怖了，而且老师告诉我们，苏联可能要向中国扔原子弹，人家首先要打北京。毕竟是首都呀！记得那时父母下干校，留下一个农村来的大娘看着我们兄弟三人。大娘不识字，也要到街道开会，商量怎么对付苏联的原子弹。最后她们这群老大妈终于想出了办法：谁看见原子弹飞过来，赶紧敲暖气管子。因为暖气管子通着全楼，大家都听得见。听见声音，就都往防空洞跑。她们还演习了几次，确实一敲动静很大，并告诉我们小孩子不要随便敲暖气，免得引起误会。可我心里为此则引起了巨大的恐怖：据说原子弹从苏联飞过来比飞机快得多，肉眼都看见了还有机会敲暖气吗？再说，我们孩子参与挖的那些小洞洞，下场雨都有塌的，能防原子弹吗？看看家里那台苏联电视，那是人家五十年代的产品，中国造这东西门儿也没有，怎么打核战争会是苏联的对手？亡国灭种的危机感非常真实。我还不停地做过恶梦：自己被苏联入侵者抓住，按说应该学革命先烈宁死不屈，但人家要枪毙自己，一下子吓破了胆，投降了，同时也在惊恐和羞辱中醒了。几十年出国后曾听到电视上讲，在中苏交恶时，美国中央情报局估计苏联确实有很大的可能对中国发动核打击。看来我小孩子的恐怖也不是无缘无故的。

谁看见原子弹飞过来，赶紧敲暖气管子。因为暖气管子通着全楼，大家都听得见。听见声音，就都往防空洞跑。

总之，外国人高级，外国人神秘，外国人可怕。这在我们这代孩子的观念中根深蒂固。给我印象最深的，

外国人高级，外国人神秘，外国人可怕。这在我们这代孩子的观念中根深蒂固。

大概是一九七二年美国总统尼克松访华。这是中美关系的历史性转折。我当时才十岁出头，竟也卷入了这段历史。中美交恶二十多年，我们从小受的教育就是志愿军在朝鲜打败了美国鬼子，但美帝国主义亡我之心不死，时刻准备帮助蒋介石反攻大陆。如今美国总统突然访华，和我们的伟大领袖握手，全国人民需要转弯子，不能再把人家当作势不两立的敌人，但也不能说过去的教育都错了。我这个十岁的孩子，每天要在学校跟着老师学习，理解尼克松为什么要访华，我们应该做什么准备。而所有这些学习内容，我们都必须背下来，老师时时抽查。

凭他能见毛主席，尼克松在美国人民心目中的威望就会大增，能够顺利当选总统。果然，后来他真当选了。看来毛主席确实是世界人民的伟大领袖!

尼克松为什么要访华？我们被告之，他希望当美国建国200年周年时的总统。他不访华，很难当上。他如果访华，毛主席又接见了他，那么他回去向美国人民就可以说："你们看看，毛主席都接见我了！除了我以外，咱们美国的政治家谁能受到毛主席的接见呢？"美国人作为天下三分之二的受苦人，自然是敬仰我们的伟大领袖的。凭他能见毛主席，尼克松在美国人民心目中的威望就会大增，能够顺利当选总统。果然，后来他真当选了。看来毛主席确实是世界人民的伟大领袖！

这些教育虽然很长我们的志气，但另外一些教育就叫人神经紧张了。既然尼克松要访华，一些美国人也会跟着来中国。我们应该怎么对待？万一碰上个美国人，应该怎么处理？我们这些十岁的孩子也当然要做好准备了。比如，我们反复背诵的对美国人应有的态度：不卑不亢，不冷不热。意思是：人家要是热情，我们就不应该太冷淡；人家要是冷，我们就必须维护国家的尊严，对之绝不示弱。老师还举一些具体的例子："你在北京的小胡同中迎面碰到一个美国人，应该怎么办呢？小胡同

很窄，只能走一个人。这就到了考验你的时刻了。要知道，美国人一般个头很高。你一定不能害怕。如果他见你走过来，很客气地侧身让你先走，你也要侧身谦让。但如果他很不友好，横冲直撞地走过来，你就应该有勇气和他撞一下！”要知道，当时我是全班最瘦最小的。听了这些话，还真有些担心不得不和美国人狭路相逢。好在我们住的是公寓楼，楼之间是宽大的操场，并没有那些窄小的胡同。后来看到了周总理在机场迎接尼克松的照片，算是真正领悟了什么叫“不卑不亢，不冷不热”了。照片上周总理站在飞机舷梯的一步之外，礼貌而不露声色，一只手略微伸出来；下了飞机的尼克松则满脸堆笑，热情地迈步跑到周总理跟前，特别主动地把手伸了出来。你一看照片就明白，是尼克松求着我们！不用说，这张历史照片，也是中国外交的经典了。我们这一代人就是在这张照片的榜样下长大的。

全国动员准备迎接美国人来访，也潜移默化地让孩子们感到美国人是非常不得了的人物。

当时的教育者，也就是我们的老师们，恐怕没有意识到这种教育的矛盾之处。固然，尼克松为了当总统，不远千里跑到中国来接受毛主席的接见，尼克松小心地给周总理赔笑脸，说明美国只有讨好我们中国才有活路。但是，所谓“不卑不亢，不冷不热”，还是要看人家怎么对待你，再决定你应该怎么对待人家，主动权不在你这里，而在对方。从这个方面讲，似乎美国人一方有着界定和我们是什么关系的权力。另外，全国动员准备迎接美国人来访，也潜移默化地让孩子们感到美国人是非常不得了的人物。我们孩子堆里也流传着各种荒诞的传说。比如，花园村华侨公寓了住着一位混血的女青年。有的孩子就说：“即使她犯了法，警察也不能碰她。必须要周总理签字才行。”总之，在我们眼里，外国人地位很高，也很神秘。

自那时起我们就一直在研究美国人。记得读中学时到北郊木材场学工，工间休息时在工人的领导下进行政治学习。有一天一位年轻的工人学习骨干拿着一份报纸给我们看，上面是党和国家领导人接见基辛格的照片。他问我们看出什么问题来没有。我们谁也说不出来。他于是告诉我们："你们看看照片上的基辛格夫人，比他几乎高了一头。他为什么要娶这么一个高头大马的老婆？那是因为她是资本家的女儿！他代表的是资产阶级。"我听了心里暗暗钦佩：还是人家工人阶级觉悟高呀！

学校对这些"外宾"的要求，当然是不敢怠慢的，立即到中国同学中征求"陪住"。也有许多同学对这样的机会趋之若鹜。

当然，这些还不过是纸上谈兵而已。我从十岁就用心学习"不卑不亢，不冷不热"的行为准则，可惜除了在照片上看看基辛格及其夫人外，实际生活中一个"外宾"也没有碰到。没有想到，这一套进了北大反而派上了用场。

搬进留学生楼

当时北大的留学生，其实都是作为"外宾"管理，集中居住在留学生楼，上课也基本上和中国学生分开。我们只有偶尔在几堂古代汉语或古代文学课上碰到几个留学生。比如20世纪80年代在中央电视台主持星期日英语的英籍专家彭文兰女士，就和我们一起上过大课。许多留学生都抱怨，说在中国读书像是被关进了集中营，和中国同学隔绝起来，难以学到中文或了解中国社会。许多人则要求中国同学当他们的室友。学校对这些"外宾"的要求，当然是不敢怠慢的，立即到中国同学中征求"陪住"。也有许多同学对这样的机会趋之若鹜。道理也很简单：第一，一般的学生宿舍六个人一间，狭不容足，公用厕所臭气熏天；留学生宿舍则两个人一间屋，公共厕所也每天打扫得相当干净，条件好得多。第二，和留学生一起住，学习英文非常方便。当时想出国的人，当然要争取这个机会。第三，当时没有托福之类的公开考试，能出国的人经常因为是认识美国人。不少人期望着为留学建立些联系，也许人家可以帮着自己出国，或者有什么其他甜头。至少这是我当时认识到的理由。

这三条，对我都没有吸引力。我不觉得宿舍条件有多差。相反，我十分喜欢自己的室友们，每天的日子非常充实，人越多聊天越热闹。我虽然家在北京，但常常两周才回一次家，对宿舍很留恋。况且，我一不想出国，二无学英语的热念，更是看不起那些“追着留学生屁股后面”、“崇洋媚外”的同学。我当时对外面的世界充满好奇，但主要专注力还是在国内，有一番“改造中国”的豪情壮志。而“陪住”这个名字，则特别难听，仿佛是给人家当小老婆似的。有同学开玩笑说为什么不叫“偏房”呢。可是，不知为什么，这个在许多人眼中的美差，居然落到我头上。

当时去“陪住”，等于是肩负着“接待外宾”的任务，选拔起人来非常严格。

现在看来，找到我也是预料之中的事情。当时去“陪住”，等于是肩负着“接待外宾”的任务，选拔起人来非常严格。以我的观察，学校大致有几个标准。一是尽可能挑城里人，特别是北京这种大城市来的人。因为这些地方来的学生“见过些世面”，不那么“土”。一是挑家庭经济条件比较好的人，尽可能在外国人面前树立些形象。另外，还要人品端正，不要到了那里做些不好的事情，损害了国家形象。也许最重要的，是政治上可靠，最好是干部家庭出身。当然，所有这些都是我猜想的标准。我属于被选拔的人，从来没有问过那些握有选拔权力的人是什么想法，况且我毕竟仅19岁，在那个年月恐怕还有许多不理解的事情。

我对这种所谓“政治上可靠”的势利标准心里很反感。我自以为是政治上最不可靠的。不过，后来班主任找我谈话。他非常了解我的价值观念，很诚恳地说大家觉得我做人端正，生活朴素，比较值得信任，还是希望我去。做人端正、生活朴素，大概是我在这件事情上唯一爱听的话。而且班主任一直对我很好，我也就答应了。

我对这种所谓“政治上可靠”的势利标准心里很反感。我自以为是政治上最不可靠的。

应该说，搬进留学生楼，虽然一开始有些顾虑，但毕竟是经过说服后自愿的。刚一进去时，确实享受许多便利。首先，晚自习不用到教室占座儿了。基本可以在宿舍里进行。当时，一般的宿舍有六个学生，只能分到一张晚间到图书馆的阅览卡。大家轮换着拿着这张卡去图书馆指定的座位上读一晚上书。其实也就两个多小时，到晚九点半图书馆就张罗着关门了。没有这张卡的另外五位同学，有一两位在宿舍自习，剩下的大部分则去各教学楼“打游击”，看到没有课的教室就赶紧占个座，这样晚上自习就有地方了。当时学校的设施非常紧张，无论是图书馆还是教室，即使有地方也都永远处于爆满状态，空气恶浊。而真要去各教学楼“打游击”，常常一个教室一个教室地串了半小时也找不到地方，有时甚至不得不回到宿舍来。我在留学生楼和两个美国人一个屋，他们平时晚间多出去活动，我基本可以留在屋里不受打扰地自习。这种条件，不仅自己满意，其他同学也都很羡慕。更不用说，这里洗澡方便，本楼层就有浴室，不用去学校澡堂人挤人地排队。看电视的条件也非常好。至少电视间人少，有座位。不像在原来的宿舍，两层楼

当时，一般的宿舍有六个学生，只能分到一张晚间到图书馆的阅览卡。大家轮换着拿着这张卡去图书馆指定的座位上读一晚上书。

一个电视间，要自己带椅子去。

我对留学生楼印象最好的，还是礼让的文明。这对我而言是非常新奇的经验。比如，我进楼门时，前面有位留学生，他即使两手都提着东西，也会把门打开，用脚把门顶住，等我过去后再关门进去。我第一次受此“礼遇”实在受宠若惊，以后自己也马上学会：进楼门时，只要意识到后面还有人来，就把门打开让人家先走进去。这是留学生楼里不成文的规矩。后来到了美国生活，也知道这是美国社会从小就培养的规矩。不久前系里的秘书还跟我说，她要求自己十岁的儿子在公共场所进出时注意身后有没有人，如果有就必须给人家开门。小孩子有时候大大咧咧地忘了，她就会动火。可见这种文化的草根是多么深。我当时觉得这实在是个良好的习俗，希望能在中国推广。周末去王府井百货大楼，也试图给人家开门礼让，结果发现这样下去我一天也别想进去。北大如何呢？许多我们这代北大人都有这样一个信念：要改造中国，就从北大开始。如果北大也改造不了，就别想改造中国了。于是，我去图书馆时，就开始试行给后面的人开门礼让。可惜，大家行色匆匆，你一开门人家赶紧就抢先进去，连句谢谢也不会说。有的人还奇怪地看看你，好像你的行为有什么问题。这也使我对北大人感到有些失望：小小的校园，存在着两种文化。留学生楼就在校园的中心地带，和中国学生宿舍仅一两个楼之隔。可是，大家到留学生楼时就成了礼让的君子，回到中国同学的领地则马上又当仁不让起来。也许大多数同学平日不去留学生楼，眼不见心不烦。而我住在里面，每天要面对这两种不同文明的对比，并且无力改造我们中国人的世界。这当然有些令人沮丧了。

我当时觉得这实在是个良好的习俗，希望能在中国推广。周末去王府井百货大楼，也试图给人家开门礼让，结果发现这样下去我一天也别想进去。

每天要面对这两种不同文明的对比，并且无力改造我们中国人的世界。这当然有些令人沮丧了。

我和留学生交流最多的，就是住在隔壁的澳大利亚留学生。他的中文名字叫雷金庆，也是华裔，三十多岁，当时在研究中国思想史，在北大算是汤一介先生的交流研究生。他不去上课，就是要把书给写完，每天在宿舍打字。我只要留在宿舍，几乎就能听到隔壁的打字机的声音（那时还是前电脑时代，打字机也是在他那里第一次见）。

057

你怎么觉得知识分子就那么靠得住呢？知识分子和一般人一样呀。他们一有机会，就会为自己谋利益。如果他们比其他阶层得到了最不受节制的信任，他们就会比其他阶层都腐败。看看中国古代通过科举上来的知识分子，难道他们不贪污、不腐败吗？他们恐怕比其他阶层更腐败吧。

可以说，在北大四年，雷是对我的影响最大的人之一。我现在在中国提倡“反智主义”，应该说最早是从他那里得到的思想启蒙。当时“文革”刚刚结束，知识分子摆脱了“臭老九”的地位，全社会提倡“尊重知识，尊重人才”，信奉“知识就是力量”，“提高知识分子地位”成了当务之急。我则更是受五四启蒙主义的影响，认为知识分子在知识上、思想上、道德上都是先知先觉，负有唤醒和教育整个民族的使命。怀有这样的救世使命的知识分子，几乎是唯一的能够超越个人利益、为全社会的福祉而奋斗的阶层。鲁迅就是这样一个道德榜样。上述这些信念，对我来说几乎是不容置疑的真理。见了雷，我也大谈自己未来改造中国社会的理想：先是参与塑造北大的精神；大约十几年，我们这些北大人就会不断占据社会重要的岗位。那时，我们就具有启发和改造国民的权力。中国会由此变个样子。

我自以为我把握着解决中国问题的钥匙。雷则非常不以为然。他从来不注重理论，观点非常平白：“你怎么觉得知识分子就那么靠得住呢？知识分子和一般人一样呀。他们一有机会，就会为自己谋利益。如果他们比其他阶层得到了最不受节制的信任，他们就会比其他阶层都腐败。看看中国古代通过科举上来的知识分子，难道他们不贪污、不腐败吗？他们恐怕比其他阶层更腐败吧。”我急忙争辩：“知识分子如果具有独立人格，就会摆脱现实的利益而追求知识和真理。古代中国是个专制社会，知识分子不具有独立人格。而现代西方社会的知识分子有独立人格，就会不断为社会生产先进的思想，而不是追求个人利益。这就好像你以后到了大学当教授，难道不是为了追求真理吗？”他听了我的话又摇头又叹气：“我毕业到大学去首先是找工作，不是什么追求真理。你说的那些西方的知识分子，那些在大学教书的人，和别人没有什么两样。他们的职位首先对他们来说是一份工作。看看，大学的职位稳定，不会失业，每年只需要工作九个月，假期比谁都长。西方大学的教授，大部分还不是图这些？他们都想少干事多拿钱，而且为此也会做许多不地道的事情。怎么人多读了几天书，就在道德上和其他人不一样了呢？你这种话真要到西方去说，让人听了会笑死。这实在太天真了！”

怎么人多读了几天书，就在道德上和其他人不一样了呢？你这种话真要到西方去说，让人听了会笑死。这实在太天真了！

我没有出过国，也不懂任何外语，在这方面自然说不过他，于是把话题转到中国：“中国的问题，不靠知识分子靠谁呢？如果不靠知识分子，你说该怎么办？”他摊摊手：“中国这么大的一个国家，以后怎么办我怎么会知道？我只不过读了几年书，研究过几个中国人而已。我看，中国的一个大问题恐怕是知识分子太具有垄断地位了。古代知识分子靠科举，有了许多特权，也产生了许多腐败。你说“文革”知识分子受迫害。其实那时谁不受迫害？主要是知识分子垄断了舆论，吃同样的苦但叫得比别人凶。现在知识分子在中国的地位已经很高了。你看着吧，他们首先会给自己谋利益，把自己的日子弄好的。”

中国的一个大问题恐怕是知识分子太具有垄断地位了。古代知识分子靠科举，有了许多特权，也产生了许多腐败。

我们谁也说服不了谁。而且似乎都很讨厌对方的观点。但是，我们彼此不但很尊重，而且特别喜欢交流。毕业后，他在新西兰和澳大利亚先后拿了教职，回来访问了几次，我们还都见面叙旧。后来我还采访了他，把他关于中国知识分子的看法总结了一下，以对话的形式刊登在《文汇月刊》上。那时他已经转向研究中国当代文学了，其中还写过几篇批判刘心武的文章。我在《北京晚报》当编辑期间就认识刘心武，关系算比较熟，曾表示可以介绍他们认识一下。他则谢绝了。他说："我从来都回避和被研究的对象见面。大家见面一吃饭，成了朋友，以后还怎么研究呀？那只能说好话了。"我说学者恐怕可以超越这些吧？他则说学者和一般的人一样，根本不会超越这些。知识分子圈子小，平常见面，吃吃喝喝，都是朋友。所以他们早就形成了一个利益集团。他则尽量待在这个集团的外面，希望由此获得一些客观性。

知识分子圈子小，平常见面，吃吃喝喝，都是朋友。所以他们早就形成了一个利益集团。他则尽量待在这个集团的外面，希望由此获得一些客观性。

到了 20 世纪 80 年代末期，我越来越被他说服，开始对知识分子有了些反省，思考知识背后的利益。到了美国以后，我则更切实地体会到民主社会中一直有反智主义的传统，而这些传统虽在许多时候会有祸害，但没有这种传统则祸害更大。这也最终导致了我现在在中国提倡反智主义。和雷后来偶有通信，最终则基本断了联系。他现在在澳大利亚国立大学当教授。在澳大利亚应该是相当有地位的中国学家了。

058

到了美国以后，我则更切实地体会到民主社会中一直有反智主义的传统，而这些传统虽在许多时候会有祸害，但没有这种传统则祸害更大。这也最终导致了我现在在中国提倡反智主义。

可惜，虽然我在留学生楼学到了不少东西，也交了朋友。但是，我和两个美国同屋的关系则很快恶化了。

当时留学生宿舍的规矩是一个外国学生和一个中国学生一个屋。我进去时，因为房间少，成了唯一一个和两个留学生共用一个屋的学生。两位同屋都是美籍华人，一个姓刘，一个姓陆，和我大致同年。我来时他们很热情。不过宿舍的格局他们已经占好了。两个人都在靠里的位置一人占据房间的一端，中间用书柜、衣柜隔开，很有隐私性；屋子一进门的地方漫无遮拦，成为我唯一可占的地方。我当然并不介意。因为我在原来的宿舍床就摆在门口，现在的条件已经好多了。

不过，这三个人的局面，从一开始就出现问题。老实说，现在我在美国已经生活了14年，这样的美国人还真是没有碰到过。也许是因为和人家的生活距离从来没有这么近过吧。比如，我一搬进去，那姓刘的就对我说姓陆的坏话，甚至陆的女友是黑人也成了攻击的对象。姓陆的也不含糊，说姓刘的如何不成器、姓刘的哥哥太傲慢，等等。我当时是个激烈的反传统主义者，正读五四一代“改造国民性”的高论。可是在这里一对比就明白，在中国同学的宿舍里，尽管条件非常差，人要厚道多了。这两位“老美”，一上来就钩心斗角。那姓刘的还教我：他们在美国大学的宿舍中，一旦发现同屋不合意，就装出神经兮兮的样子，把同屋给吓走。因为在美国买枪很容易。大家一想到校园凶杀就吓破了胆。做人如此下作，实在也算我倒霉了。

我当时是个激烈的反传统主义者，正读五四一代“改造国民性”的高论。可是在这里一对比就明白，在中国同学的宿舍里，尽管条件非常差，人要厚道多了。这两位“老美”，一上来就钩心斗角。

本来，他们彼此之间钩心斗角与我无关。但是，马上我和他们的冲突就变得更大，使他们联手来对付我。三个人分享一个屋，本应该尊重大家的生活习惯。可是，他们半夜12点在我睡觉以后仍然不停地有客人。特别是夏天很热，屋里没有空调，睡在床上几乎是赤条条的，突然西语系的女生进来，这有多么狼狈！我提出抗议，慢慢矛盾越来越大。他们想把我请走，采取了各种手段。比如，刘开始装神经病。我不在时，他们把我台灯的电线切断，当然还有在我睡觉后带更多的朋友来宿舍，在我没有醒时大声放音乐，等等。闹得隔壁的雷金庆也和我说：你那两个同屋很热闹呀！

这样下去，我当然无法支持，找到留学生办公室要求调整宿舍。办公室的老师告诉我，这两个同屋的问题他们早就知道，许多邻居都抱怨。但是，调宿舍不可能，我适应不了只能搬出留学生楼。我说我并不想在留学生楼住。但是，这是他们不对，而且相当出圈儿，为什么他们不走？那位老师无奈地说："小薛呀，你也太不实际了。"接着，她希望我配合他们的工作，观察一下这两位同屋平时都喜欢和谁交往。这对我来说，等于是当间谍了，要我报告哪些中国同学和这两个人打交道。不管我怎么恨那些半夜闯进我宿舍的人，我是干不出这种事情的。我可以无愧地说，在中国活了33年，错事做过不少，但从来没有打过小报告。到此时，我知道胳膊拧不过大腿，再拖下去，打小报告的压力就上来了，于是马上找了几个同学帮忙，立即搬出了留学生楼。一年多以后，那位姓刘的好像是马上要回国了。他把我约到他住的宾馆，郑重其事地向我道歉，承认他们当时确实很欺负人。他说这本是美国的游戏规则，在美国这么做他大概不会内疚，因为大家是平等的，别人也会这么对他。但在中国大家是不平等的，他们有种种特权，我没有。这等于他们打我我无法还手。可惜他当时没有意识到这一点，现在很后悔。希望我原谅。事情也就这么过去了。

这一经历对我打击很大。我实实在在地明白了中国人的地位，哪怕是在自己的国家。

不过，这一经历对我打击很大。我实实在在地明白了中国人的地位，哪怕是在自己的国家。要知道，在那个年月，北京的许多商店是写明不让中国人进的。当个中国人，实在要打掉了牙往肚子里咽。同时，我对学英语的心理抵触就更大，特别讨厌那些跑到我屋里来和同屋说英语的中国同学。搬出留学生楼时，大二也正好结束，英语的公共课不用上了，我也就可以放心地把英语扔到一边去了。

从考研到就业

在北大最后两个挫折，一是考研失败，一是毕业没有去成想去的单位。

考研失败，其实没有什么值得说的。那时我正好处于人生和事业的危机期，有一种“找不到北”的感觉。考研失败应该说是必然的。按说，凭自己的理想，最好是考历史系的研究生。但是，张广达先生早就交代给我应该怎么做，比如读《通鉴》等，我都没有照着去做。这还怎么敢去考？不得已而求其次，那就报了古代文学。不过，无论考什么，都要考英语，我不能再当英语的“白卷先生”了。可是，我的英语，上节已经交代了，不用说及格，40分的希望也没有。另外，我在北大自由惯了，想再回到应试教育已经回不去了。老实说，那时的专业课考试很容易。把《中国文学史》和相关的“参考资料”、“作品选”看熟就差不多，和高考其实一样，只是内容不同而已。但我已经没有高考时的心态，拿起考卷答题就往深里写，把自己的某些体会都要写出来。还没有答完一半就到时了。总之是一塌糊涂。

不过，考研落选对我的信心没有打击。毕竟那时已经对这套应试教育看透了，甚至觉得自己太“精英”，适应不了这套对付蠢人的考试。

不过，考研落选对我的信心没有打击。毕竟那时已经对这套应试教育看透了，甚至觉得自己太“精英”，适应不了这套对付蠢人的考试。反而是几年后，自己才对此有个冷静的评价：这套应试教育固然荒唐，但是我的落选也说明了在北大读书的重大失败。年轻人心理和感情不稳定，不能自律，看准了目标不能持之以恒地追求，把自己的潜能全都浪费了。我完全可以去学历史，完全可以咬牙把英语学好，完全可以学高等数学。这些明明是自己知道应该做的，也有条件去做。如果这些都做了，但没有考上研究生，那还另当别论。问题是我什么都没有做。像同屋高远东，他文学才能高我一头，人也用功得多，心理十分稳定。他就轻松考取了。这我一点没有话说。人家就是比我出色。

059

你可以自由选课。但有些基本的要求必须达到：英语要学好，数学要修，如果你喜欢历史，就必须深入地研究，至少要阅读原始材料、写论文，等等。北大还应该给本科生多提供一些学术咨询，在自由所带来的迷惑中给学生们一些指南。

我当时考研最大的原因，还是不想离开北大。到四年级时，我突然意识到自己马上不得不离开这个校园，在北大的时间不是永恒的。也正是在此时，突然觉得过去几年荒废得太多，要学的东西还是太多。我在校园里走时，对一花一木都有依依不舍之情，能留下怎么都可以。这种感情，现在仍然记忆犹新，也希望就此对现在的北大领导层说几句话。

我自信还是个好学的、有理想的青年，而且能够独立思考，但性格非常不成熟。30 年后回头看，我很佩服那些成熟的同学。但是也认识到，要让大部分 20 岁上下的学生都性格成熟，实在也是勉为其难。我很珍惜北大的学术气氛和宽松的环境。但是，作为一个一流的教育机构，光有气氛和环境是不够的，还要对学生提出高的要求，要给予很具体的指导，帮助他们自律，使他们少走弯路。对我这么一个 18 岁的孩子，北大能提供的理想教育是什么呢？首先是自由选课的通识教育，让我跟着自己内心的召唤去探索。同时，北大又必须对这种心理和感情不稳定的学生提出严格的要求：你可以自由选课。但有些基本的要求必须达到：英语要学好，数学要修，如果你喜欢历史，就必须深入地研究，至少要阅读原始材料、写论文，等等。北大还应该给本科生多提供一些学术咨询，在自由所带来的迷惑中给学生们一些指南。总之，我希望北大能早一点建立一种既严格又自由的通识教育的框架。我在学时如果能有这些，大学四年的收获就会多许多。

我希望北大能早一点建立一种既严格又自由的通识教育的框架。我在学时如果能有这些，大学四年的收获就会多许多。

另外需要指出的就是学校的基础设施建设。北大要扩张是可以理解的，但是，一个一流大学必须对自己毕业生的感情负责。北大总说要成为世界一流，那么就应该理解世界一流大学是怎么经营的。比如，美国的常青藤也需要扩张，但是，学校在扩张时尽可能在新地皮上去建设、保持老校区的原貌。这不仅是个文物保护的问题，更是要照顾毕业生的感情。美国的大学制度非常不一样。特别是常青藤这种私立大学，毕业生对学校有一种所有权。学校最高权力机构是校董事会。包括任免校长这样的重大决策，都是由董事会做出。而董事会的成员，需要校友选举。几年前著名华裔女建筑师、越战纪念碑的设计人林缨竞选校董时，我们这些刚毕业的学生都收到了学校寄来的候选人介绍、选票，和寄回选票用的预付邮资信封。所以，从法理上说，谁拥有耶鲁？所有耶鲁的校友拥有耶鲁。毕业生对自己在校时的一花一石都有强烈的感情，希望每次回去都能原封不动地看到过去自己青春所寄的地方。大学把这样的感情看作是自己教育的成功。你尊重校友的感情，校友才会支持学校。如果冒犯了校友，校友也有相当的权力来影响学校的决策。北大毕业生对自己的校园是非常珍爱的。比如我刚

060

谁拥有耶鲁？所有耶鲁的校友拥有耶鲁。毕业生对自己在校时的一花一石都有强烈的感情，希望每次回去都能原封不动地看到过去自己青春所寄的地方。大学把这样的感情看作是自己教育的成功。你尊重校友的感情，校友才会支持学校。

进北大时，有一次乘公共汽车时碰到外地出差来的上年纪的人，看见我的校徽就问："未名湖还是那样吗？"他问得细致极了。我毕业一年多后第一次回学校，一进校园就像走进梦境一般。如今我已经十七八年没有回北大了。如果回去看到自己年轻时代读书的地方被五星饭店占据，这种"梦境"就会消失，就觉得这个学校和自己没有什么关系。一个大学的传统不能靠个空名字，而是实实在在地活在校友的生命中。所以，希望北大在拆老房子时一定三思而后行。拆一栋房子，可能就是在给许多校友做心脏手术。一个人能经受得起几次心脏手术呢？

一个大学的传统不能靠个空名字，而是实实在在地活在校友的生命中。

现在回到正题，讲讲我的毕业。

我们那时毕业，确实有些太学生的味道。要知道，古代的读书人考中了科举，未必就有官做。我们可是不同。大学毕业必有官做，何况是北大毕业呢？一进大学，我们的身份就变成干部，那就算"参加革命"了。毕业国家包分配，保证46块的月薪（国营工厂的新工人为18块），一年后转正，拿到56块。更重要的是，"文革"十年大学教育中断，引发了各行各业严重的"人才断层"。从1977年恢复招生后，社会就苦苦等着这届学生的毕业。77级的学生是最炙手可热的。到了我们79级，因为前面已经毕业了两届填补"人才断层"，我们的"身价"略降。这就给我的毕业造成一点曲折。

要知道，十年的"人才断层"靠两年的毕业生是没有办法解决的。我们79级的大学生还是相当威风。不过，再威风也不能和前两级比。据说77级有位同学被分到北京某单位，该单位没有想到自己竟能从北大要来个人，立即派专车到学校把该学生的行李等全运走了。到我们毕业时，用人单位则开始挑我们了。

分配工作首先要争取留北京。这对北京人来说是不成问题的。我们班53个人，除去考上研究生的，共四十几个毕业。大部分人都留北京了。对外地人而言，基本也不成问题。只有几个外地人回了本省，而且大部分都是自愿的（特别是那些南方人）。在留北京的名额中，又有两种：一是中央单位，如新华社、中央人民广播电台等。一是地方单位，即北京市属单位，如《北京日报》社等。在大部分情况下，同学们都愿意去规格比较高的中央单位。不过，像北京出版社的《十月》文学杂志编辑部，虽然是地方单位，但因为是有全国影响力的期刊，属于文学青年最向往的地方。

我们的班主任曹文轩一直对我相当好。他虽然平时不太管学生，但在毕业这个问题上对学生的各自特点还是相当了解的。他很早就和我谈：你喜欢校园，喜欢读书、喜欢艺术，这个环境对你很合适。

我的要求不高。毕竟我已经不是那种文学青年了。当时有个中央美院教公共语文课的位置，非常中我的意。我们的班主任曹文轩一直对我相当好。他虽然平时不太管学生，但在毕业这个问题上对学生的各自特点还是相当了解的。他很早就和我谈：你喜欢校园、喜欢读书、喜欢艺术，这个环境对你很合适。我当然大喜过望。回去马上请同屋吃饭，开始庆祝了。但是，有曹老师算不过来的东西。北京的用人单位需要十几个人，并提出全要北京人。理由也很简单。那时住房紧张，北京单位的住房不如中央机关那么富裕。要一个外地人，单位必须提供住房。要个北京人，单位可以不管住房，让新人住在父母家里。如果北大不提供北京人，那么北京的单位就宁愿不要人。这样，全班留北京的名额就少了。毕竟还有那么几个想留北京留不下的。

曹老师马上找我谈话，把情况解释清楚，希望我顾全大局，要我考虑去《北京日报》社，而且还向我道了半天歉，说如果我有别的问题需要他帮助，他都可以尽力，但此事涉及其他同学是否能留北京的问题。我无话可说，自然也就接受了。当然心里的失望还是非常难以掩盖的。

当时不愿意去《北京日报》，还不仅是不愿意放弃中央美院这样令人神往的校园。前面已经说过，我们毕业前已经有两届学生毕业了。新大学生和社会本身有了些文化冲突。要知道，当时的中国社会还是从"文革"中脱胎出来的。许多"文革"时代的文化和思想依然笼罩着许多用人单位，甚至有些"文革"时得势的人还掌握着权力。"凡是派"并没有退出政治舞台。当然，还有些"文革"时代参加工作、没有机会上大学或没有考上大学的年轻人，对新大学生有抵触情绪，觉得他们抢走了本来属于自己的好位置。更不用说，这一代大学生有的非常理想主义，要改造中国；有的则非常自负，趾高气扬。他们到了新地方，也经常对看不惯的东西发表意见，行为做派和非大学生的同事不太一样。这种单位的既得利益集团和新大学生自然有一场文化冲突。许多人对大学生侧目而视，觉得大学生就是"自由化"分子。

陈贻焮教授立即主动帮忙："我有位同学，在《北京日报》所属的《北京晚报》当副主编。我给你写封推荐信给他，争取去《北京晚报》吧。"

《北京日报》名声在外，是最保守的地方，据说因为不信任过分"自由化"的校园所培养出来的人才，自己从高中生招募人才，培养更忠实的编辑记者团队。几年后还出过这样的事情：北京市委大楼禁止梳披肩发的女士进入，说那是资产阶级的生活方式。这种地方，和北大属于两极。北大人到了那里，当然不会感到太舒服了。有的老师一提起《北京日报》也马上摇头。

我愁眉不展。曹老师不停地安慰我："这只是你的第一份工作。不要觉得一辈子就在那里了。"可是，看看父母，谁不是一辈子就在一个地方呢？国家包工作当然要包终身了。后来去毕业论文导师陈贻焮教授家，禁不住向他诉苦。陈贻焮教授立即主动帮忙：“我有位同学，在《北京日报》所属的《北京晚报》当副主编。我给你写封推荐信给他，争取去《北京晚报》吧。”我这才明白，去《北京日报》社后有分到《北京晚报》的机会。那时《北京晚报》是北京第一报，走市场的路，不是机关订的报，而是老百姓自己花钱买的报。每天下午三点钟，报摊前就有人等着报纸。到夜幕降临时，仍能听到街上“《晚报》、《晚报》”的叫卖声。能去这么一个报纸，我心里自然感觉好了许多。

到报社报到后，我立即到了《北京晚报》副主编叶祖兴办公室，毕恭毕敬地把陈先生的信给他。他看了看，只淡淡说了一句“陈贻焮我认识”，然后就非常简短地和我说了几句大官话，诸如年轻人要珍惜机会、好好努力等。我回来心里打鼓：这信有用吗？进报社第一个月所有新毕业生都在校对部实习，谁也不知道分到哪个部门。实习结束后，我和另外一个人大毕业生被分到《北京晚报》，我负责《五色土》副刊《百家言》专栏的编辑工作。这几乎是我在《北京日报》社能想象得到的最好的工作了。

这种地方没有非常大的背景是进不来的。这其实也不能怪她。当时的报纸就是国家的神经系统，戒备森严，怎么可能放不可靠的人进来？

真到了报社，没有去成中央美院的失落感渐渐消失了。记得第一个月干校对，下班乘车回家时还经常能看到乘客正在阅读自己校对完的报纸，连在哪篇文章挑出了哪个错字也记得清清楚楚。这是第一次感觉到自己对社会做了点事情，成就感当然非常大了。还有一次到报社地下室的食堂吃夜宵，人很稀少。打饭的师傅和我们聊天，知道我们是新来的大学生，马上感叹道：“你们都是有背景的人呀！”我试图向她解释，我们不过是大学毕业而已。她根本不要听，只告诉我们：这种地方没有非常大的背景是进不来的。这其实也不能怪她。当时的报纸就是国家的神经系统，戒备森严，怎么可能放不可靠的人进来？我暗暗地对自己说："大概你就是侵入这个神经系统的病毒了。"

我不仅不是有背景的人，而且特别遵守"小字辈"的规范。我是报社年纪最小的，平时非常注意小辈的义务。比如，我每天上班早到一刻钟或半小时，打扫办公室的卫生。当时有位中年同事住在报社，一大早也来到办公室洗漱。他看我总这么早来为大家服务，觉得很奇怪。有一天他终于忍不住了，开口问："小薛，你是不是想入党呀？"这下闹得我哭笑不得，也终于明白了自己是来到了一个多么不同的世界。

有一天他终于忍不住了，开口问："小薛，你是不是想入党呀？"这下闹得我哭笑不得，也终于明白了自己是来到了一个多么不同的世界。

第三章

北大应该怎么办？

薛涌　XUEYONG

什么是精英教育的实质?

北京大学校长许智宏不久前说，北大校园东操场修建高尔夫练习场的计划因争议太大已经叫停。他还针对“高尔夫球为贵族运动”的说法解释：“我不打高尔夫，对高尔夫一窍不通。”过去有人认为网球是贵族运动，但现在几乎所有大学都有网球场。言下之意，高尔夫完全可以像网球那样普及。

许校长的心情可以理解。北大要建高尔夫练习场，马上引起公共关系危机，最后计划只好搁浅。但厦门大学在此之后竟把高尔夫当成某些专业的必修课。在许多大学，高尔夫在学生中也十分有人气。别人干得，为什么北大干不得？“最高学府”实在太委屈了。所以，对于北大今后是否会恢复修建高尔夫练习场的问题，许智宏表示：“现在不好说，太敏感了。”看来，他对高尔夫还是没有完全断念。

我是北大的毕业生，虽然近来一直批评北大，但衷心希望北大能越办越好。我也非常关注精英教育，在写作《美国是如何培养精英的》和《精英的阶梯：美国教育的考查》两本书时，脑子里一直想着北大，希望给北大提供一个范本。

我是北大的毕业生，虽然近来一直批评北大，但衷心希望北大能越办越好。我也非常关注精英教育，在写作《美国是如何培养精英的》和《精英的阶梯：美国教育的考查》两本书时，脑子里一直想着北大，希望给北大提供一个范本。

如今，北大觉得自己在高尔夫的问题上吃亏了。我看未必。这场高尔夫热，正好是北大独树一帜，掌握中国高等教育领导权的机会。

所谓领袖，是要领导潮流，而不是跟随潮流。北大应该是中国的哈佛，应该用自己的行为塑造中国高等教育的时尚。差不多在北大放弃高尔夫练习场的同时，北大给在学校里工作的民工们建立了平民学校，许多师生自愿到那里教书。这是让我们这些北大人最感骄傲的事。可是，这样具有深刻意义的创举，媒体只关注一时，没有持久地讨论。如今高校的高尔夫热，正好给北大提供了一个机会。我建议许校长借机宣布，在其他高校忙着赶高尔夫的时髦时，北大放弃高尔夫运动，并用原来计划发展高尔夫的经费，扩张平民学校。

061

北大应该是中国的哈佛，应该用自己的行为塑造中国高等教育的时尚。差不多在北大放弃高尔夫练习场的同时，北大给在学校里工作的民工们建立了平民学校，许多师生自愿到那里教书。这是让我们这些北大人最感骄傲的事。

许校长还应该进一步指出，这样做的目的，并不仅仅是要扶助弱势阶层，而且是要创造一个培养精英的崭新模式，证明“北大教育”在中国的独特之处。什么是精英？精英就是社会各个领域的领袖人物。怎么才能成为这种领袖人物？那就要看你能不能用自己的理念号召其他人跟随你。而怎么具有这种号召力？那就要看你能不能了解老百姓的心声，能否打动人家的心弦，能否提出一套方案，付出独特的努力，解决他们生活中面临的问题。简单地说，精英必须有超强的能力和草根社会建立感情和思想的纽带，让大家觉得你是属于他们的一部分，你在为他们说话。

062

精英就是社会各个领域的领袖人物。怎么才能成为这种领袖人物？那就要看你能不能用自己的理念号召其他人跟随你。而怎么具有这种号召力？那就要看你能不能了解老百姓的心声，能否打动人家的心弦，能否提出一套方案，付出独特的努力，解决他们生活中面临的问题。

培养这样的素质并不像看上去那么容易。举个大家熟悉的例子，克林顿是典型的美国精英，从耶鲁法学院到罗德奖学金，处处显示出他的教育非常人所及。然而，他越是受精英的教育，事业越发达，其生活质量和圈子就和普通老百姓离得越远。同时，他的成功，又必须依赖和老百姓心心相通。这就是精英教育面临的悖论：精英就是“出众”，但“出众”者如果脱离民众就不是精英。换句话说，越是精英越“出众”，也越加长了自己和普通

百姓的距离，所以越需要具有超越这样的距离，和老百姓合一的能力。克林顿能做到这一点。他的好处不仅在于他的智力、权力地位、财富比常人高出很多，而且还在于他具有跨越他与民众之间的实际距离的能力。他的生活虽然和普通老百姓相距十万八千里，但你听他的讲话就知道：他和老百姓的心理距离几乎等于零。

美国的精英教育，时时刻刻考虑着这样的问题：当你享受着一年四万多美元的哈佛耶鲁教育时，你和家庭年收入还不够你一年的教育费用的老百姓就生活在两个世界中。你还能否超越自己的精英生活的经验，回到老百姓中，改变他们的生活？这才是你能否成为社会领袖的关键。也正是如此，美国的名校都强调社会服务，强调学生和底层建立联系。

063

你能否超越自己的精英生活的经验，回到老百姓中，改变他们的生活？这才是你能否成为社会领袖的关键。也正是如此，美国的名校都强调社会服务，强调学生和底层建立联系。

北大过去的教育哲学几乎是反其道而行之。记得几年前北大掀起“建设世界一流大学”的运动时，周其仁教授痛心疾首地说：北大对不起学生！他的理由是北大的学生是一流人才，本来根本不应该找工作，人家会打破头上门来抢。可是现在，北大的学生竟还要煞费苦心地写求职简历！这样的教育，给学生灌输的就是高人一等的贵族意识。学生抱着这种“老子天下第一”的心态走向社会，还怎么和普通人合作？而在美国，你见过哪个教育名校的学生不用找工作？相反，人们对常青藤子弟最典型的告诫是：没有人在乎你20岁时在哪所学校读书。人们在乎的是你成就了什么，你改变了什么。

人们对常青藤子弟最典型的告诫是：没有人在乎你20岁时在哪所学校读书。人们在乎的是你成就了什么，你改变了什么。

高尔夫是什么？说白了，高尔夫就是一套名牌的衣服，一种身份符号，学生穿上后自我感觉甚好，觉得自己比别人更入流。这是一套花架子，拉开了学生和普通老百姓的心理距离，而不是帮助他们超越这样的距离。

这和精英教育的理念背道而驰。北大要做的，是扔掉这套昂贵的名牌衣装，让学生穿着平民装毕业。北大要想方设法让学生们了解民工们的生活，想想自己能为人家做什么。为此，学校要鼓励学生义务给民工们上课，拿出经费对学生进行社会服务的培训，甚至可以考虑把社会服务算入正式学分，成为必修课。北大的学生，正因为他们比别人更“出众”，他们要跨越的与普通百姓之间的心理距离就比别人更长。培养跨越这样的距离的能力，才是精英教育的实质。北大只有建立这样的教育模式，才无愧于“最高学府”之誉。

梅贻琦先生讲这话时，中国才刚刚开始学习西方的大学制度，在理解上自然不够深刻。我们把这句几十年前的话奉为至理名言，多少也说明了当今中国知识界的思想贫困。

精英大学必须采取寄宿制

还记得“建设世界一流大学”的运动吗？这一口号喊了一时，一些名牌大学捞了一大笔钱，把建一流大学变成了建一流大楼。于是，清华前校长梅贻琦的名言一下走红：“大学，大学，非大楼之谓也，乃大师之谓也。”

把梅贻琦的话拿来批判现在的大学，固然很好。但是这话本身，并没有点出什么是大学精神。毕竟，大学是西方文化传统中的产物，至少已经有800年的历史。梅贻琦先生讲这话时，中国才刚刚开始学习西方的大学制度，在理解上自然不够深刻。我们把这句几十年前的话奉为至理名言，多少也说明了当今中国知识界的思想贫困。

我一向抨击“建设世界一流大学”的运动，认为那是一些人寻租的口号，无非是想骗纳税人钱而已。如今这一运动不了了之，“一流大学”也没有人提了，特别是

当年口号喊得最凶的人，居然一点声音也没有。不过，虽然中国现在不具备建设“世界一流大学”的条件，但对什么是“世界一流大学”，则必须有深刻的理解才行。古人云“取法乎上，得乎其中”，我们即使是办二、三流大学，也必须知道一流大学的范本是什么样的。更不用说，如今没有条件，以后也许就有条件了。现在应该为未来做准备。举个例子，大学固然不是大楼，但现代大学还是要有大楼的。一流大学的大楼应该以什么准则建造？我们现在的校园建设，怎样为日后一流大学的生成提供一些硬件结构？这些问题还是不能不问的。

大学当然要有大师。但光有大师，还成不了大学。关键还要看这些大师和学生之间、大师彼此之间、学生彼此之间是什么关系。这也是本文要讲的主题：看看世界一流大学，绝大部分都采取了寄宿学院制。最近美国高等教育界，更是掀起一股寄宿学院热，连二、三流的大学，也开始兴建自己的寄宿学院。可惜，“建设世界一流大学”喊了这么久，中国大陆竟没有一家大学建设寄宿学院。甚至现在大家连寄宿学院是什么东西也不明白。

064

所谓寄宿学院，就是把学生的学业和生活合一的共同体，是校中之校。寄宿学院的基本概念是：大学是一个社会，一个学术共同体。大学的生活不能被教室和宿舍所分隔，不能把课堂教学和课外活动分开。

所谓寄宿学院，就是把学生的学业和生活合一的共同体，是校中之校。比如，哈佛和耶鲁，都各有12个寄宿学院，只不过哈佛叫House，耶鲁叫college。哈佛另有第13个house，供非寄宿的学生或研究生使用。普林斯顿则有5个学院，最近又建了第6个。牛津的学生分属39个学院，剑桥则有13个学院。这些学院，一般是几个宿舍建筑组成的封闭或半封闭型的庭院，需要凭证件出入，除了宿舍外还有自己的图书馆、教室、咨询室、餐厅、公共休息厅、计算机房、演艺厅等设施，并有院长、教授的公寓、办公室。总之是自成一体。一个学院 300 ~ 500 人，师生同住，形成一个有机的学术共同体。

这种体制，和我们的大学生宿舍有本质的不同。中国大学的学生宿舍，是建立在教学与生活分离的基础之上的。学生去教室上课、去图书馆借书，属于教育活动。宿舍除了给学生提供休息的场所（其实主要就是一张床和卫生间而已）外，基本没有其他功能。寄宿学院则不同。寄宿学院的基本概念是：大学是一个社会，一个学术共同体。大学的生活不能被教室和宿舍所分隔，不能把课堂教学和课外活动分开。比如在晚间，寄宿学院里的活动异常丰富。同学可以举行各种讨论会和社团活动。住在学院的院长，也经常举行“院长茶会”，请社会名流和学生座谈。作为一个高度整合的社会或学术共同体，寄宿学院把学生的专业和社会阶层全给超越了。比如，一个关于贫困和社会公平问题的公开讨论，需要来自各种专业、各个阶层的学生用自己特殊的知识和经历来丰富别人的见识。这样，课堂所学的东西就成了活的，一个学科的东西会受到来自其他学科的挑战。

作为一个高度整合的社会或学术共同体，寄宿学院把学生的专业和社会阶层全给超越了。

065

大学不是大楼，也不是大师，而是一个小社会，一个学术共同体，甚至是一个教育的乌托邦。上大学仅去大师的课上听讲是不够的，闭门只读圣贤书也是不够的，而必须作为共同体的成员，彼此之间不停地交流、互动，自我管理，促进自己的人格发育和知识的成长。

现在我们就能回答什么是大学的问题了。大学不是大楼，也不是大师，而是一个小社会，一个学术共同体，甚至是一个教育的乌托邦。上大学仅去大师的课上听讲是不够的，闭门只读圣贤书也是不够的，而必须作为共同体的成员，彼此之间不停地交流、互动，自我管理，促进自己的人格发育和知识的成长。教授不过是这个共同体内的资深成员，学生则是后辈，大家“闻道有先后，术业有专攻”，但在本质上是平等的。而寄宿学院制度，则是实现这一共同体的最好手段。

战后的美国，因为冷战竞争的需要，大学规模急剧

扩张，并越来越注重研究。在许多地方，研究院的发展挤压了本科学院，喧宾夺主。大学教授忙于研究出版，忽视了本科生教学。另外，自由派的教育理论主导校园，过分强调学生的自由，教授不再介入学生的生活，仿佛一个大学只要有一流的研究人员，即所谓大师，学生就可以利用自己充分的自由接受有效的教育。结果，自20世纪60年代以来，大学校园的学习和生活质量普遍下降。教授在几百人的大讲厅授课，根本不认识自己的学生。许多学生根本不去上课，教授也毫无察觉。校园里有各种商业机构，经营出售课堂笔记，甚至代写学期论文，帮助学生不读书而混个好成绩。

美国高等教育界开始对这一研究性倾向进行反省，意识到过度的专业化使大学迷失了其培养“完整的人”的目标，大学规模的庞大使师生之间的距离越来越大，学生得不到有效的指导和监督。

到了20世纪90年代，美国高等教育界开始对这一研究性倾向进行反省，意识到过度的专业化使大学迷失了其培养“完整的人”的目标，大学规模的庞大使师生之间的距离越来越大，学生得不到有效的指导和监督。与此同时，美国还有一批坚持以教学为中心、以培养完整的人为目标的小型本科生学院。这些一度被宣布为在研究性大学的时代将灭绝的袖珍性学校，在此时反而显示了其制度上的优越。怎样在庞大的校园中创造出这种袖珍型本科生学院的教学环境，就成了各大学追求的目标。于是，一些超大型的大学，也纷纷兴办本科生学院，建立校中之校，以三五百人的规模创立小的学术共同体。

在20世纪20年代，当哈佛的学生人数增加到了3500人时，哈佛的校长Abbott Lawrence Lowell就认为这样的规模太大，伤害了校园的社会凝聚力，创造了使共同体成员之间彼此隔离的破坏性的形式。他的解决办法，就是创建一个分权式的寄宿学院系统。后来在耶鲁校友Edward Harkness的慷慨捐助下，哈佛和耶鲁都建起了英国式的寄宿系统。事实证明，这种家庭式的、把每个学生都当成特殊的个人的寄宿式教育制度，比那种庞大的、把学生当成流水线上的产品大规模生产的研究性大学，要优越得多，更有助于学生的全面发展。这一小学术共同体无时无刻的参与，也更能培养学生作为一个负责的公民投身于公共事务的品德。即使在纯粹的学业上，寄宿式的教育也有效得多。我曾在 Middlebury College 参加了一个 9 周的日文暑期班，整个课程就是模仿师生共居的寄宿制度。大家一同上课不说，还和老师一同吃饭，一同游玩、讨论，一天 24 小时全天候地讲日文，短短 9 周，竟把大学一年的日文强化课程给学完了。

066

这种家庭式的、把每个学生都当成特殊的个人的寄宿式教育制度，比那种庞大的、把学生当成流水线上的产品大规模生产的研究性大学，要优越得多，更有助于学生的全面发展。这一小学术共同体无时无刻的参与，也更能培养学生作为一个负责的公民投身于公共事务的品德。即使在纯粹的学业上，寄宿式的教育也有效得多。

中国的“建设世界一流大学”的运动，在很大程度上是受了像张维迎这样的在 20 世纪八九十年代出去读博士的人的影响。他们正赶上研究性大学发展到顶峰的时代，一头钻进研究院，以为那里就是大学的核心，对本科生教育缺乏基本的知识，当然对西方就研究性大学如何误入歧途的反省也没有意识。于是，我们有了一流大学就是研究性大学、衡量一个大学的水平就要看其博士课程之类的谬说。梅贻琦的“大学，大学，非大楼之谓也，乃大师之谓也”的名言，也无助于我们走出研究性大学的误区。

在 21 世纪，世界一流大学将被寄宿学院制所主宰。中国的大学要跨入世界一流的行列，最快也要有百年的功夫。

在 21 世纪，世界一流大学将被寄宿学院制所主宰。中国的大学要跨入世界一流的行列，最快也要有百年的功夫。不过，我们从现在起，就应该以一流大学的哲学来办高等教育。这就包括在现在的校园建筑中，体现寄宿学院的原则。到哈佛、耶鲁、普林斯顿、牛津、剑桥去看看就明白，校园的中心基本都是寄宿学院。没有一个像样的大学，会为了招徕国际学者来开会而在校园中

心地带建立一个五星酒店，相反，像康奈尔等大学新建的寄宿学院，则被学生形容为舒适得“像个饭店”。中国要想有一流的高等教育，就必须回到以本科生为中心的原则上来，遵循在西方已有了七八百年传统的寄宿学院的制度。也只有这样，中国的大学生才能适应21世纪的竞争。

北大拆了旧宿舍建什么？

几年前，北大南门16～27楼的宿舍群将被拆除，引起许多人的关注。论者以为，这些建筑有一定的文物价值，应该保留。

中国要想有一流的高等教育，就必须回到以本科生为中心的原则上来，遵循在西方已有了七八百年传统的寄宿学院的制度。

我作为亲身在那里住过的老北大人，有不同的意见。这群建筑，是20世纪50年代院系合并时建的房子。那时的院系合并，基本上是学苏联，搞专业化，把人才当成机器零件来塑造，比如清华就一下子变成了工科学校。院系合并，是计划经济在高等教育中的体现，早已不适合当今市场经济的现实。更何况，除了个别的建筑外，房子基本上是筒子楼，质量很差，翻修费用会很高，但翻修后的使用价值并不高。以今天北大的条件和能力，应该对原址进行更好的利用。

所以，问题不是拆不拆，而是拆了以后建什么。从北大和各大学最近几年大兴土木、过度商业化的行为模式来看，反对拆除的人的担心也并非没有道理。如今的北大，电子城、宾馆林立，不久五星级大酒店也将横空出世，教育气氛越来越少。相对而言，南门这些老楼，不管怎么破旧，毕竟保护了学校的环境。这次拆了老建筑要建什么？人们自然忧心忡忡。

讨论这一问题，不能就事论事，首先要搞清楚大学的理念是什么，校园建筑怎样围绕着一个正确的大学理念来设计。

几年前，“建设世界一流大学”的运动曾喧嚣一时，领导鼓吹的就是北大。我印象最深的，是当时张维迎讲的要学美国的研究性大学模式，衡量一流大学的水准是看其博士课程的水平等。这是对世界一流大学严重的误解。衡量世界一流大学，主要是看其本科生教育。而本科生教育，基本上是以寄宿学院为核心的。目前美国不仅一流大学有寄宿学院，二、三流的大学也纷纷兴建寄宿学院。中国则最好的大学也没有这种寄宿学院制度。所以，大学改革的第一步，就是在中国的一流大学建立寄宿学院。

067

当时张维迎讲的要学美国的研究性大学模式，衡量一流大学的水准是看其博士课程的水平等。这是对世界一流大学严重的误解。衡量世界一流大学，主要是看其本科生教育。

所谓寄宿学院，顾名思义就是以寄宿为核心。不过，这里的寄宿，和我们的学生宿舍大异其趣。一般的寄宿学院，学生人数三四百上下，宿舍构成一个独立的“学院”，建筑也呈封闭或半封闭状态，需要用学生的证件才能出入。这种学院中，不仅有学生宿舍，还有教室、图书馆、餐厅、计算机房、演艺室等。另外，每个学院有一位住院的院长，另有若干住院的教授、研究生。许多教授的办公室，也设在这种学院中，而不是在自己的系里。

这套制度，自欧洲中世纪就产生，在英国的牛津、剑桥非常发达，各学院甚至可以自聘教授，乃至后来的一些著名学派，也是以学院来命名。20 世纪，美国的大学以哈佛、耶鲁为首，把这套制度借鉴过来，成为美国精英大学的主流。

寄宿学院的目的，是建立一个小型的学术共同体、培养全面发展的人。学院本身是个小天地，大家同吃同住同学习同娱乐，彼此建立起自然的人际纽带，以发展学生的社会能力。同时，学院缩短了师生的距离，一个学院就像一个家庭，学生吃饭时碰到教授，彼此自然攀谈起来，讨论各种问题，甚至学生还可以去敲院长或教授的门。这样，学习就变成了一个全天候的活动。学院晚间的生活就特别丰富。院长常举办“院长茶座”，请社会名流和学生交流，为此还建了院长客房。在学术上，学院打破了专业界线，鼓励多学科的交流。比如，北京机动车要不要学伦敦那样采取进城收费制，这样的讨论会一开，学环境的、学城市规划的、学社会学的、学英国研究的、学交通的、学市政管理或政府科学的师生聚在一起，从多角度进行探讨、辩论。类似的活动，是学院每周甚至每天都举行的家常便饭。在这样的环境中熏染，学生从一开始就不可能是在专业中钻牛角尖的书呆子。

寄宿学院的目的，是建立一个小型的学术共同体、培养全面发展的人。学院本身是个小天地，大家同吃同住同学习同娱乐，彼此建立起自然的人际纽带，以发展学生的社会能力。同时，学院缩短了师生的距离，一个学院就像一个家庭，学生吃饭时碰到教授，彼此自然攀谈起来，讨论各种问题，甚至学生还可以去敲院长或教授的门。

中国的大学生为什么素质不佳？缺乏学院制度是一个大问题。上完大课，基本就没人管了。大学要以教学为中心，以培养人为中心，而不是以研究为中心。对此，扩招后的中国教育界人士缺乏认识。学校大兴土木，要么建会议中心、研究中心，要么像北大那样建五星饭店，还美其名曰为国际交流提供方便。我们不禁要问：国际交流了这么多年，怎么连寄宿学院这么一个国外常见的制度也不知道？一个学校，连寄宿学院也没有，还忙什么国际交流？

在我看来，北大建筑的精华，是静园老燕京的女生宿舍。那是庭院式的建筑，一个院子里大概也就能住几十号人吧。这种建筑格局，和寄宿学院最接近，只可惜规模太小了，除了宿舍，也缺乏其他设施。这些建筑保存了下来，却被改成了办公室。可见，我们早已把寄宿学院的概念忘得无影无踪。以我之见，北大南门这些旧建筑可以拆。拆了之后，应该仿照国外寄宿学院的模式，建中国的第一所寄宿学院。以后三十几楼那一群学生宿舍，也是非拆不可。拆了后，还是要建第二所、第三所寄宿学院。大学是以学生为中心的。学生居住、学习的地方，要占据大学的核心地带。

068

大学是以学生为中心的。学生居住、学习的地方，要占据大学的核心地带。

没有三角地的北大不是北大

我作为一位北大毕业生，对北大将拆除三角地一事表示严重关注。三角地是北大学生生活的一个核心，也是北大的象征。在某种意义上说，没有三角地，北大就不是北大了。

大学的本质是什么？大学不是大楼，也不是“大师”，而是一个学术共同体。自五四以来，中国办大学的人始终对此没有充分理解，乃至不久前还有所谓“衡量一个大学的水准就要看其博士课程”这样的笑话。大学是欧洲中世纪所创造的制度，其精神是共同体的自治，和当时的自治城市国家（即所谓的commune）以及行会是在类似的制度构架中成长起来的。最早的学生，根据自己的“原籍”而共居，形成nation，这个词后来则成了民族国家之意。为解决一些穷学生的居住问题，则设置的学院(college)。这些学院从住宿很快就发展为寄宿制的独立教育机构。如今欧美的社会早已不是中世纪的样子，

但是大学（特别是一流大学）还大多保留着中世纪以来的传统。从牛津、剑桥，到哈佛、耶鲁，都保存着学院制度。这是一流高等教育的核心。

学院制度，维持着大学作为共同体的精神，不仅使学生的学习和生活充分整合，使求学变成了全天侯的活动，也为他们建造了一个小社会，让年轻学子学会自我管理、在自己的社区内承担责任。这样，学生毕业后不仅掌握了知识，而且有了和别人沟通、合作的经验，成为一个有责任的公民。离开了这些，大学就不是大学。

学院制度，维持着大学作为共同体的精神，不仅使学生的学习和生活充分整合，使求学变成了全天侯的活动，也为他们建造了一个小社会，让年轻学子学会自我管理、在自己的社区内承担责任。这样，学生毕业后不仅掌握了知识，而且有了和别人沟通、合作的经验，成为一个有责任的公民。

要维持这一学术共同体的运转，当然就必须有类似三角地这种学生自发的信息流通场所。这是最草根的自治。在这里，学校的管理越少越好。学校所应该做的，是尽量提供这样的空间，让学生自己学会怎么去利用。这也是培养学生日后在社会中生存技能的一个重要渠道。你到美国各名牌大学看看，大致都有这样的空间。大到组织社团活动、办个演唱会，小到卖自己的家具，甚至和同学开个玩笑，你都能很容易地找到这样的空间张贴自己的广告。三角地之所以这么有名，就在于北大这样的地方太少了。

支持拆三角地的人的理由，没有一个能站得住脚。有人说广告太乱，需要管理；有的则说租房、办班等等校外广告太多，对学生没有帮助。其实仔细想想就明白，这些广告在三角地这么兴隆，就说明有许多学生在看，关系到他们的具体生活。怎么能说对学生没有用？这种广告看上去确实很“乱”。难道这不是社会的一个反映吗？难道学生不应该从这种“乱”中理出自己生活的头绪、寻找人生的机会吗？如今是市场经济时代，学生毕业不可能像我们当年那样等着班主任给分配工作。他们如果不能适应眼花缭乱的社会，毕业后怎么生存呢？

北大校长许智宏说："北大目前的三角地的广告太多，全世界没有一所大学有这么乱的地方……现在三角地的广告有些变味了，这里有假冒伪劣产品的广告，甚至还有'枪手'的广告，我觉得这跟北大的声誉不符合。"从这段话可以看出，许校长大概没有在国外的大学（特别是哈佛、耶鲁这样的学校）里长期生活过。其实，那里非常"乱"，比北大的三角地有过之而无不及。学生一辈子要在"假冒伪劣产品的广告"中生活。他们需要学习怎么对付这些东西，特别是怎么通过自己的组织和管理来抵御这些东西。让他们看看外面混乱的实际，有助于他们的成长。今年哈佛大学授予了比尔？盖茨荣誉学位。他当年就是受了校外眼花缭乱的世界的刺激，毅然退学，才有了现在的成就。如今，哈佛学生在学期间创业，并成为"娃娃富翁"的越来越多，各种有关俱乐部也应运而生。你到哈佛校园里走走就知道，没多远就一个自由的广告栏，上面乱的很。如果赶上热闹的时候，在校园中心地带走几步就有人递给你一份广告或者宣传品，拉你进各种社团或者俱乐部。这才叫大学。

中国自古以来是个集权的社会，缺乏共同体生活的经验，自然对共同体内这种正常的、自发的信息流动不适应，非要用集中的权力"统一管理"不可。这还是计划经济时代的老毛病。

中国自古以来是个集权的社会，缺乏共同体生活的经验，自然对共同体内这种正常的、自发的信息流动不适应，非要用集中的权力"统一管理"不可。这还是计划经济时代的老毛病。在我所居住的波士顿郊外这个几万人的小镇，公园里就有三角地这样的地方，超级市场门口也有"三角地"，大家贴出各种广告，把自己不要的书也放在那里，供别人分享；还有给穷人捐衣服的收集箱。乍看上去，似乎一切混乱无序。但是，仔细观察就发现，这种混乱中有着我们没有的秩序。前几天去公园，

在公园“三角地”的广告牌，看到一个孩子丢的手套被别在上面。可见拣到东西的人是多么用心良苦。我是个丢三落四的人；但在美国这么多年，几乎没有丢过东西，忘了东西回到类似的“三角地”基本都能找到。这就是共同体的精神，不用任何国家和行政权威，社会自发管理得井井有条。这一套，要从大学开始训练。

大学就是在这样的共同体精神中成长的。三角地培养的也是共同体的美德。我在校时，常在那里看到失物招领的广告，现在也许不多了。如果这是个问题，每个北大的同学都应该想想怎么去解决，应该在三角地讨论、意识到自己对共同体承担什么责任。大学应该给这种独立的、自治的、负责的、有美德的公民提供充分的成长空间，而不是养成一种出了什么事情都等着上面来管的被动习惯。

这就是共同体的精神，不用任何国家和行政权威，社会自发管理得井井有条。这一套，要从大学开始训练。

谁来拯救我们的大学？

北大社会学教授郑也夫，多年来采取一套非主流的教学法。他给上他的课的本科生布置作业：下去搞社会调查。调查的题目可以很细小，但必须是第一手的调查，然后根据调查结果写成报告，不准东抄西抄，人云亦云。

他这个教学法，从在人大教书时开始，一直保持到他调到北大以后。人大学生的作业，已经精选成书出版，题为《都市的角落》，是他教的“城市社会学”的作业。后来他开了“消费社会学”的课，学生的作业又被编成《消费的秘密》，不日也将出版。如今学术书籍出版困难，博士的书也难排上，几个本科生的东西哪个出版社愿意出？结果，郑也夫用自己的名气和出版社讨价还价：你们想出我的书，就得出这些学生的书，而且要付学生钱。钱多少可以另当别论，但不付钱没有门儿！

书出来了。评价相当不错。国外一些社会学家也颇为赞许：深浅先不说，至少这一篇篇的小报告抓住了问题，为以后的研究开拓了思路。

回想一下前几年，我们斥资多少亿建设世界一流大学。钱烧了，房子盖了，博士课程上马了，但是大学教育还是没有改进。在这场喧嚣中，郑也夫的工作反而没有人注意。这恰恰说明了我们的教育改革是如何本末倒置。教育首先发生在课堂上。我们在创一流的过程中，有多少人提到了课堂？

069

中国每年毕业的工程类本科生比美国多四倍，但绝大多数质量低劣。这些人中，只有十分之一能胜任跨国公司“外包”到中国的工作。

不久前《金融时报》的一篇文章中指出，随着中国大学的扩展，中国每年毕业的工程类本科生比美国多四倍，但绝大多数质量低劣。这些人中，只有十分之一能胜任跨国公司“外包”到中国的工作。要知道，跨国公司一般把最尖端的技术留在国内。外包出来的工作，多属于低端的创造性不高的重复性工作。连这样的工作也才有十分之一的毕业生能适应，我们的高等教育在干什么？有着这样的高等教育，创新社会还从何谈起？

现在是反省过去几年高等教育改革的时候了。反省的开端，是问一个基本问题：我们投入了那么多钱，大学的课堂里究竟发生了什么变化？我们也必须带着这个问题，设想下一步的改革。

在我看来，我们首先要改革的，是以考试为中心的满堂灌的教育方式。这一改革分两个方面。第一，课堂不仅是传授知识，而且要训练学生创造知识。理工科的大课之外必须有实验室的工作。文科课程则应该设讨论

班，把大课的班分成小班，由研究生主持围绕所学内容进行自由讨论。这样，学生有了参与“思想过程”的机会，研究生获得了宝贵的教学经验，并领取一定的报酬，支持自己的学业。我自己在国外教书时，就反复对学生强调一点：你们在高中时，一天到晚考试，考试的目的是发现“你不知道什么”，所以你们总要死记硬背。如今进了大学，我们更关心的是“你知道什么”，你要通过讨论把自己所知道的东西和所能贡献于世界的东西表达出来。你毕业后找工作，别人雇用你不是因为你记住了哪个皇帝哪年死的，而是你能提出你自己的看法，对你的雇主有用。大学就是要培养你这种能力。这也是讨论班的意义所在。

你毕业后找工作，别人雇用你不是因为你记住了哪个皇帝哪年死的，而是你能提出你自己的看法，对你的雇主有用。大学就是要培养你这种能力。这也是讨论班的意义所在。

第二项改革，则是要求每个学生都要做研究。最近，一些美国的教授提出，要维持美国的创新力，必须要求每个大学生做研究。实际上，在美国一些好大学，你就会发现许多学生参与由教授亲自主持的研究项目。到香港读书的一些大陆学生也反映：在那里，学生常常要参加教授领头的研究团队，和大陆的大学教育形成鲜明的对比。道理很简单，只有通过实际的研究，学生才能知道自己真正懂什么，不懂什么，能为社会提供什么，还有什么欠缺，体会到创造知识的艰辛。这样的过程，不仅增加他们的创意，也刺激他们更有目标地学习新的东西，能够更好地适应现实世界。用我们的老话，就是在干中学，学中干。也只有这样，让我们头痛了几十年的所谓“高分低能”的现象才能被克服。

只有通过实际的研究，学生才能知道自己真正懂什么，不懂什么，能为社会提供什么，还有什么欠缺，体会到创造知识的艰辛。这样的过程，不仅增加他们的创意，也刺激他们更有目标地学习新的东西，能够更好地适应现实世界。

所有这些，并不需要大笔的经费，需要的是许多像郑也夫这样的教授。大学的管理者们，应该把眼睛放在这些能够真正改变教学的人身上。

北大清华在东亚的地位

2008年12月第一周的《美国新闻与世界报道》，公布了该刊首度世界大学的排名。该刊的全美大学排名是最权威的。这次公布世界大学的排名，在于意识到“世界是平的”，高等教育是全球化程度最高的领域。一个以排名为品牌的杂志，不公布全球大学的排名似乎说不过去。不过，其排名所依据的，仍然是一个多月前伦敦出版的《时报高等教育增刊》（*Times Higher Education-QS*，国内一直误译为《泰晤士高等教育增刊》）的世界大学排名。应该说，这个排名的依据，远不如《美国新闻与世界报道》的全美大学排名那么详尽，只有6个指标：学术界评价，雇主评价，师生比例，国际师资比率，国际学生比率，以及教师论文引用率。而《美国新闻与世界报道》的全美大学排名对大学的评价依据则有18个指标。

这个排名的依据，远不如《美国新闻与世界报道》的全美大学排名那么详尽，只有6个指标：学术界评价，雇主评价，师生比例，国际师资比率，国际学生比率，以及教师论文引用率。而《美国新闻与世界报道》的全美大学排名对大学的评价依据则有18个指标。

但是，不管这些评价标准如何粗疏，它们毕竟给世界各地的大学提出了一个横向比较的标准，略加分析还是有相当的参考价值。几年前，我曾写过一篇《北大清华将被香港的大学扫为二流》，引起一阵骚动。许多人说我哗众取宠、恶意贬低母校。更有些人称把香港这一“文化沙漠”中的大学和北大清华相比简直可笑。可是看一下这个排名，东亚地区在榜上靠前的是如下几个学校：东京大学（第19），京都大学（第25），香港大学（第26），新加坡国立大学（第30），香港科技大学（第39），香港中文大学（第42），大阪大学（第44），北京大学（第50），首尔国立大学（第50），清华大学（第56）。可见，

香港的三所最好的大学，已经领先了北大清华不少。

更重要的是，国内对这个排名虽然有所报道，却很少具体分析。如果我们再认真分析一下排名的依据，就会发现北大清华的排名恐怕还是被高估了。北大清华的优势主要在其名气，在硬的学术指标上则很难入流。这个排名最重要的指标，是学术界的评价，占了大学总体评价的40%，另一个雇主评价，也占了10%，两项加起来就是排名打分的一半。而在这两个项目上得高分，主要靠的是名气。你如果是一个国家的最高学府，几乎就得满分。比如在学术界评价这一项上，北大拿了100分的满分，不仅和哈佛、耶鲁、牛津、剑桥等世界超一流名校毫无区别，而且比宾西法尼亚这种常青藤，比加州理工学院、杜克大学等世界名校还高。前述东亚几所排在北大之上的大学，几乎在这项上都比北大得分低，唯一的例外是东京大学和新加坡国立大学，因为这两所大学和北大一样，是本国的最高学府。再看雇主的评价。一国的最高学府，当然能网罗本国最优秀人才，其毕业生也自然会被本国雇主激赏了。结果，北大在这一项得分高达97，高过除新加坡国立大学之外的所有东亚的对手（东京大学94，京都大学87，香港大学90，新加坡国立大学98，香港科技大学90，香港中文大学84，大阪大学93，首尔国立大学65）。

如果我们再认真分析一下排名的依据，就会发现北大清华的排名恐怕还是被高估了。北大清华的优势主要在其名气，在硬的学术指标上则很难入流。

这种名气主导的打分占了评价的一半，剩下的则是比较实质性的打分。在这一半打分中，分量最重，也是最硬的指标，一是师生比例，一是教师论文引用率。在师生比例上，北大清华的得分似乎和上述东亚名校的半斤八两：东京大学98，京都大学80，香港大学86，新加坡国立大学39，香港科技大学60，香港中文大学80，大阪大学93，北京大学84，首尔国立大学87，清华大学94。这说明北大清华的师资还算充足。但是，在最能说明学校的学术素质的教师论文引用率上的得分就惨了：东京大学78，京都大学91，香港大学59，新加坡国立大学75，香港科技大学72，香港中文大学57，大阪大学70，北京大学34，首尔国立大学54，清华大学31。显然，北大清华的教授在这方面远落后于同层次大学的同僚。如果你看世界前200所大学的最后50名，绝大部分大学的教师论文引用率的得分也都在50分以上。

070

如果不靠名气的话，北大清华能进世界200强已经不错了。

再看看排在北大清华之后的复旦，其国际排名为第113，远远落后。落后在什么地方呢？在名气。复旦的学术界评价得分仅仅为89，落后了一大截，但雇主评价为91，说明其毕业生在国内和北大清华学生的竞争中彼此距离并不大。而在教师论文引用率上，复旦得分为39，比北大清华还都更高一些。所以，如果不靠名气的话，北大清华能进世界200强已经不错了。

按消费能力算，中国已经是世界第二大经济体。前几年在“建设世界一流大学”的运动中，国家进行倾斜性投资，给了北大清华大量的财政拨款，打造个大名气似乎并不困难。但是，名声在外后学术质量上不去，北大清华还能吃自己的名气多久呢？这是两家名校不能不有的危机感。

名声在外后学术质量上不去，北大清华还能吃自己的名气多久呢？这是两家名校不能不有的危机感。

港大领先北大清华一个时代

几年前，我曾就香港各大学到大陆招生一事写了篇《香港的大学将把北大清华扫为二流》，一时间舆论哗然。

有人说我炒作，有人不屑一顾地把香港形容为殖民地文化或文化沙漠，根本没有资格和北大清华相比。

当然，香港的大学处于经济发达地区，有其资源优势，在雇用师资、设施建设，乃至发放奖学金等方面，远非北大清华能竞争的。我们当然不能仅仅以财富来衡量大学，也不能因为资源劣势而责备内地的大学。但是，即使不以财富来衡量，而拿大学的理念这一文化因素来衡量，北大清华是否能和香港的大学相比呢？还是远远不能。如果这方面也落后，就当然要受到责备了。

讨论班是国外大学非常普遍的教学形式，重在师生和学生之间的互动，由老师提出引导性的问题，学生通过阐述自己的观点，学会如何应用所学到的知识，也锻炼了自己的表达和沟通能力。学生日后不管是当律师出庭辩论，在公司里提出自己的理念并说服别人，还是竞选公职，都必须有这种表达和沟通能力。这是大学教育的根本。

最近港大面试，在国内媒体引起轰动，也给我们提供了一个活例，说明香港和内地高等教育的天壤之别。这里有两个看点：第一，面试主要不是一对一，而是六人一组进行小组讨论；第二，所讨论的问题，从奥运会期间北京的空气如何治理，到油价上涨等，涉及的是社会普遍面临的挑战，而不是书本上讲的“知识”。

用来选拔学生的考题，最说明一个大学对学生的要求和期待，也最能展示这个大学的教育哲学。我们不妨由此做一番分析。先看其面试的形式。六人一个小组讨论，实际上就是看看考生在“讨论班”（seminar）中的表现。讨论班是国外大学非常普遍的教学形式，重在师生和学生之间的互动，由老师提出引导性的问题，学生通过阐述自己的观点，学会如何应用所学到的知识，也锻炼了自己的表达和沟通能力。学生日后不管是当律师出庭辩论，在公司里提出自己的理念并说服别人，还是竞选公职，都必须有这种表达和沟通能力。这是大学教育的根本。在美国，讨论班在大部分大学都是必修课，比如有新生讨论班、二年级讨论班、高年级讨论班、毕业班讨论班等，名目繁多。港大的考官强调：面试的问题没必要有正确答案，就看你在讨论时怎么表现了。这和满堂灌的听话式教育，形成了鲜明的对比。

不过我们还必须注意到：学生在讨论班中，并不仅仅要显示出个人的能力、出尽风头，还应该表现出强烈的团队精神。中国人对西方社会的最大误解之一，就是人家那里只讲个人，没有集体观念。其实，看看教育就知道，团队精神是西方教育中最重要的一个目标，也是中国教育最大的一个盲点。有位美国的教育学教授曾被请到国内某名牌大学参与评估。他在观察了学生的表现后做出结论：学生的团队精神不足。结果，该大学的官员和教授大惑不解，可见脑子里根本没有这个观念。美国大学在这方面的理念很简单：人是社会的动物，你必须懂得和别人配合才能成功。在讨论班中，抢话题、不给别人留出表现机会的人，以后到了社会能成功吗？港大考官强调团队精神，道理也在这里。

072

学生在讨论班中，并不仅仅要显示出个人的能力、出尽风头，还应该表现出强烈的团队精神。中国人对西方社会的最大误解之一，就是人家那里只讲个人，没有集体观念。其实，看看教育就知道，团队精神是西方教育中最重要的一个目标，也是中国教育最大的一个盲点。人是社会的动物，你必须懂得和别人配合才能成功。

从内容上看，港大的面试题目体现了通才教育的理念。所有的问题都无法限定在某一个或两个学科内，学生必须有综合分析能力。再有，就是强调学生的社会服务意识。一个死读书、只想着自己的前途、没有社会责任感和服务意识的考生，见了这种考题肯定会晕头转向。首先，这类题目书本上没有。其次，考生如果当惯了乖孩子，事事听老师或媒体上的，他或她可能就觉得北京的空气在奥运会期间没有问题，或者简单地重复一下政府的政策，缺乏批判精神和独立思考能力。只有那些有强烈的社会责任感、独立思考能力和批判精神的考生，才能在这种考试中出头。也正是这样的考生，才最容易成为未来公民社会的领袖。

香港的大学到内地招生，几乎每年都能创造出新闻

热点。这里的原因当然不仅仅是人家有钱。我们喊“建设世界一流大学”的口号已经有几年了。但是，一流大学的实际内涵是什么呢？主要还不就是讨论班、通才教育、社会责任和服务精神这些基本的要素？而在这些方面，内地的大学，包括北大清华这样的“一流大学”，究竟能拿得出什么来？看来，比起香港的大学来，国内即使是最好的大学，怕也是落后了一个时代。

073

名校的距离

我的用意，无非是警告国内的大学：办教育不是盖大楼，要以学生为本，要舍得拿出资源给学生发奖学金。奖学金的多少，是衡量一个大学水平的依据。

我曾经撰文说北大清华可能被香港的大学扫为二流，引起一阵媒体风暴。我的用意，无非是警告国内的大学：办教育不是盖大楼，要以学生为本，要舍得拿出资源给学生发奖学金。奖学金的多少，是衡量一个大学水平的依据。这话未必好听，但许多大学恐怕还是多少听进去了一些。有报道说，我的母校北京大学举行2006—2007学年奖学金颁奖典礼，“共评选奖学金68项，奖金总额达1100多万元。获奖学生共3313人，占全日制学生总数的19.5%，人均获奖3340元。也就是说，在全日制学生中，大约每五人就有一人获奖。”

北大高调拿颁发奖学金做宣传，说明了对问题的重视，是值得赞扬的一步。但是，从公布的数字也可以看出，中国大学的奖学金是多么寒酸。我相信，在中国的大学中，北大因为资源充分，在颁发奖学金方面还属于做得比较好的。不过，力争成为世界一流名校的母校，在这方面就应该以世界一流名校作为目标。

说起世界一流大学，人们言必称哈佛。那么我们就索性从哈佛讲起。北大本科生达16000多人，哈佛则仅6600人，是北大的零头。但是，尽管有这么少的学生，哈佛一年发给学生的奖学金，将近1亿美元，也就是7亿多人民币。结果，大部分哈佛的学生都不同程度地领取了奖学金。哈佛一年的教育费用是45600美元（2006—2007年度的标准）。三年前，哈佛决定家庭收入4万美元以下（当时美国中等家庭收入为4万多）的子弟，上哈佛费用全免。这个标准不久就提高到6万美元的标准（而目前美国中等家庭收入还不到5万美元）。这些政策，使哈佛的贫困生数量提高了33%。

不过，穷学生的问题解决了，中高产的家庭压力就大了。比如年收入十几万的家庭，拿出几万给孩子上学，确实负担不小。所以最近哈佛宣布：对家庭收入12万到18万的学生，要求家里支付的学费不超过其家庭收入的十分之一。比如，家庭收入12万的，只需要支付12000；家庭收入18万的，只需要支付18000。这样的费用，支付的基本是生活费（要一万多）。学费近乎免除，最多的不过缴几千块而已。无怪哈佛人士夸口：这样一来，上哈佛的实际费用，和上一所州立大学的费用几乎相等。这一措施施行后，哈佛的奖学金总量将达到一亿两千万美元，为这些中高产阶层的家庭节省三分之一到一半的教育开支。

这一亿两千万美元，就是将近9亿人民币，是北大奖学金总量的快90倍，而人家的学生人数还远不足北大的一半。

这一亿两千万美元，就是将近9亿人民币，是北大奖学金总量的快90倍，而人家的学生人数还远不足北大的一半。当然，哈佛奖学金高，和其学费高、生活费用高直接相关，不能这样简单比较。但是，一个基本的事实是：这样的奖学金制度，不仅给家庭收入中等水平的学生全部免除了教育费用，而且使家庭收入高达18万

（也就是比美国中等家庭收入高出3.7倍）的学生，仅以家庭收入的十分之一就可以完成哈佛的教育。这一点，恐怕是国内任何大学也难以望其项背的。

一流大学，说到底就是英才教育：不管你出生在什么家庭，不管你有钱没钱，只要优秀，就有接受这种教育的机会。否则，英才教育只能依赖家庭背景等个人无法负责的偶然因素，名不副实。哈佛这一举动，不过是美国名校中奖学金大战的一着棋而已。其他大学，早已有类似的政策，而且许多已经表示要针对哈佛的新政策“跟牌”。那些不跟牌的，就可能从一流大学里被淘汰。美国国会也正在讨论要求各大学把一定比例的捐助基金拿出来作为奖学金的法案，逼着大学把钱放在学生的口袋里。

中国要出名校，就要有大学的竞争。这一竞争，首先是围绕着学生的奖学金大战。我期待着这场大战的开始，使各路英才，都有机会进入自己理想的大学。

074

一流大学，说到底就是英才教育：不管你出生在什么家庭，不管你有钱没钱，只要优秀，就有接受这种教育的机会。否则，英才教育只能依赖家庭背景等个人无法负责的偶然因素，名不副实。

中美大学怎么比贡献？

诺贝尔奖得主杨振宁教授最近再曝新闻。他在东南大学的一场讲演中声称：中国高校对中国发展做出的贡献远远要比美国最好的高校对美国做出的贡献大。他还具体指出，评价大学，要看本科教育，研究生教育，以及对社会的贡献这三项。其中在第一项和第三项上，中国的大学都很成功。

杨教授不敢提第二项，即研究生教育，大概是因为学术论文白纸黑字，比较好统计，编造谎言难度大一些。本科生教育和对社会的贡献两项，比较模糊，难以落实到数据，所以他可以信口开河了。可惜，他没有想到，如今美国对高等教育的研究非常细致，即使在这两个比较模糊的项目上，也有相当详细的数据。我们不妨比一比。

先谈本科教育。衡量本科教育，最简单的一个方法就是看本科生的毕业起薪。当然，不是一切都能用钱来衡量的。比如，一个理想主义的高才生，毕业后到偏远地区教小学，他或她的贡献也许比一个亿万富翁要大。不过，这样的人，毕竟凤毛麟角。难以在统计学上具有重大的意义。绝大部分本科生，毕业后进入社会，成为一般的工薪阶层。他们的大学教育是否成功，必须经过市场竞争的考验。他们挣钱的能力，就是市场对他们所受的教育的验收报告。

075

衡量本科教育，最简单的一个方法就是看本科生的毕业起薪。

根据美国人口统计局的最新数据，2004 年美国大学毕业生的平均年收入为 51554 美元，高中毕业生平均年收入为 28645 美元，也就是说，一个学士学位，一年能给你带来大约 23000 美元的附加收入。而最近由于全球化开始冲击白领，美国大学毕业生的收入涨势正处于一个低谷。在五年前 IT 革命的高峰期，大学毕业生的年收入几乎比高中毕业生高出一倍。另外，大学毕业生的就业率，一直远远高于没有上过大学的人口。失业率一般在 2% 多一点。中国没有相应的完备数据。但最近频频有报告：大学生的起薪几乎接近民工，大学生毕业找不到工作，乃至竞争去当清洁工。而这一切，竟发生在中国经济发展强劲，已经被公认为是世界经济增长的主动力的时代。如果经济增长放缓，这些大学生的就业前景和收入就更是不堪设想了。中国的大学，在本科生教育上，怎么能和美国比？

大学生的起薪几乎接近民工，大学生毕业找不到工作，乃至竞争去当清洁工。而这一切，竟发生在中国经济发展强劲，已经被公认为是世界经济增长的主动力的时代。如果经济增长放缓，这些大学生的就业前景和收入就更是不堪设想了。中国的大学，在本科生教育上，怎么能和美国比？

至于对社会的贡献一项，就更有的可说。美国高等

教育界非常自豪地把对社会的服务当作美国大学别于欧洲大学的一个特点。我曾经撰文指出，在2004—2005学年，美国有330万16～24岁的大学生做义工。这相当于所有1080万适龄学生的30.2%。打义工的行为几乎成为是否受过大学教育的标志。

鼓励学生投身于社会服务还仅仅是一个方面。我在《精英的阶梯：美国教育考查》一书中曾经介绍，美国的大学大部分没有围墙，为当地社会提供一系列服务。比如，老年人常常可以到大学来免费旁听。哈佛这样的名校，开办校外课程，为那些年轻时错过上大学机会的大龄学生服务，学费仅收七分之一，授予哈佛的文凭，甚至诺贝尔奖得主也会前往授课。当地的优秀高中生，也可以经过适当途径到大学里旁听，甚至有修学分者。当地中小学，经常可以利用大学的设施。再看看我们的大学，豪华校门盖得多么森严！名校要限制校外游客，更不用说让社会人员进教室旁听了。我们的大学，流行的是圈地，盖楼，编外高价招生，拿了人家的钱又不给人家正当的学位。请问杨大教授，这叫什么社会贡献?

那些用脑筋不清楚的名人装点出来的大学，实际就是一场骗局。有志气的学校，要把眼睛盯在那些正在创造期顶峰的无名年轻学者身上，大可不必跟着杨先生这种功成名就的人屁股后面追星。

走笔至此，突然想到，如果我们一个大学的物理系，请几个像杨先生这样的当正式教授，水平会如何呢？杨教授算是给大家上了很好的一课：那些用脑筋不清楚的名人装点出来的大学，实际就是一场骗局。有志气的学校，要把眼睛盯在那些正在创造期顶峰的无名年轻学者身上，大可不必跟着杨先生这种功成名就的人屁股后面追星。

考研困境说明了什么？

最近北大在提高了研究生保送指标后，保送名额占了研究生招生的一半。北大是否公平的问题，在社会上引起了广泛的争议。

076

研究生训练所要求的学术素养，靠目前的考试是考不出来的。推荐自然就成了一个重要的手段。大家都知道，美国的研究生录取，推荐信的重要性常常超过分数。

应该说，保送制度有其道理。研究生训练所要求的学术素养，靠目前的考试是考不出来的。推荐自然就成了一个重要的手段。大家都知道，美国的研究生录取，推荐信的重要性常常超过分数。道理也在这里。

如果靠推荐信，马上就有个公平的问题。国外的教授非常敬业，但毕竟也是人。有些人一旦有了机会，也会对女学生进行性骚扰。推荐制度给教授权力过大，怎么保证公平？当然就是竞争。在国外，同级大学实力相当。你培养不出像样的人来，学校的声誉受损失，压力相当大。但是，这一规则在我们这里就吃不开了。比如，北大某名牌系，如果某教授招了许多漂亮但不学无术的女学生，系里的地位会受多大影响呢？几乎没有。因为我们前几年办大学的目标，就是“建设世界一流大学”。国家为此进行倾斜性的投资。北大的地位靠两个：一是国家的拨款，一是传统的声誉。其实这两个是一件事情：你有传统声誉，就有特别的国家拨款。有了特别的国家拨款，传统声誉就永远可以保持下去。不管北大怎么办，钱比别的学校也多。招几个草包学生又有什么关系？所以，教授们不受竞争规则的制约。保送制度一旦占了主导，腐败几乎肯定会产生。

你有传统声誉，就有特别的国家拨款。有了特别的国家拨款，传统声誉就永远可以保持下去。不管北大怎么办，钱比别的学校也多。招几个草包学生又有什么关系？所以，教授们不受竞争规则的制约。保送制度一旦占了主导，腐败几乎肯定会产生。

与此相关的第二个问题是，保送制度给名校生太大的优势，小学校的人进北大就更无门了。是什么决定谁进名校、谁进小学校呢？当然是高考。过去的考研，给

高考不理想、上了差一些学校的学生第二次机会。如今第二次机会几乎被剥夺，成了货真价实的“一考定终身”。美国一些一流大学的一流院系，比如耶鲁法学院，如果招收的常青藤的学生比例过多，自己就会有危机，觉得多元性不够，学生的经验太单一。在我们这里，名校从名校录取学生天经地义。学生的成分越来越单一，这当然无法塑造一流的教育。

美国一些一流大学的一流院系，比如耶鲁法学院，如果招收的常青藤的学生比例过多，自己就会有危机，觉得多元性不够，学生的经验太单一。

怎么解决这个问题？我看办法有两种，要双管齐下。第一，要削平各校。一个大学过于突出，对整个高等教育不利。我一直主张采用教育券制度，进行市场竞争。这是谁也听不进去的。但是，国家在拨款上，至少应该采取平等的方式，按人头拨款，对各大学一视同仁。经营不善的学校，即使如北大这么大的牌子，时间久了也会被人取代。这样，招生时就必须竞争最好的人才，大家徇私时有所顾忌。

第二，把考试理性化。国外固然招研究生要看推荐信，但这不是保送，还是要竞争的，分数也要看。比如美国大学招收中国学生，人家知道大部分推荐信是假的，就凭那么几个分数招生，也招收了不少优秀人才。为什么呢？人家的考试设计得好。比如我过去提出，北大法学院招生不要考专业。考试有两大重点：中文和外文。就像美国研究生入学的GRE考试那样。因为研究生的一个基本素质就是你的阅读量、理解力。我让两个学生在同样的时间读一本他们从来没有看过的书，不一定和他们的专业相关。一个学生读了两小时，完成了100页，而且讲起来头头是道，理解得很透；另一个学生读同样的时间，仅看了50页，而且似懂非懂。难道这两位的素质高下还看不出来吗？考试并非挑不出人来，只是我们

你越是考专业，考生就越知道死背哪几本书，知识面就越窄。但是，你如果考上三小时的中文阅读，内容从科学到历史文学商务法律无所不包，学生接受知识的能力的高下，一下子就考出来了。

不这样考。你越是考专业，考生就越知道死背哪几本书，知识面就越窄。但是，你如果考上三小时的中文阅读，内容从科学到历史文学商务法律无所不包，学生接受知识的能力的高下，一下子就考出来了。

所以，如果北大抱怨考试招不上优秀的人才来，那么我就要问一下：你们是怎么考的试？你们的考试设计，达到最优化了没有？这方面如果没有做好，还是慎言保送。毕竟现在的大学早已没有了清誉，拿着纳税人的钱，这样很难取信于民。

阿忆觉得在北大当教授手头紧，这情有可原。手头紧就赶紧去赚钱，写博客为这点小事发什么牢骚？

美国教授的工资单

北大的教授阿忆在博客上公布了自己的工资单，一个月 4000 多元。他同时算了家庭开销，表示这点钱根本不够用。结果，这个家庭小账本引起轩然大波。我在美国的一个小大学当个文科助理教授，算和阿忆是同行了。我对这场热闹，有两大不解：第一，阿忆觉得在北大当教授手头紧，这情有可原。手头紧就赶紧去赚钱，写博客为这点小事发什么牢骚？第二，他发了牢骚，给读者提供了些谈资，大家一笑了之。怎么有那么多人跟着愤怒，乃至形成一场媒体风暴？

我这样的反应，大概是由于在国外住的时间太久，“不了解中国国情”吧。不过，把外面的“国情”讲讲，说说我惊异的理由，倒是也可能为我们认识这场是非提供一个有意义的视角。

我感到惊异，是因为无法想象这种事情会在美国发生。美国的“国情”是什么呢？我过去在文章中讲过，一个文科助理教授的起薪，就45000美元左右。比如我有位朋友，耶鲁博士，在纽约教了几年书，著作也在哈佛大学出版社出版，年薪甚至没有破5万。去年纽约公交系统职工大罢工，号称待遇太低，闹得全城瘫痪。当时看《纽约时报》的报道，人家地铁司机和其他勤务人员的平均工资是6万左右。当然，我们不能简单地说在美国教书的不如开车的。我这个朋友还是助理教授，属于教授中最低的阶层。当了终身教授，怎么也8万多了。公交职工的平均工资，则包括一些资深的职工。当司机的起薪，未必比我这位朋友高。另外，大学教授有三个月暑假，其工资是九个月的钱。公交司机则是全年工作。这么一算，当教授还是比开车好。

在美国的媒体上，你很难看到教授哭穷的事情。毕竟大家是自愿来干自己喜欢的行业。

不过即使如此，一个教授的寒酸也可窥一斑：5万不到的工资，扣去税和社安保险等，每个月拿到的工资单也就3000。四口之家，在纽约租个便宜的房子，怎么也要1500。再加上水电煤气、电视，汽车开销、公交费用等，2000块差不多就没了。剩下1000，就是管衣食之需了。我不知道他的食物开销。我自己是三口之家，食品一个月要花六七百吧。要知道，在美国生活，有了孩子后汽车是必需品，不能省。领失业救济的人都有车。另外，这老兄有车，却无法开车上班。一来老婆孩子要用车，二来他也付不起停车费，只好乘公共交通，这又是几十块的开支。有人说，美国教授抠门，不请学生吃饭。哈哈，这样的教授请得起吗？一顿午餐，加小费至少七八块钱，晚餐要十五六，他自己也不舍得吃。

可是，在美国的媒体上，你很难看到教授哭穷的事情。毕竟人家是自愿来干自己喜欢的行业。这也是我对阿忆的行为的不解之处。大家活得都不容易，凭什么你一定要抱怨？更不用说他这学期仅教一门课。在美国最好的研究性大学，教授一学期也要教两门。一般的学校，有一学期教三门的，甚至有教四门的。他的日子，不应该太坏。

教授没有什么了不起，工资单没有必要比老百姓高。同时，教授和老百姓一样，有种自留地的自由，不关别人的事情。

不过，我对炮轰他的人更为不解。他小日子紧，即使走走穴，挣几个外快，这又算什么罪呢？以我自己的经验看，在学校当教授，如果光靠死工资，不仅当房奴的资格都没有，连孩子的基本教育（课外的这个班那个班）都无法保证。大学只应该关心教授是否完成教学和研究的任务，其他的事情全是人家的私事。怎么有那么多人出来指手画脚？

北大的人大概都知道，真出去捞外快最凶的，是管理学院和法学院的教授们。甚至有人说这些教授年收入上百万是个底线。而这些人的钱，并不一定像出去代课开讲座的文科教授那样清清楚楚，常有些权力关系在里面。要查的，是这些人。

说到底，还是我们的社会把教授太当回事。首先，教授的收入要明显高于老百姓，这是阿忆的牢骚的一个来源。其次，当教授就要当圣徒，不能为自己算经济账，出去挣点钱就俗了。这是阿忆的批评者的心理期待。我看，还是双方都后退一步为好：教授没有什么了不起，工资单没有必要比老百姓高。同时，教授和老百姓一样，有种自留地的自由，不关别人的事情。阿忆的事件，在我看来有些像是君子救了小人。北大的人大概都知道，真出去捞外快最凶的，是管理学院和法学院的教授们。甚至有人说这些教授年收入上百万是个底线。而这些人的钱，并不一定像出去代课开讲座的文科教授那样清清楚楚，常有些权力关系在里面。要查的，是这些人。阿忆自称来北大后专心本职，绝不出去兼职。我看这有些清高得不必要。这么一说，让那些没条件清高的教师们更不好做人了。我在教书之外，就一直公开说自己卖文为生。我甚至说，我就像个卖米的老农，希望卖出好价钱。只要诚信无欺，就没有道德问题，而且为社会提供了必要的服务。教授们不要把自己的架子抬得太高，别觉得自己比小商小贩高贵。否则，社会给教授抬上道德的高轿，用不食人间烟火的圣徒的标准衡量教授，教授们也只能自找苦吃。

阿忆挨骂，是在替体制受过

最近教育界出了两大名人。一是北大副教授阿忆，仅仅因为透露了自己一个月4000多元的工资单，抱怨靠这笔钱无法养家，遭到网民炮轰，说他工资比普通老百姓多得多，却还“哭穷”，是在为教授不务正业出去走穴张目。另一位则是俞敏洪，本来也是北大教师，十几年前正是因为出去走穴，受到学校的处理，干脆辞职办班。如今他的新东方在纽约上市，自己身价达两亿多美元，接近20亿人民币，成为中国最富的教师。但不仅很少人骂他，而且大家还把他当成一个时代英雄。

一个月薪4000多的教授，大家不许他“哭穷”；而一个身价快20亿的富翁，干的同样是教育这行，大家却不嫌他钱多。

没有比这样的对比更耐人寻味的了：一个月薪4000多的教授，大家不许他“哭穷”；而一个身价快20亿的富翁，干的同样是教育这行，大家却不嫌他钱多。我们的公众是否有双重标准呢？

当然，公众的反应，和两人的言论有关。阿忆算账，充满了辛酸和不平；俞敏洪谈钱，则讲的是未来如何回报社会。公众的反应，不是针对他们的财富多少，而是针对他们对财富的态度。不过，这样的对比，还是能够帮助我们理解许多问题。现在的中国老百姓是“仇富”吗？现在是知识无用论流行，大家不珍惜教师的劳动吗？看看阿忆的经历，你也许会说“是”。但看看俞敏洪，你又会说“否”。

这样的矛盾说明什么？很简单：中国的老百姓并不“仇富”，也不排斥市场经济。相反，公众尊重财富，相信市场。看看中国几个最富的人，一个是姚明，一个是俞敏洪，谁仇他们？他们有两个共同点：第一，他们都很有钱；第二，他们的钱都是从市场上赚来的。不管你是去赚美国人的钱还是中国人的钱，只要是市场上赚来的，老百姓就服气。你赚得越多，赢得的尊重就越多。大家仇恨的，是来自非市场经济的财富，或者是那些明明不是靠市场赚来的却自称是来自市场的钱。

中国的老百姓并不“仇富”，也不排斥市场经济。相反，公众尊重财富，相信市场。大家仇恨的，是来自非市场经济的财富，或者是那些明明不是靠市场赚来的却自称是来自市场的钱。

阿忆为什么挨骂？他自己现在也许还不明白：人们并不是和他这个人过不去，也不是和他的行为过不去。人们是对他所依附的制度丧失了信心，不相信这样的制度能够公正地分配财富。结果，不管你从这一制度中拿的钱多么少，都有些名不正言不顺。阿忆和俞敏洪在公众中不同的形象，并不完全是他们个人的公众形象，而是他们所代表的制度的公众形象。

077

不久前，大家对教育产业化群起而攻之。搞教育要提“产业化”，马上会引起公共关系危机。在我看来，在这个问题上，公众的意见被误解和劫持了。公众并不反对新东方那种教育产业化。否则，大家看到俞敏洪的财富眼睛早红了。公众反对的是我们命名的那种教育产业化：即拿纳税人的钱办学，把本来应该给纳税人提供的公共服务明码标价地出售。说白了，大家恨的，是拿了国家经费的学校乱收费。

公众并不反对新东方那种教育产业化。否则，大家看到俞敏洪的财富眼睛早红了。公众反对的是我们命名的那种教育产业化：即拿纳税人的钱办学，把本来应该给纳税人提供的公共服务明码标价地出售。说白了，大家恨的，是拿了国家经费的学校乱收费。

我并不主张教育全面产业化。我认为中国应该保存许多公立学校。但是，我们的公立教育体制，要和私立

的以及产业化的体制竞争。国家用纳税人的钱堆出几个名校的做法，已经失去了合法性。这样办教育，不仅纳税人倒霉，像阿忆这种在这样的学校教书的教授，也会跟着倒霉。

给北大新闻学副教授阿忆上一堂新闻课

曾供职于央视的北大新闻学院副教授周忆军（阿忆）日前在自己的博客中称："那端庄大气的方静妹妹，为便于谋取军事情报外泄，申请去主持《防务新观察》，终于5月12日夜晚被捕。"此文一夜之间令央视主持人方静身陷"泄密门"。如今，方静迅速在央视露面。这场风波似乎算是结束了。

基于这样的职业，我对于他在此事中的作为颇有些疑惑。这里所涉及的不仅是媒体的责任，还包括教书育人的问题。

不过，此事已成国际事件，连主流英文媒体也进行了报道。中国的一些事情，本来就是秘密过多。我等生活在海外的人，更是隔雾看花。这一风波是否另有隐情，是否会就这样过去，不是我等圈外人可以议论的。

但是，我在国内曾就职于媒体，现在也在各报任专栏撰稿人，正经的职位是大学的教书匠，和最初捅出这一"新闻"的阿忆副教授，不算同事也算同行了。基于这样的职业，我对于他在此事中的作为颇有些疑惑。这里所涉及的不仅是媒体的责任，还包括教书育人的问题。

到目前为止，阿忆在博文中道了歉，但仍辩称自己只说到"泄密"，没说过方静本人是"间谍"。言下之意，所谓"间谍"云云，全是媒体借机炒作的结果，和他本人无关。

这样的解释是否说得过去，先另当别论。让我忧虑的是，阿忆是媒体从业人员，是新闻学院的教师，即使他最初爆料属实，他用于描述的语言也大有问题。简单地说，他混淆了“泄密”与“揭秘”两种行为。

媒体人士有“揭秘”的天职；而被媒体采访、掌握着有关不宜外泄的秘密的部门，则有保密的责任。俗话说，不在其位，不谋其政。一个记者，其职业不是保密而是揭秘。比如，美国目前有许多关于美军士兵在伊拉克虐囚的照片，总统已经决定不予公布。如果负责管理这些照片的国防部官员将之泄露或出卖，那就叫“泄密”，轻则是违反行政纪律，重则是犯法。但是，如果一个《纽约时报》的记者设法搞到这些照片，在报纸上发表，那就不算“泄密”，而叫“揭秘”了。因为这属于记者的天职，人家就靠这个吃饭的。

媒体人士有“揭秘”的天职；而被媒体采访、掌握着有关不宜外泄的秘密的部门，则有保密的责任。

所谓方静“为便于谋取军事情报外泄，申请去主持《防务新观察》”之说，既是对媒体的侮辱，也是对军事情报机关的侮辱。《防务新观察》不过是个电视节目，哪里应该有什么机密？向公众保密的地方还叫媒体吗？军事情报部门可以根据国家的需要决定把什么告诉记者，把什么保密。一个电视节目的职责是尽自己最大的努力获取最多的信息，然后传播给公众。当然，这种获取信息的过程也要合乎法律。

不过，即使你作为记者违法获得了敏感信息、构成犯罪，那也叫“窃密”，而不是“泄密”。“泄密”这个词，是专门为那些掌握着有关情报并负责保密的权威机构所保留的。把这个词乱用，不仅伤害的是媒体，对国家的保密工作也不是那么有利吧？

阿忆就职于北大新闻学院，对这些基本概念应相当清楚，也有责任把媒体的权利与义务、目标与责任认真

地教给学生。我对于他爆料背后或有或无的种种隐情不感兴趣。但作为一个大学的教书匠、作为媒体的从业人员，我关心的是新闻学院那些后辈从教授那里都学到了什么，他们将怎样理解自己未来的职业。

作为北大的校友，我还有个比较自私的忧虑：母校的教师中昨天出了个孙东东，今天又出了个阿忆。如此折腾下去，北大这块牌子还怎么“保值”?!

母校的教师中昨天出了个孙东东，今天又出了个阿忆。如此折腾下去，北大这块牌子还怎么“保值”?!

校园游客

不久前，北大禁止游客进校，清华新生家长送孩子上学室外露宿，都引起了媒体的广泛关注。

最近《纽约时报》报道了美国大学的校园游客及其社会功能，颇值得我们参考。最近美国校园游客急增。在刚刚过去的夏天，哈佛每天正式接待的游客有 1000 人以上。他们都由学校安排接待，有组织地参观校园，了解哈佛的生活和教育情况。至于其他散客，就更是不计其数了。而一些在僻静地区的小学校也不能幸免。比如纽约州的 Hamilton College，这个夏天游客比去年增加 36%。处在佛蒙特州人烟稀少的乡村的 Middlebury College，游客增加了 40%。2004—2005 年，有 74% 的大学接待的游客数目上涨。

078

这些游客，主要是未来准备申请大学的高中生和他们的家长。他们的高校旅游，其实就是“高等教育采购”。

这些游客，主要是未来准备申请大学的高中生和他们的家长。他们的高校旅游，其实就是“高等教育采购”。这种旅游的旺季在每年春假和暑假期间，有的则安排在长周末。一个家庭一般一次安排参观十几或二十多个学校。我在纽黑文住时，居然还接待过三十多年不见的童年的朋友。他们带着要上大学的孩子，到耶鲁参观。

这种校园旅游，不是一种简单的时尚，而是反映了深刻的社会潮流：美国的家长越来越介入孩子的教育，乃至上大学时仍然不能放手。

刚来美国时，曾经有一个偏见：美国人18岁就独立。孩子不敬父母，父母也不管孩子。来了一看，才发现这是最大的一个误解。以中高产阶层而论，美国家长对孩子的教育与中国同类阶层最大的一个不同是，中国的家长会慷慨地花一大笔钱，给孩子找个一流的学校，请优秀的家教，然后自己集中精力在事业上奋斗，和孩子的交流并不太多。美国的家长则不同。他们绝不会把孩子推给学校和老师了事，而是自己亲身参与孩子的教育。比如我的女儿上一年级时，班里几乎每天都有家长来当志愿人员，帮助老师教学。这样的参与，一直要到孩子申请大学：家长帮助孩子咨询，整理撰写申请材料，当然最后就是亲自和孩子一起进行“高等教育采购”，决定大学的四年在哪里度过。

刚来美国时，曾经有一个偏见：美国人18岁就独立。孩子不敬父母，父母也不管孩子。来了一看，才发现这是最大的一个误解。

这样的卷入，也界定了孩子和父母的关系，使两代人关系十分亲密。孩子上大学，是远走高飞的开始，父母要过心理上的一道坎。全家一起上路进行高校旅游，就成了家长和孩子说“再见”的重要人生仪式。

孩子上大学，是远走高飞的开始，父母要过心理上的一道坎。全家一起上路进行高校旅游，就成了家长和孩子说“再见”的重要人生仪式。

高中的孩子，正处于青春期的反叛阶段，在和家长交流时虽然不至于有抵触，至少比较被动。全家几个小时在公路上开车，在一个狭小的空间内，给家长提供了一个珍贵的机会和孩子交流。有些家长也借此对孩子进行最后的观察，看其是否成熟，独立后可能出现什么问题。有的家长干脆让孩子驾车，考验一下其驾驶技术。更重要的恐怕还是选择学校。如今高等教育费用上涨，

上一个好的私立学校，四年下来要十几万美元，等于买栋房子。有些家长说，买辆车还要试开一下，花十几万送孩子上大学，难道能不事先看看学校是什么样吗？

当然，这也产生了许多不能放手的“直升飞机家长”。他们不仅一起和孩子选择学校，而且上学时也跟来，帮孩子和老师交涉住宿、选课等各种事宜。随着通信技术发达，孩子在外面上学，家长不放心时就一个电话打到孩子的手机上，监督孩子一天的行为，弄得孩子几乎没有个人意志。乃至最近一些大学校长呼吁家长要给孩子独立的机会，否则大学教育就失去了意义。

079

计划经济是短缺经济，因此也是票证经济。而中国的大学教育，则是计划经济的最后堡垒。录取通知书就如同当年的自行车票，拿到就得谢天谢地，消费者完全丧失了选择的自由。这种制度不改，中国的高等教育就不可能有竞争，就永远会成为社会怨恨的对象。

不过，总的来说，家长的卷入，给美国教育提供了一种隐性的投资，有利于孩子的成熟。现在美国高中生想上大学的越来越多，和家长的支持也是分不开的。在另一方面，美国最近高等教育扩张，学生的选择机会也增多了。大学对于各种校园访问，无不精心招待，彼此展开激烈的竞争，尽最大的可能满足学生家庭的需要。再看看中国的大学，哪里有什么校园访问？学生哪个大学录取就去哪里读书，谁还能挑挑拣拣？这让我想起三十多年前的票证时代。那时一个家庭想买辆自行车，要排队等票。等到了票，也只有飞鸽、永久、凤凰这几个牌子，能买到就不错了，所以不看车就会付钱。如今上大学，不也是如此吗？我曾说，计划经济是短缺经济，因此也是票证经济。而中国的大学教育，则是计划经济的最后堡垒。录取通知书就如同当年的自行车票，拿到就得谢天谢地，消费者完全丧失了选择的自由。这种制度不改，中国的高等教育就不可能有竞争，就永远会成为社会怨恨的对象。

北大的改革开了危险的先例

北京大学最近公布的“中学校长实名推荐制”，是个危险的高考改革方案，应该缓行。

“中学校长实名推荐制”意在改革“一考定终身”的高考制度，用心良苦，但几乎肯定会“好心办坏事”。如果把科举算上，“一考定终身”有上千年的传统。大家虽然对之怨声载道，但这种考试制度一直贯彻下来，自有其中的道理。这个道理在于：“一考定终身”在非常有缺陷的制度中，为选拔人才提供了一个相对公平的方法。不错，“一考定终身”弊端很多，许多真正的人才会被这种考试埋没。但是，我们并非生活在一个理想的、完美的社会中，任何制度都会埋没人才。相比之下，特别是在中国现有的“国情”中，“一考定终身”所埋没的人才恐怕是最少的。

我们并非生活在一个理想的、完美的社会中，任何制度都会埋没人才。相比之下，特别是在中国现有的“国情”中，“一考定终身”所埋没的人才恐怕是最少的。

“一考定终身”最大的好处是最大限度地遏制了权力的滥用，而滥用权力是中国这样的中央集权社会上千年的痼疾。比如，一位县太爷在本县俨然是个土皇帝，可以为其公子开辟种种便利，至少上县里最好的学校不成问题。但是，在“一考定终身”的制度下，不管县长权力多大，他的儿子如果考不过一定的分数线，就进不了北大这样的知名学府。而同县一个穷孩子，如果考试成绩优异，就可能进北大。可以说，在一个权力控制了一切的社会中，“一考定终身”为普通百姓保留了最后一点公平。

“一考定终身”最大的好处是最大限度地遏制了权力的滥用，而滥用权力是中国这样的中央集权社会上千年的痼疾。

我是1979年考入北大中文系的，属于恢复高考招生后的第三届学生。刚刚进校，就赶上著名的“王小平事件”。在1977年高考中，山西省雁北地区插队知青王小平仗着原为山西雁北地委书记、并已升任中共山西省委常委的父亲王进的权势，在地方官员的帮助下，设计了几套方案作弊，终以“优异成绩”进入北大法律系。然而，此事很快被媒体揭出，形成全国高校一大丑闻，最后北大将之除名。

王小平事件意义非凡。特别值得一提的是当年的北大学生。他们在激烈的竞争中进入这一最高学府，有着强烈的“高考神圣”的情怀。当他们知道这一丑闻后，立即以“三角地”的精神群体抗议，校园里贴满了大字报，到处是“捍卫高考的纯洁性”、“假如我是王小平”的标题。同学们的情绪是：假如不赶走这个王小平，我们大家就都成了王小平，我们就再无理由宣称自己是在公正的游戏规则中竞争出来的优胜者。这种抗议，对王小平最后被除名起了关键性的作用。我很难想象，在今天的大学校园中，会有多少已经被录取的学生，对自己的一个同学的作弊行为有如此强烈的反应。

假如不赶走这个王小平，我们大家就都成了王小平，我们就再无理由宣称自己是在公正的游戏规则中竞争出来的优胜者。这种抗议，对王小平最后被除名起了关键性的作用。

设想一下“中学校长实名推荐制”推行后，王小平们的境遇又将是如何？他会被送进当地最好的高中，高中的校长也很自然会给他写很强的推荐信。他甚至不用操心设计作弊的方案，就能拿到三十分的优惠。我们稍微了解一点中国“国情”就知道，任何地方学校的校长，都在地方官员权力的直接控制之下。而这些地方官的子女，也多在当地的学校就读。高中的校长给县太爷的公子写封推荐信，甚至不用县长自己出面，下属、秘书自然会把事情办好。以中国之大，区区一个北大，如何能监督得过来？

中国的许多事情就是如此。看似不合理的，其实自有其存在的理由。许多写在纸上很合理的东西，一旦实施则变得很不合理。“中学校长实名推荐制”要选的是难以考出来的“综合素质”，说起来也许头头是道，但是老百姓本能的反应是一百个不信任。因为这种制度很难避免腐败，甚至必然带来腐败。

其实，北大的这一改革，还远不是“写在纸上的合理、实施起来不合理”的问题。北大自己的家庭作业没有做好，写在纸上的东西就有许多漏洞，或者对一些关键问题语焉不详。真要实施起来，即使不走形也会带来不公平。

“中学校长实名推荐制”要选的是难以考出来的“综合素质”，说起来也许头头是道，但是老百姓本能的反应是一百个不信任。因为这种制度很难避免腐败，甚至必然带来腐败。

降低三十分特别录取校长推荐生的目的是什么？对这一关键问题北大基本没有交代。众所周知，北大一直以“建设世界一流大学”为目标，为此向纳税人要下巨款。那么，世界一流大学，比如哈佛、耶鲁等等，在什么情况下才会降低分数录取学生呢？这种优惠录取，绝大部分是给了那些低收入、少数民族等弱势阶层。北大心里想的是什么，我们还不得而知。但是，从纸面上写的东西看，似乎是在反其道而行之。

比如，按照北大的方案，不是全国所有的中学校长都具有推荐资格。中学校长必须首先以所在中学和本人名义向北大招生办提交关于参加“实名推荐制”的书面申请；北大自主招生专家委员会再根据中学的办学条件、生源质量等因素，对递交申请的中学进行评审。评审通过的中学才能获得参加北京大学“实名推荐”的资格。可见，并非所有的中学都是平等的。按中国的“国情”，几乎肯定那些重点学校具有优先权。举个例子，一个名声显赫的“县一中”，和同县一个穷村落中在危险校舍里勉强维持的中学，哪家校长更有资格推荐？几乎肯定是

"县一中"的校长。那个穷村子里的学校也许连老师的工资都发不出来，哪里还有心思到北大要推荐名额？而"县一中"也自然被当地政要精英的子弟挤得满满的。村子里的孩子则是一色的贫民子弟。结果呢？越有机会的人就越有机会，没有机会的人则绝无机会。按北大这套规矩，贫富分化会通过教育体制被固定、强化。

美国的情况往往正好相反。你越是在办学条件差的地方读书，越能获得"高考加分"。我十几年前在耶鲁读书时就碰到一个学生，她称她住的地方是当地的红灯区，从小和妓女一起长大，学校里仅有四个白人。这种学生，即使分数稍低些也会被常青藤求之不得。另外，耶鲁一个教授，孩子一直上私立学校，但高中突然转到纽黑文臭名昭著的公立学校去读书。据说那里大部分学生的父亲都关在监狱里。这教授算的是：孩子已经长大了，对这种糟糕学校中无所不在的毒品、犯罪有抵御能力，同时在这种学校就读，申请大学时能以相对较低的成绩挤进好大学。后来果然如愿以偿。美国名校录取的游戏规则很清楚：一个从小受了最好的教育，成绩和履历都非常优秀的学生，经常在录取委员会中受到这样的质问：既然你已经有了这么多机会，我们学校为什么还要把另一个难得的机会给你？结果，这样的学生尽管"综合素质"优异也可能被刷掉。相反，一个各方面都差许多的学生则会被录取进来。录取委员会的理由是：看看他这年轻的一生，几乎什么机会都没有，好不容易挣扎到现在，离我们的门槛就差那么一点。该轮到他了！事实上，从哈佛、耶鲁，到像弗吉尼亚大学这种一流的州立大学，都主动出击，投入资源到最穷、最弱势的阶层和地区，说服那些自己也不相信能上这种大学的穷学生申请。

她称她住的地方是当地的红灯区，从小和妓女一起长大，学校里仅有四个白人。这种学生，即使分数稍低些也会被常青藤求之不得。

看看他这年轻的一生，几乎什么机会都没有，好不容易挣扎到现在，离我们的门槛就差那么一点。该轮到他了！

北京大学校长周其凤最近接受采访时表示，素质要全面考量，一个所谓的高考状元的素质不一定比一个农村的孩子素质更高。我为周校长的见识喝彩。但是，要把这样的远见在技术上落实，北大就必须派自己的人去最穷困、最破落，甚至几乎没有严格意义的学校的地方去寻找人才，而不是把推荐权交给某些已经处于教育强势地位的中学校长。我不知道北大怎样审查中学校长的推荐资格。但根据报道中的有限信息，我们很难想象“校长实名推荐”在技术上操作起来怎么能够扶助弱势。最后，权力还是落到了有名望的中学校长及其上司的手中。这会加大中国教育的不公平。

在没有更好的办法之前，为什么要把多年行之有效的制度推翻？更何况，至今高考在内容和形式上，仍然大有在现有框架之内改进的潜力。曾经把王小平除名的北大，如今居然带头推行“中学校长实名推荐制”，瓦解自己当年所捍卫的廉洁制度，这实在让人心寒。

作为北大校友，我深为北大和北大同学在当年王小平事件中的表现而感到自豪。把王小平除名，捍卫了高考作为人们所谓的“中国最公平的游戏规则”的地位。不管高考有多少弊端，至今仍然是个有效的选拔人才的方式。看看七十年代末八十年代初的高考就知道，其内容无聊、荒唐得惊人，特别是政治考试，让学生背的是前几年就过时的意识形态和政策。但是，只要考试内容都是一样的，程序是公平的，最后照样选拔出许多优秀人才。看看七七、七八级北大出的人才，现在哪一届能与之相比？再看看最近在高考录取中的种种改革，除了制造了一些加分丑闻外，并没有提高选材的效率。在没有更好的办法之前，为什么要把多年行之有效的制度推翻？更何况，至今高考在内容和形式上，仍然大有在现有框架之内改进的潜力。曾经把王小平除名的北大，如今居然带头推行“中学校长实名推荐制”，瓦解自己当年所捍卫的廉洁制度，这实在让人心寒。

第四章

中国大学的弱智化

薛涌　XUEYONG

从“钟曲线”看中国大学的智力下降

大学是否会随着扩招而越办越滥？这不仅是中国高等教育的问题，也是世界高等教育的问题。比如，在二战后，美国通过“退伍军人法案”，让参加二战的普通百姓的子弟接受高等教育，一些人甚至有了上哈佛耶鲁的机会。当时就有许多教育界人士担心：常青藤的教育质量，恐怕会毁在这些刚从战场上回来的大老粗之手。结果正好相反：这一代退伍军人，被称为是美国历史上最优秀的大学生。战后随着美国高等教育的普及，进入常青藤甚至二流学校的竞争反而越来越激烈，许多大学在高等教育平民化的趋势中反而更加精英化。

这一代退伍军人，被称为是美国历史上最优秀的大学生。

许多大学在高等教育平民化的趋势中反而更加精英化。

人口的智商结构与大学对精英的选拔

如何解释这一现象？ 1994 年，哈佛大学著名心理学家 Richard J. Herrnstein 和美国企业协会的社会学家 Charles Murray 共同出版的爆炸性的名著《钟曲线：美国生活中的智力与阶级构造》（*The Bell Curve: Intelligence and Class Structure in American Life*）为我们提供了线索。顾名思义，这本书所研究的是智商及其社会后果。其核心论点是：一个人的能力由其智商基因和环境所决定。当美国式的民主把个人环境变得越来越平

080

一个人的能力由其智商基因和环境所决定。当美国式的民主把个人环境变得越来越平等后，智商对一个人的能力就起了越来越大的决定作用。而当社会绝对平等后，为智商基因所塑造的能力则几乎主宰了人的命运。

等后，智商对一个人的能力就起了越来越大的决定作用。而当社会绝对平等后，为智商基因所塑造的能力则几乎主宰了人的命运。根据这一“智商决定论”的原则，作者大胆地挑战美国社会的禁忌，指出东亚裔（如中国人、日本人、韩国人）的智商略高于白人，白人的智商则明显高于黑人。这也体现在这些种族的收入上。此说一出，顿时舆论大哗。两作者甚至被攻击为是希特勒式的种族主义者，出去讲演经常遇到带有肢体冲突的抗议。然而，十多年后冷静下来再读此书，则不免有别样的感觉。作者关于种族与智商的论述，实际上并非全书的主旨，只不过是从其核心理论中推衍出来的具体结论。可惜种族问题在美国社会太敏感，这一种族智商论自然被炒大，人们因此反而忽视了书中一个更为基本的观点：20 世纪的美国，因为社会进步，各阶层在教育机会上变得越来越平等，富裕阶层已经不可能垄断教育资源。当一般平民百姓凭自己的智商和富家子弟竞争时，人的素质而非家庭背景和社会地位成了决定这场他们之间胜负的关键。而这样的现实，导致了一个似乎是自相矛盾的后果：高等教育越普及，大学生素质就越精英化。这和中国近十年来随着高校的扩招，大学越办越滥的情形形成了鲜明的对比。所以此书很值得引起我们的重新关注。

20 世纪的美国，因为社会进步，各阶层在教育机会上变得越来越平等，富裕阶层已经不可能垄断教育资源。当一般平民百姓凭自己的智商和富家子弟竞争时，人的素质而非家庭背景和社会地位成了决定这场他们之间胜负的关键。

081

人口的智商结构分布大致是固定的。100 分是人口的平均智商水平，超过的属于高智商，低于的则属于低智商。

《钟曲线》的出发点，是心理学研究的一个基本结论：人口的智商结构分布大致是固定的。100 分是人口的平均智商水平，超过的属于高智商，低于的则属于低智商。中等智商的人在人口比例中最大。如果把智商从高到低制成一个横坐标轴，并以 100 作为中点，再把人口数字由低而高做成纵坐标轴，那么从横坐标的中点往两头推，随着智商的提高或降低，具有相应智商的人口就逐渐缩小。用坐标图表来表示，就呈现出一个中间高、两头低的“钟曲线”。

照这个道理推论，当高等教育不普及、人口中只有非常少数的人能进大学时，大学生自然是人口中具有顶尖智商水平的群体。一旦高等教育普及，几乎谁想进大学都可以进时，智商中等甚至偏低的人都成了大学生，大学也就不那么精英了。以中国近30年的历史看，我在1979年参加高考时，北京的大学录取率是二十七分之一；1977年刚刚恢复高考时，录取率则肯定更低。如今全国的大学录取率，则达到56%上下。也就是说，智商处于平均水平上下的大致也可以进大学。这也难怪，二十多年前虽然大学刚刚恢复，学术条件极差，但那时候的大学生素质要高得多，成才率也高得多。如今的大学生生活于信息爆炸的时代，教育资源之充足早已超出前一代的想象，但素质却比较差。比如，现在虽然有许多大学生失业，有许多海归变海待，但跨国公司在中国高悬着几十万年薪，却很难找到能够胜任中高层职位的白领。这两代人的差距，绝不能用他们所接受的教育质量来解释。要知道，在30年前的大学里，连一本20世纪五六十年代翻译的苏联的社会科学著作都被奉为至宝，甚至无法从图书馆里借出来。这两代最根本的差距，恐怕还在于他们的智商水平：一是二十几里挑一，一是人口的平均线。这种解释，也很合乎美国的“智商决定论者”的论断。他们中有人曾经大放厥词：哈佛的教育本身并不重要，重要的是哈佛怎么选学生。你把哈佛选出来的学生送到一个野鸡大学读四年，日后主宰美国的照样还是这些人！

这两代最根本的差距，恐怕还在于他们的智商水平：一是二十几里挑一，一是人口的平均线。

082

哈佛的教育本身并不重要，重要的是哈佛怎么选学生。你把哈佛选出来的学生送到一个野鸡大学读四年，日后主宰美国的照样还是这些人！

弱势阶层提高了常青藤的智商

不过，同样坚持“智商决定论”的《钟曲线》，对20世纪美国高等教育却做出了出人意料的分析：1900—1990年，美国人口中的大学生比例增加了五倍，高等教育经历了人类历史上前所未有的民主化进程。然而，如果以智商来界定的话，大学在这一过程中不是变得越来越大众化，不是高智商群体被稀释，而是高智商群体更集中，学生更精英，其中常青藤的精英化尤为严重。数据分析表明：在1900年，只有2%左右的23岁的青年有大学文凭。即使这些人的智商都达到115以上（这几乎肯定不可能，因为许多人上大学仅仅是因为家里有钱），当时的社会中每八位拥有这种智商的青年，仅有一位进了大学。这种局面维持了20年左右，然后大学迅速朝着把社会中的高智商群体一网打尽的方向发展。在智商最高的四分之一适龄青年中，1925年有七分之一进了大学；1950年，则有七分之二，比例翻了一倍；到了20世纪60年代，则变为七分之四，再翻一倍。这种高智商向大学汇集的速度，明显超过了大学生人数增长的速度，造成了大学不断精英化的趋向。

这种高智商向大学汇集的速度，明显超过了大学生人数增长的速度，造成了大学不断精英化的趋向。

在精英大学中，这一趋势则更厉害。不妨以哈佛为例。在1952年，哈佛从三个申请人中录取两个。如果你爸爸是哈佛出身，那么你申请就有90%的被录取机会，是名副其实的“十拿九稳”。那年哈佛新生SAT（相当于美国的“高考”，即学术能力测验）语文部分的中等成绩是583分。这种成绩若放在今天连申请个二流大学都无保证。但是，仅八年后，即1960年，哈佛的录取比例从三分之二降到了不及三分之一；新生SAT的语文成绩为 678 分，数学为 695 分，都比 1952 年增加了将近 100 分，两者相加达到了 1373 分（SAT 的难度长年稳定，可以作跨越几十年的比较）。但这种成绩拿到今天则别想进哈佛。现在哈佛的录取比例仅为 9%，新生 SAT 的语文数学两门成绩相加，大部分在 1400 ~ 1580 的范围内。甚至 SAT 考了满分（1600）而进不了哈佛等名校的，也比比皆是。总之，不论是进一般的大学还是进名校，所要求的智商都比二战前高多了。

而名校和一般院校学生的智商分布，则反映出名校精英化所造成的高等教育的分化。在二战前，美国人形容常青藤盟校学生的常用语之一竟是“富而蠢”，聪明并非常青藤的“品牌”。在那里，高智商的秀异之士仅仅是极少数，大部分学生属于平庸无能之辈。一个南部农庄里的女孩子，即使是智商达到了 145，即千里挑一的水平，也很难上大学，更不用说哈佛了。《钟曲线》根据 20 世纪 20 年代和 60 年代一些珍贵的 SAT 成绩资料，并通过 SAT 和智商的换算公式，得出了意味深长的结论：在 1926 年的常青藤盟校和七所顶尖的女校，学生的中等智商为 117，在全美青年 88% 的智商水平之上，仅略高于常规认为的适宜接受大学教育的智商水平（115）。而在 1928 年宾西法尼亚的 10 所大学中，新生的平均智商水平则在 75% ~ 90% 人口的智商水平之上，和常青藤等一流大学几乎没有区别。到了 1964 年，宾西法尼亚这十所大学的新生更聪明了，平均智商水平在 89% 人口的智商水平以上；但同样的那些一流大学，新生的智商水平跃进更大，达到了 99% 人口的智商水平之上。一流大学和普通大学之间的差距加大了。可惜的是，《钟曲线》由于出版年代所限，并没有统计分析 21 世纪的数据。事实上，

在二战前，美国人形容常青藤盟校学生的常用语之一竟是“富而蠢”，聪明并非常青藤的“品牌”。在那里，高智商的秀异之士仅仅是极少数，大部分学生属于平庸无能之辈。

如今竞争进常青藤，要比20世纪60年代困难得多。比如前述哈佛的例子表明，1960年有将近三分之一的申请者可以被录取，如今录取率则跌到十分之一不到，并且还在下跌。难怪许多20世纪60年代的常青藤毕业生感叹：他们的孩子即使比他们当年优异，也读不了自己所读过的学校了。

083

哈佛不仅是全美名校，也是世界的大学，甚至把招生的大网撒到中国来，并有大量的奖学金，海纳各阶层人士。一个能够网罗全球各阶层的人才的大学，当然比仅靠波士顿四周地方贤达子弟中人才资源的大学更能创造精英教育了。

这种高等教育随着普及化而精英化的原因有多种，很值得中国教育界思考。第一，20世纪初美国的大学几乎是少数白人精英的私人俱乐部，在学的绝大多数是所谓WASP（White Anglo-Saxon Protestant盎格鲁撒克逊白人清教徒）的子弟。这些人进大学并不经过严格的竞争，而是靠着家庭的社会地位和财富。哈佛不仅被这些WASP子弟所垄断，而且学生大多来自波士顿附近的几个贵族学校。严格地说，哈佛在二战前相当于一所地方学校。如今，哈佛不仅是全美名校，也是世界的大学，甚至把招生的大网撒到中国来，并有大量的奖学金，海纳各阶层人士。一个能够网罗全球各阶层的人才的大学，当然比仅靠波士顿四周地方贤达子弟中人才资源的大学更能创造精英教育了。第二，美国的经济发展，使大量人口成为中产阶级，有了上学的机会。高中毕业率，即拿到高中文凭的人占适龄人口的比率，在1900年仅为6%，到了二战开始时达到50%，到了20世纪50年代末期则攀上70%的台阶。智商在115的年轻人，在一个世纪前大部分甚至还没有机会读高中，现在则基本全进了大学。一句话，大学生人数增加得固然很快，高中毕业生的增长速度更快，上大学越来越有竞争性。第三，二战后美国给贫困学生的奖学金越来越多。各大学也都不惜工本，甚至雇用中介公司招募弱势阶层的孩子，进一步扩大了选拔人才的范围，富家子弟不可能再躲避和多种社会阶层的直接竞争了。第四，一流大学在所有这些潮流之上，还另有一个优势。20世纪，美国的人口不停地翻番，高中毕业率也不停翻番，申请上大学的人数增长了几十倍，大学数量也跟着增长。但是，一流大学的数量和学生人数则没有明显的增长，所以哈佛选材在50年间从三里挑二到了十里挑一。

"教育如衣"导致中国大学的弱智化

这种趋势，在中国过去的30年则没有发生。其中一个原因，在于中国高等教育发展被错误的哲学所指导，把"建设世界一流大学"和发展基础教育脱节开来，甚至领导大学改革的人声称衡量一个大学的水平要看其博士课程的水平，等于把大学的使命从教学转向研究。试想：如果基础教育培养不出人来，大学就没有十里挑一的本钱，靠智商仅在平均水平线上的学生，怎么可能有好的博士课程？这里的要害是：主流经济学家们一直自觉不自觉地把效率和公平对立起来，鼓吹所谓"效率优先，兼顾公平"。这种理论延伸到教育界，自然把追求优异和扶助弱势对立起来。美国的市场经济模式，则展现了自由竞争的另一个面向，并且也活生生地表现在教育上：竞争越激烈，经济就越有效率。而要加大经济竞争的激烈程度，最好的办法是扩大竞争的参与率，这包括瓦解大资本的垄断、把弱势阶层推上竞争的舞台。弱势阶层一旦有了讨价还价的砝码，自然就会提高劳动力成本。这种成本的提高，一方面鼓励企业在管理和技术上推陈出新，使之无法躺在低廉的劳动力成本上睡懒觉，

美国的市场经济模式，则展现了自由竞争的另一个面向，并且也活生生地表现在教育上：竞争越激烈，经济就越有效率。而要加大经济竞争的激烈程度，最好的办法是扩大竞争的参与率，这包括瓦解大资本的垄断、把弱势阶层推上竞争的舞台。弱势阶层一旦有了讨价还价的砝码，自然就会提高劳动力成本。

一方面则可以让劳动者保留相当份额的剩余价值，渐渐有能力投资于下一代的教育。在此基础上再配合以其他扶助弱势的社会政策，大量本来和高等教育无缘的人口一下子也参与了升学竞争，并通过竞争提高了大学生的智商。

中国的主流经济学家们，则完全没有意识到公平是提高效率的最好手段。

中国的主流经济学家们，则完全没有意识到公平是提高效率的最好手段。几年前，我在美国就碰到一位主流经济学家。他把中国低廉的劳动力和美国工人五六万美元的年薪、昂贵的医疗保险做对比，沾沾自喜地说美国根本没有竞争力，并预言用不了多久一切就都是中国的天下，甚至美国的一流大学也会被中国所超过。然而几年下来，美国的失业率最坏时也不过5%左右，大学毕业生的失业率不到三个百分点。更重要的是，美国大学在扩张中创造了优异，中国大学则越扩招越滥。所谓“建设世界一流大学”，导致的是大酒店在校园里崛起，大学的学术气氛越来越淡薄，大量弱势群体被锁在校外，学生的质量越来越差。

084

这30年中国教育的一个最大失败，是大学的扩张超过了基础教育的成长，特别是没有给弱势阶层提供足够的帮助。这样，贫困学生特别是农村学生上大学就越来越难。大学的选材范围，不是越来越扩大，反而有缩小的趋势：城里学生比农村学生的录取分数还低，大城市学生比中小城市学生的录取分数还低。

痛定思定，我们不妨多想几个“如果”，为未来的高等教育的发展提供一些参照。这30年中国教育的一个最大失败，是大学的扩张超过了基础教育的成长，特别是没有给弱势阶层提供足够的帮助。这样，贫困学生特别是农村学生上大学就越来越难。大学的选材范围，不是越来越扩大，反而有缩小的趋势：城里学生比农村学生的录取分数还低，大城市学生比中小城市学生的录取分数还低。一些著名的大学不断扩大同城招生的份额，反20世纪哈佛之道而行之，越来越地方化。我1979年搬进北大宿舍时，两个室友是农村来的。当我知道他们的高考总分比我这个北京人低20分左右时，第一个反应就是

人家肯定比我智商高。想象一下：人家是在煤油灯下准备高考，有时还要下地干活，我则舒舒服服地在北京守着一大堆高考补习资料，甚至有名师指导，这样也就多了人家20分。这岂不是我低能吗？换上今天，我要是搬进北大宿舍，也许只有一个农村的室友，他的成绩会比我高出20分以上，否则根本没有和我当同学的资格。如果再提高学费，农村学生在大学生的比例还会急剧下降。这样，大量智商120的农村学生，要给智商110的城里学生让位。我们大学生的平均素质怎么能不下降呢？

085

如果我们没有搞什么"建设世界一流大学"的运动，而是把那些特别拨款用来进行教育扶贫，让更多的穷孩子接受义务教育甚至免费读完高中，那么，中国大学生的素质恐怕会比现在高出许多。换句话说，如果把大学教育经费砍一半用于基础教育，中国的大学水平反而更高。

如果我们没有搞什么“建设世界一流大学”的运动，而是把那些特别拨款用来进行教育扶贫，让更多的穷孩子接受义务教育甚至免费读完高中，那么，中国大学生的素质恐怕会比现在高出许多。换句话说，如果把大学教育经费砍一半用于基础教育，中国的大学水平反而更高。这背后的道理和美国20世纪教育发展的逻辑是一样的：当你把大量原来对上大学感到鞭长莫及的人口推到升学竞争的前沿时，就等于通过扩大竞争参与率而增加竞争的激烈程度，最后大学就不是二里挑一而是五里挑一。其中中国教育战略最大的一个失误，就是没有利用高速城市化的机会，给进城的农民工子弟提供及时的、优质的教育服务。如果把“建设世界一流大学”的钱用来给这些农民子弟办中国一流的学校，升学的竞争参与率就会戏剧性地提高。中国的大学，也才能真正维持自己的质量。

这种失误，对未来中国高等教育的发展危害比现在其实更大。因为人口的因素，高中毕业生人数将很快呈下降之势，而扩招则使大学已经过剩。最后，各校都要为填满自己的教室而发愁。结果也只能降低录取标准，把智商在平均线以下的学生录取进来，造成大学普遍的弱智化。这还怎么使中国在未来的知识经济中维持自己的国际竞争力呢？

《钟曲线》的眼光，覆盖了将近一个世纪，并把美国高等教育放在基础教育的发展和社会变革的背景下进行分析。我希望这种高瞻远瞩的视角，能够帮助中国的决策者和教育界人士提高思考21世纪的能力。要知道，《钟曲线》的作者是弗里德曼式的“市场原教旨主义”者。但正是他们，对“教育如衣”说提供了最有力的驳斥：如果高等教育像高档奢侈品一样只对买得起的人开放，高等教育的发展所带来的后果不仅是社会不公平，而且还是效率的下降、大学的弱智化。最后，出得起最好价钱的人所能买到的，也不过是一堆高价的废物。

086

如果高等教育像高档奢侈品一样只对买得起的人开放，高等教育的发展所带来的后果不仅是社会不公平，而且还是效率的下降、大学的弱智化。

中国人为什么迷信大学？

大学太多，技工学校太少，中国的教育结构头重脚轻。这里的制度原因，比如许多学校为了自己的行政级别而拼命升级等，已经是众所周知的事实。但制度因素无法解释一切。毕竟，大学建了那么多，总还填得满，总是有人要上，而且在大多数情况还需要竞争才进得去。天下的路有的是，明明知道大学毕业找不到工作，大学在粗制滥造，为什么还有那么多人甘心情愿地去被骗？对这里的文化原因，我们必须有个反省。

在我看来，小民百姓没有社会和文化地位，是大学热的根本。“万般皆下品，唯有读书高”是中国自古以来的价值观念。读书好了，考中科举才有官做，其他一切行业都比不上当官。为了维持当官的合法性，读书人被塑造得不仅有智慧，而且在道德上也高于老百姓。这样，读书就成了君子，凭双手做事谋生就是小人。守着这么个传统，大学生和技工自然有了上下之分。

举几个国外的例子对比一下就知道。我有位朋友住在波士顿郊区，房子边上有棵树摇晃不稳，几个砍树工操作两小时，把树砍倒运走，顺便把另外几棵树的枝叉修剪了一下，花了一千多美元。我问一位美国朋友这样的价码是否太过分。她撇撇嘴说：这种传统上男劳工干的专业活就是贵。用我们中国人的话说，这几个砍树工人就是“专家”，工钱也算是“专家待遇”吧。

087

小民百姓没有社会和文化地位，是大学热的根本。“万般皆下品，唯有读书高”是中国自古以来的价值观念。

几年前我还写过一篇文章，说你在常青藤拿了个博士，到美国的大学当个文科助理教授，起薪还不如同一城市里的公交司机。当然，教授有寒暑假，实际是九个月的工资，公交司机则是全年的工资。不过即使算上这个因素，双方的收入也大致相当。比如几年前纽约公交司机因为待遇问题罢工时，他们平均年薪是六万多，我在那里的朋友拿着耶鲁博士当助理教授居然还没有挣到五万。不想文章贴出后，一群留美的中国学生跑到我的博客中大骂，说我误导、造谣，或者是自己混得不好，在“野鸡大学”只拿这么点钱，等等。后来有关人士点拨，我才明白：这类人大致毕业后在美国找不到工作，希望回国寻求好的待遇。既然回来，当然要把自己装扮成“拒绝海外高薪聘请”的样子来提高身价了。我这么一说，等于砸了人家的买卖，人家岂不气急败坏？

为了维持当官的合法性，读书人被塑造得不仅有智慧，而且在道德上也高于老百姓。这样，读书就成了君子，凭双手做事谋生就是小人。守着这么个传统，大学生和技工自然有了上下之分。

事后我再往深想想：为什么有人跑到国外拿了个博士，就觉得自己可以回来忽悠国人？他们显然很懂“国情”，知道国人有被忽悠的心理基础。再看看国内民工的惨状，看看东莞那些月薪不到一千、长期超时工作的人，你能不削尖了脑袋烧钱往大学里钻吗？可是，当一个民族对劳动者缺乏起码的尊重时，这个民族早晚会受到惩罚。

再举一个海外的例子。在离耶鲁大约两英里的地方，有一个 Whitney 的博物馆。虽然从校区开始的 Whitney 大道一直通到这个博物馆，但如果你问在耶鲁的中国学生，大概 90% 以上的人从来没有去过或没有听说过。当一位日本同学发现我也不知道时吃惊地说：你们中学的课本里不讲吗？你不想到那里看看吗？我跑过去一看，那个所谓博物馆不过是个很简陋的作坊，是工匠干活的地方。也怪不得，从我的文化背景出身，心里只有耶鲁，哪里看得起这样的地方！

当一个民族对劳动者缺乏起码的尊重时，这个民族早晚会受到惩罚。

然而，这个作坊是我们现代社会的一个起点。作坊的原主人 Eli Whitney（1765—1825），是轧棉机的发明人。美国南北战争前南方的棉花帝国，一是靠奴隶制度，一是靠他的技术。他在接受美国政府的订单制造滑堂枪时，又发明了用标准化部件组装的技术和组织系统，被誉为是现代大规模机器生产的创立者。他生活在蒸汽机时代以前，自筑水坝，利用水力来驱动自己发明和制造的机器。比起耶鲁那些壮观的图书馆、实验室来，这个作坊之寒酸是不用说的。但当你知道这些历史时，你就会感到这个作坊是能在纽黑文和耶鲁并立的文化重镇。

如今这个作坊成为一个博物馆，还像个木匠的工作场所一样。我参观时最惊异的是当时美国人对工匠和大学生的态度。Eli Whitney 是个农民之子，从小在父亲的小作坊中长大。他当了一段时间工匠后，决定到耶鲁读书。要以中国的价值观念看，一个农民出身的工匠上

了耶鲁，那岂不和范进中举一般？可是，他的朋友听到消息后大多摇头叹气：“咳，一个好好的工匠，就这么被糟蹋了！”在那个世界，上耶鲁成了人才浪费。

所幸的是，Eli Whitney 毕业后马上回到了工匠的世界。这才有了他的一系列发明。这种在名校和“普通劳动者”之间不分高下的传统一直延续到现在。我就有位朋友是耶鲁出身，讲一口流利的中文，一生的职业是木匠。这要在中国，还不成为又一个爆炸性新闻？

法国启蒙主义思想家孟德斯鸠对中国文化有着严厉的批判。其中一点就是皇权专制下国民身上的“奴性”。许多历史学家也指出，因为这种“奴性”，劳动者大多属于贫困阶层，没有基本的尊严。中国一直就缺乏西欧从中世纪以来那种强大的上流劳动者阶层，如经营式大佃户、作坊主、手工业的工头，等等。而正是这个阶层对西方的工业化、现代化起了至关重要的作用。比如，工业革命的关键性技术，绝大部分和大学没有关系，而是在类似 Eli Whitney 所经营的作坊中发明的。有学者统计，在 18 世纪的英国，只有 38% 的科学家、18% 的工程师、8% 的著名应用科学家和工程师与牛津剑桥有关系（这两校培养了当时英国大部分大学生）。在著名的应用科学家和工程师中，有 70% 以上没有受过任何高等教育。但是，对劳动的尊重、上流劳动阶层的存在，以及他们所享受的社会地位、权利保障、对当地政治的影响，使这些工匠有足够的资源和动力不停地进行创造发明。

如今，中国的大学正在耽误一代人的青春。技工学校毕业生的就业率超过大学生的趋势越来越明显。许多中学生也感到读大学不如读技校。改变中国人对读书的崇拜、对大学的崇拜的时刻已经到来。我们的社会，应

要以中国的价值观念看，一个农民出身的工匠上了耶鲁，那岂不和范进中举一般？可是，他的朋友听到消息后大多摇头叹气：“咳，一个好好的工匠，就这么被糟蹋了！”在那个世界，上耶鲁成了人才浪费。

088

中国一直就缺乏西欧从中世纪以来那种强大的上流劳动者阶层，如经营式大佃户、作坊主、手工业的工头，等等。而正是这个阶层对西方的工业化、现代化起了至关重要的作用。

该学会尊重劳动，尊重劳动者，把他们中的优秀者当作社会精英。这才能刺激这个阶层发挥他们的聪明才智。

破除专业教育的迷信

我们的社会，应该学会尊重劳动，尊重劳动者，把他们中的优秀者当作社会精英。这才能刺激这个阶层发挥他们的聪明才智。

一年多以前，我和北大法学教授贺卫方先生有过一场关于法学院硕士招生应该采取通才教育的原则还是专业教育的原则的辩论。当时贺教授因为北大法学硕士招生考试范围太泛，不够专业化，决定罢招，并发表公开声明，称自己已经沦为弱势阶层，惹得满城风雨。

我是教授治校的信徒，当然不希望教授在大学中“沦为弱势阶层”，但之所以出来批评贺教授，不仅因为他这样罢招有些小题大做，而且提出的理由也背离了通才教育的原则。在我看来，大学应该以通才教育为本，学生到高年级可以选专业，但真正的专业训练应该到研究生时期完成。现在的大学教育，受苏联的专业化理念影响太大；再加上激烈的高考竞争，学生在中学就背书，没有广泛的知识训练；进了大学一头钻到专业里，特别是文科，还是要在狭窄的范围内死记硬背。高考是高中教育的指挥棒，考研则是大学教育的指挥棒。如果考研太专业，学生一进大学就又要背专业书，形成大学教育高中化，难以发展批判性分析性的思维能力。也正是在这个意义上，我批评了贺教授，认为考研应该领域更宽泛而不是更专精，应该鼓励大学生享受通才教育，进了研究院的门再专业化也不迟。我还特别举出了美国的例子，说美国法学院招生不招法学专业的本科，法学在美国基本就没有本科，但这并不妨碍美国法学训练的高度

089

在我看来，大学应该以通才教育为本，学生到高年级可以选专业，但真正的专业训练应该到研究生时期完成。

专业化。

经过这场辩论，我没有发现贺教授再发表法学考研要专不要宽的言论。另外，我又不断发表文章，称法学本科是“扯淡专业”，希望大学考生不要盲目热衷法学。不久前在上海的校长论坛上，一些大学校长也提出取消法学专业本科的意见。本来以为，我们的辩论已经有了结论，无须再多论了。没有想到，贺教授最近在《法制日报》上旧话重提，引述我当时辩论中的一段原话：“法学需要专家。但对法学和法学专家越迷信，越可能带来专制的倾向。”然后评论说：“对于一个有二十多年教龄的法学教师，一个十多年来一直在倡导法学和法律专业化的学者，这样的说法自然是触目惊心的。”

法学在美国基本就没有本科，但这并不妨碍美国法学训练的高度专业化。

贺教授的“触目惊心”，也让我对他这段评论感到触目惊心。我的原话讲得很清楚：“法学需要专家。”我反对的是对专家的迷信。因为越迷信权威，就越容易导向专制。看看中西方的历史，难道专制不都是建立在某种权威迷信的基础上吗？这对于我们这些生活在启蒙时代之后的人来说，本来应该是个常识。但贺教授对此竟感到“触目惊心”，说明他至今还认为，大学生读书，就是该迷信专家，否则就大逆不道了。

090

因为越迷信权威，就越容易导向专制。看看中西方的历史，难道专制不都是建立在某种权威迷信的基础上吗？这对于我们这些生活在启蒙时代之后的人来说，本来应该是个常识。

我要感谢贺教授不留神讲出了心底的真话。其实，他这样的心态，是我们的文化和教育的产品，并不应该令人太奇怪。中国传统的某些因素，强调学生迷信老师。苏联教育制度的影响，又使得专业无上神圣。但这样迷信下去，专业下去，中国就不用再想什么“创新社会”了。因为知识的进步总是从挑战权威开始，挑战的结果也常常是突破往常的专业分野。

091

知识的进步总是从挑战权威开始，挑战的结果也常常是突破往常的专业分野。

以法学训练为例。为什么美国的法学教育这么优秀？以我局外的观察，一个根本原因就在于其注重批判性思维，而不是几个僵化的条条。我在自己的博客中曾和网友们提起，我的一位同事（历史教授）的丈夫是哈佛法学院出身，现在专门给被判了刑而没有钱请律师上诉的穷人上诉。他对我讲，他干的工作，本质上和搞文史的非常相近，其基本功就是文本分析。他的工作，第一步是阅读审判记录，通过对记录和判决的分析，找出其中的破绽，提出上诉的理由。要知道，美国法庭的审判，都是经过双方律师反复博弈而达成，一点逻辑上的漏洞就会被对方抓住。但他惊奇地发现，即使经过这样反复的论证，最后他还是能够从文本上发现许多破绽，甚至有些死刑犯被冤枉。换句话说，这些文本，都是训练有素的律师、法官等专家劳动的结晶。你要迷信专家或专业知识，怎么可能推翻人家的结论？而这种文本分析的能力，正是大学通才教育培养的所谓批判性思维，比什么具体的法律知识都重要。这也是为什么美国法学院招生，根本不看你有无法学知识，而看你的写作能力、思辨能力。比如历史课，就是想上法学院的学生选修的一个热门。

这些文本，都是训练有素的律师、法官等专家劳动的结晶。你要迷信专家或专业知识，怎么可能推翻人家的结论？

也正是基于这个原因，我不仅主张取消法学的本科专业，而且提出法学硕士招生不必考专业。要考的是学生的语文能力（如阅读、写作和外语）以及分析推理的能力。学生有点法学专业外的知识，也同样特别有帮助。至于法学专业，读了研究生从头学也不晚。美国的法律比我们的复杂得多，尚能跳过本科的法学训练而达到高度专业化。我们为什么一定要从大一开始学习法学专业呢？

这个问题，不仅是法学专业的问题，也是整个大学

教育的问题。迷信专业教育，是剥夺人的想象力和创造力的一个最好办法。我们要建设创新型社会，就得有不迷信权威的创新型人才。而要培养这样的人才，就必须让大学生在思想发育上能够“天高任鸟飞”。

迷信专业教育，是剥夺人的想象力和创造力的一个最好办法。我们要建设创新型社会，就得有不迷信权威的创新型人才。

读书无用论和不读无用的书

不久前，有新闻说南京民工招工站开设大学生窗口，引发了大学生和民工一起找工作是否丢脸的讨论。另有报道，某地研究生争当清洁工。再早些时候的报道则说，大学生毕业找不到工作，找到的起薪接近民工。

大学生和民工一样是人，一起找工作并无丢脸之处。我更不认为我们的社会有某种贱业，大学生不应该“屈尊”。不过，另一个问题却不能回避：那些找不到工作的大学毕业生，或那些起薪和民工差不多的大学毕业生，当初是否还应该上大学？面临着这样的就业前景，他们的晚辈还打破头上大学，是否有些非理性？

092

衡量大学扩招是否是个进步，不是看多少人上了大学，而是看大学教育究竟给多少人带来了机会。如果许多人有了上大学的机会，并支付了不少学费，最后拿到的工资和没有上过大学的人差不多，甚至找不到工作，这叫什么进步？难道不是坑人吗？

有人觉得，大学扩招，给更多的人创造了机会，是个进步。这种说法需要认真审视。衡量大学扩招是否是个进步，不是看多少人上了大学，而是看大学教育究竟给多少人带来了机会。如果许多人有了上大学的机会，并支付了不少学费，最后拿到的工资和没有上过大学的人差不多，甚至找不到工作，这叫什么进步？难道不是坑人吗？

近 30 年来，发达国家高等教育突飞猛进，大学纷纷扩招。不过，这种扩招是和大学给人们带来的实际利益联系在一起的。以美国为例。25 岁以上人口中的大学毕业生比例，1970 年是 11%，2000 年是 24%，到 2005 年则达到 28%。为什么呢？这不仅是大学里的位置多了，更是大学给人们带来的实际好处多了。在 1970 年时，大学毕业生挣的钱未必比一个普通工人高。如今呢？根据人口统计局的最新数据，2004 年美国大学毕业的人平均年收入为 51554 美元，而高中文化程度的人平均工资为 28645 美元。一个大学学位，一年就给你多带来了 23000 美元左右的收入！而那些拿了本科以上的高级学位的人，平均年收入高达 78093 美元，比大学文凭再加将近 27000 美元。更何况，有大学文凭的人就业率一直比高中毕业生高得多。不过即使如此，还有经济学家算出账来，说上大学的学费和大学读书期间牺牲的劳动收入，如果用来投入股市，一生所带来的收入，比用来上大学然后拿高薪而获得的一生的附加收入还要高。也就是说，上大学是错误的投资行为。不过，这种算法忽略了奖学金的因素。许多美国人上大学，一半左右的费用靠奖学金支付。把奖学金因素代入计算，上大学无疑是个好的投资。这也是美国大学热的原因。

093

如今大学毕业生找不到工作，起薪低，这是对中国高等教育的一个审判，说明许多大学提供的教育没有价值。

如今在中国，奖学金少得可怜，大家砸锅卖铁上大学，甚至上完大学就考研，读完硕士再读博士，图的是什么？回报是什么？如今大学毕业生找不到工作，起薪低，这是对中国高等教育的一个审判，说明许多大学提供的教育没有价值。对此，受教育者（或大学教育的“消费者”）必须有所回应。以中国之大，各地各校的情况会有很大的不同。不能否认，许多人上大学会终身受益。但还有许多人上大学，只说明他们是被欺骗的消费者或愚蠢的投资者。

我希望当今的高中毕业生和家长们认真问自己一个

问题：大学教育究竟能给自己和家庭带来什么？为什么一定要上大学？如果等着你的就是一份低薪的工作，那还不如直接去求职。企业不算投入产出会破产，个人也是一样。有人肯定会回击：你这是鼓吹“读书无用论”！不对。我鼓吹的是不读无用的书。谁也不可否认，现在市面上的许多书是无用的，甚至是有害的。许多大学教育也是无用的，除了让学生的家庭财政破产外，并带不来什么看得见的果实。盲目地上大学，就像不看产品质量就买东西一样，最后不仅自己上当受骗，而且保护了生产劣质产品的厂家。大学的效益，一个客观的衡量标准就是其给学生注入的创造附加值的能力。简单地说，就是受了大学教育后的人平均比没有受过大学教育的多挣多少。美国大学的水平，不仅体现在几个诺贝尔奖得主身上，而且体现在其使受过大学教育的人收入几乎翻番！如果我们的大学不能给学生毕业后的收入带来显著变化，在创造效益上表现得如此之差，大家还不惜工本地缴学费上大学，那就等于让我们国家的经济资源向没有效益甚至赔本的部门流动。这不仅伤害个人，伤害家庭，也伤害中国的经济发展。

094

许多大学教育也是无用的，除了让学生的家庭财政破产外，并带不来什么看得见的果实。盲目地上大学，就像不看产品质量就买东西一样，最后不仅自己上当受骗，而且保护了生产劣质产品的厂家。

中国的年轻人，到了向劣质的大学教育说“不”的时候了。

“硕士猪倌”乃我时代之先锋

经过四轮面试、多次实操考核，35人从1500多名硕士研究生应聘者中脱颖而出，最后33人与天地食品集团签下确认书，获年薪高达8万～10万元“猪肉佬”职位。他们其中有不少来自中山大学、华南理工大学等名校，专业涵盖企业管理、生命科学、食品安全等……

这本来不是个什么新闻。一些名校的硕士，非常幸运地拿到了起薪很高的工作。如果此事发生在美国，没有人会在意。名校的学生起薪总是高嘛。而且，这么高的起薪，会进入大学的数据库，在有关媒体的研究院排名中，这些数值会提升本校的地位，即使是哈佛耶鲁，对此也求之不得。我相信，哈佛耶鲁毕业生从事类似行业的绝不是没有。但在美国肯定成不了新闻。

在中国，这件事情则成了爆炸性的新闻热点。“教育产业化终于培养出了硕士猪倌”这类的议论成为时尚。我读到一篇有名的大学教授写的评论，其中居然有这样的词句：“毫无疑问，在专业进取中得到财富，这是每个硕士的理想状态，但高校盲目扩招、经济危机和社会就业形势已不可能让所有硕士进入理想状态，就专业对口而言，硕士供过于求，生存状态的严峻造就了‘逼良为娼’的环境……有人振振有词道：人才由市场来决定，这没有错，但还应看到：市场也可以毁掉人才。他们原本可在相对专业对口的部门发挥专业特长，但被高薪所诱而放弃专业，这不是社会的福音，市场环境和个人境界都要为此负责。”

095

这么高的起薪，会进入大学的数据库，在有关媒体的研究院排名中，这些数值会提升本校的地位，即使是哈佛耶鲁，对此也求之不得。

我再仔细一读新闻，很明显，招人的天地食品集团是在物色未来的管理人员，看照片上那些硕士生如饥似渴地听企业负责人讲解猪肉知识时，我心里还挺感动，觉得这些年轻人确实是一副有出息的样子。想想看，在如今食品安全成为全民关注的问题的时代，一个食品公司希望科学管理，高薪招募些受了良好教育的新员工，这难道不是在回应时代的挑战吗？硕士生们能够肩负如此重大的使命，岂不是任重道远吗？再想想，一个企业应该怎么招募和培养人才呢？是应该把刚毕业的研究生招去当厂长秘书，以后可以顺利成为厂长助理甚至厂长呢？还是应该把他们送到基层，在生产的第一线锻炼，靠自己的本事一步一个脚印地爬上管理层呢？像沃尔玛等有名的连锁店，其最高层的经理甚至CEO中，不就有许多是从最低层奋斗出来的吗？过去日本的文科大学毕业生竞争最凶的一个工作就是报纸的记者。按传统的规矩，报社招来这些大学生，先让他们到街上卖报送报，在这种现在已经归非法移民的工作中，他们风霜雨雪地和读者直接打交道，然后再谈办报的事情。硕士生怎么了？难道一定要八抬大轿抬到豪华办公室里供起来，才算人尽其才了吗？

在如今食品安全成为全民关注的问题的时代，一个食品公司希望科学管理，高薪招募些受了良好教育的新员工，这难道不是在回应时代的挑战吗？

在我看来，这些敢为天下先的硕士生们，比对他们指手画脚、自作聪明的那些长者要有志气、有远见得多。什么叫专业对口？什么叫“在专业进取中得到财富”才是正途？什么叫“市场也可以毁掉人才”？这些都是在计划经济中长大的一代的老脑筋。专业是什么？专业不过是一些人计划出来的。市场不会跟着这些人的计划走。一个有能力的大学生或者研究生，必须有应付市场变化、调整人生战略的基本能力。在我执教的波士顿的一所小大学，一位学新闻的学生毕业后没有进报社，而是跑去“搞钱”，结果成了美国银行的CEO，现在拿着钱回来捐款了。这究竟是“逼良为娼”的生存状态所致呢，还是“市场毁掉人才”呢？如果连学生命科学、食品安全的硕士当猪肉佬都算不务正业，那么世界上还有几个正业？

专业不过是一些人计划出来的。市场不会跟着这些人的计划走。一个有能力的大学生或者研究生，必须有应付市场变化、调整人生战略的基本能力。

我既不了解招募猪肉佬的食品公司，也不了解这些应聘的学生。不过，至少从报道上看，多少能感觉到中国的企业从用人到管理上正在向国际跨国公司的高水平靠拢，更加科学化、理性化。而这些大学生，也似乎脱去了过去士大夫那种穷酸相，以健康的心态走进现代社会。反而是作为他们师长的老一辈，死抱着计划经济的旧意识形态不放。难怪《经济学人》两年前报道，中国的大学无法培养出世界级企业需要的中层白领，乃至在大量大学生找不到工作的同时，各驻华跨国公司几十万年薪的中层白领职位严重空缺，甚至妨碍了这些公司在中国的扩张。如果我们的教授和学生仍死抱着“专业对口”的教育理想不放，这些职位还会空缺下去。我看，那些在大学里教书的人，与其抱怨这个“逼良为娼”的世道，倒不如向这个世道好好学习。只要你吃猪肉，猪肉佬就是个体面的职业，而且做好了很不容易，需要千锤百炼的经验和训练，最后的成功者，也许对社会比你这位在大学里教书的“后座司机”更有价值。

096

至少从报道上看，多少能感觉到中国的企业从用人到管理上正在向国际跨国公司的高水平靠拢，更加科学化、理性化。而这些大学生，也似乎脱去了过去士大夫那种穷酸相，以健康的心态走进现代社会。

古人言：“百无一用是书生。”我要向这些签约的猪肉佬硕士生们致意。他们是大胆挑战传统的一代，他们有勇气告别自己那些“百无一用”的师长，立志做个有用的人。这不仅是个人发达的开始，也是建设一个良好社会的开始。

097

难怪《经济学人》两年前报道，中国的大学无法培养出世界级企业需要的中层白领，乃至在大量大学生找不到工作的同时，各驻华跨国公司几十万年薪的中层白领职位严重空缺，甚至妨碍了这些公司在中国的扩张。

西方教育真是“知识交易”吗？

最近读到《新京报》上许倬云、王学泰、袁征、谢泳四学者围绕“师生关系的渊源与重建”所发表的见解。其中，许倬云先生作为卓越的中国史学家，一生大部分时间又在美国大学教书，其言论自然十分引人注目。遗憾的是，他在阐述中国古代师道之时，对西方教育有些漫画化之描述。他归纳中国传统的师道有经师、人师："经师是纯粹把经学的学问当作知识传授，人师是做人的原则、风范。在古代，人师重于经师。"甚至私塾里面的老师，也"并不只是三家村的学究，赚来一方豆腐和半斤猪肉，他也有责任在儿童、幼年的时候就灌输做人的道理给学生听。所以，一日为师，一生为父。"与这种优美的传统相对比，100年前西方现代大学教育制度的传入带来的变化则是"人师不见了。今天的课堂，就等于你到百货公司买货一样。一节课50分钟，教师除把知识传授给学生外，他跟你没有任何关系。愈变愈烈，知识就成了一种商品……师生之间只有利的交换，没有益的结合"。

今天的课堂，就等于你到百货公司买货一样。一节课50分钟，教师除把知识传授给学生外，他跟你没有任何关系。

许先生对当今中国大学的描述也许很贴切。但这难道真是西方影响所致吗？难道现代西方的教育真是那种把老师叫"老板"的知识交易吗？我希望这样片面的言论，是媒体对许先生的思想表述不周所致。不过，既然见诸报端，就有辨析之必要。

目前西方的大学，特别是美国大学，确实受到商业化的冲击。大学的理念和市场原则不时发生冲突。比如，专利的有偿转让和学术为天下公器的原则就很难调和。这特别体现在理工科的研究领域。不过，我们也应该注意到，西方教育界人士对这些问题不论是在敏感性还是理解力上都比我们深刻。这有他们大量的相关研究著作为证。切不要以为我们看到了人家自己看不到的问题，更不要觉得我们有比人家更好的解决方案。更重要的是，在作为大学核心的本科教育中，西方特别是美国的精英大学人多能保持通才教育的人文传统。比如在常青藤，学生的学费远抵不上教育成本，况且许多学生拿着大笔奖学金。未来想当医生的学生在那里读历史、文学、艺术，未来的律师或 CEO 在研究古希腊或者中世纪。这种教育的目标，首先是让学生认识自己、认识世界、培养健康的价值观念和对社会的责任。这些怎么能用“知识交易”来概括呢？

当大学普及以后，知识商品化就是不可避免的。比如，当今美国大量的社区学院就是用短平快的方式向学生传授一些谋生之道，但同时也有职业道德、社会伦理等方面的训练，并非不管学生的“做人”，只不过这种教育的基调非常实际而已。这也不威胁那种高远的人文理想。毕竟，你不能指望 80% 的人口热衷于苏格拉底，更不能强迫他们去读柏拉图。这就好像在中世纪的文艺复兴之都佛罗伦萨，精英自可以研读连彼德拉克也读不懂的希腊文。但是，在这一人口不足十万的城市中，一千多学童则在六所学校攻读算术，目的就是谋利。再看看人家出产的人才，从但丁、彼德拉克、薄伽丘、马基雅维里，到达·芬奇、米开朗琪罗、伽利略。这个商业之都照样人文兴旺。中国的“人师”传统，在哪个时代、哪个地方能创造这么高的成才率？

098

在作为大学核心的本科教育中，西方特别是美国的精英大学大多能保持通才教育的人文传统。这种教育的目标，首先是让学生认识自己、认识世界、培养健康的价值观念和对社会的责任。

现代的西方教育，实际上也有严格的师道，虽然这种师道和中国的“人师”多有不同。几年前一个耶鲁毕业生回校看望恩师，主动谈起自己的信仰问题，才发现恩师原来是个基督徒。她的恩师恪守的规矩是：尽最大能力培养学生良好的价值观念；但是，教育是公共领域之一部分，要避免直接把自己的个人信仰强加于学生。这和“一日为师，一生为父”的师道对比鲜明，显然也更适合于多元化的现代社会。更何况，美国的教育主要

并不是从书本上讲做人，而是经常让孩子参加运动队，从球场上的游戏规则来学习社会的游戏规则。这种自古希腊以来围绕体育所展开的人格培养，也是中国的教育所缺乏的。

许先生把西方理解成“是高度的个人主义到了极端。人际的关系解体为一个一个单独的个人。满街都是人，但是，个人是漂流的，是寂寞的，是孤独的，没有群”。以我个人的经验和观察，美国从中小学到大学，教育到处都在讲“团队精神”。再看看人家的社会，也强调社区的共同体精神，颇有些守望相助之古风。我在美国生活这么多年，老母打电话每问：“你们周围有没有熟人呀？”我理解她的担心。在中国你到一个人生地不熟的地方，没有熟人确实举步维艰。但是，当我到波士顿的近郊“落户”后，周围那些素不相识、文化和宗教不同的陌生人，很快就变成了可以信赖的“熟人”。在教堂（我们并不信教），在学校，大家共同讨论公共事务、分享个人经验、增进彼此的了解，让你感到有回家的感觉。在一个以地方自治为基础的社会，个人是独立的，但更有着极强的彼此关照和连带感。个人之间的纽带渗透到各种社会基层组织和团体中。怎么能说没有“群”呢？

099

尽最大能力培养学生良好的价值观念；但是，教育是公共领域之一部分，要避免直接把自己的个人信仰强加于学生。

100

美国的教育主要并不是从书本上讲做人，而是经常让孩子参加运动队，从球场上的游戏规则来学习社会的游戏规则。这种自古希腊以来围绕体育所展开的人格培养，也是中国的教育所缺乏的。

中国大学的问题不是受西方的影响太多，而是太少，是对西方太不了解。对此，我们这些对西方教育有亲身经验的人，有责任帮助国人摆脱对西方的偏见，而不是加深这种偏见。

在一个以地方自治为基础的社会，个人是独立的，但更有着极强的彼此关照和连带感。个人之间的纽带渗透到各种社会基层组织和团体中。

学生叫导师“老板”是哪国的规矩？

最近在网上读到一个关于师生关系的讨论。著名史学家许倬云在回答“100年前，西方现代大学的教育制度传入中国，师生关系出现了哪些变化”这一问题时讲了如下的一番话：

> 人师不见了……师生之间只有利的交换，没有益的结合。例如，一个实验室内，导师的学生可能不是他的助手，而是他的雇工。他不让学生自己选题目，而是他给学生指定题目。他不是让你学到一套学问，而是完成链接上的一环工作。在一些学校经常听到一个称呼导师的名称——我的老板。这个称呼意味着，师生关系变成了雇主和劳工……有些老师根本不晓得自己跟学生更重要的关系——为人、做人。这是全世界学术界的普遍现象。

我们这些对西方教育有亲身经验的人，有责任帮助国人摆脱对西方的偏见，而不是加深这种偏见。

因为许先生长期在美国教书，最后又以“全世界学术界的普遍现象”来概括，想来他说的学生把自己导师称为“老板”的事情大概也是美国的事情吧。再看上下文，他这番话是回答西方现代大学对中国的影响的。所以即使讲的是中国的事情，大概也是西方的坏影响的结果。

此事令我十分好奇。我在美国读了九年研究院，学的是历史，自己从来没有在任何情况下称自己的老师为“老板”，也没有听任何同专业的人用过这样的称呼。第一次听人这样叫，是理工科的中国留学生。当时觉得十分新奇，还曾经向他们讨教一番。对方的解释是：“我们能来这里读书，经常是因为导师申请了一大笔经费，有

钱雇许多助研。我们就靠这笔钱维持生活、完成学业。所以算是导师给的工作，他当然就是老板喽。”而我接触的有限的理工科学生，都称自己从这种机会中受益匪浅，几年研究生生活学到了非常多的东西。

我当然也知道，许多实验室里的博士后，确实是变相的廉价劳工。不过，你很难把这些人算到美国大学教育的正式体系中来。他们根本不在正式的研究生的编制之内。大多数留美的理工科研究生，在学业上还是相当有保证的，表现也相当好，许多人都承认导师对他们不薄；即使叫“老板”，也有戏称的成分，并非他们把导师看成只作“知识交易”的资本家。

为了保险起见，我特地给一位在一个著名的理工科大学读研究生的朋友打电话，问他是否美国人也把自己的导师叫“老板”。他含含糊糊，说也许有，但自己没有听说过，美国人对他提起自己的导师，从来都叫导师。我于是又问：“那为什么中国同学叫自己的导师‘老板’呢？”他说：“这太自然了。我在清华读书时，就称自己的老师为‘老板’，而且大家都这么叫。到了这里，周围也全是中国同学。大家说起彼此的导师，自然遵循着过去的规矩称‘老板’了。”

大多数留美的理工科研究生，在学业上还是相当有保证的，表现也相当好，许多人都承认导师对他们不薄；即使叫“老板”，也有戏称的成分，并非他们把导师看成只作“知识交易”的资本家。

考证来考证去，我实在找不出西方的影响是怎么让学生称自己的导师为“老板”的影子。相反，这方面似乎还是我们中国文化影响了西方吧？西方固然有许多不好的东西。但是，就大学这方面，中国似乎还是多接受点西方的影响为好。比如导师教学生做人这一点，确实在中国文化中很重要，为师要为“人师”，不是传授些技艺而已。不过，如果你是在西方大学里读化学的研究生，导师也许会告诉你这行里的一些职业道德。至于整个做人的道德，则是你自己的私事。我看这样还是比较好。你都读研究生了，还指望自己的化学导师告诉你基本的做人道理，是不是自己有些不成熟呢？我最怕的还是导师挥舞着道德大棍站在自己面前。毕竟，有学问的人未必就是有道德的人，当然也未必是能教你做人的人。西方人把这点看得比较透。在人家那里，导师对学生有着专业责任，但道德上大家还是平等的。这样师生关系也就比较平等，导师居高临下盘剥学生的事情相对也少些。总之，我们在这些方面向西方学的不是太多，而是太少。

101

有学问的人未必就是有道德的人，当然也未必是能教你做人的人。

小心什么样的西方诡辩术？

最近在网上看到一篇非常走红的文章，题目叫《小心西方诡辩术束缚中国话语》，作者是美国的汉学家包华时。编辑在其名后加上“美国”二字，并在文末特地注明：“本文系作者用中文写就”。明白中国人心理的人一看便知这篇文章走红的原因：连人家西方人都说西方没有什么，中国才是了不起。再看看人家大鼻子汉语写成这样，实在是学贯中西呀！当然，没有人会问写中文很通畅的西方人是不是真懂西方。

我相信这位汉学家是好心好意替中国人化解西方话语霸权。不过，他这个堂而皇之的背景，一下子就让他不正当地取得了话语霸权。我们这些在美国教书的人可占不了这种便宜，用英文发表文章从来没有被注明“本文系作者用英文写就”。至少在字面上，大家无论什么背景还都是平等的。也正是如此，一次一位在美国读书的后辈让我给她期末读书报告提意见，我看到文中有“对这个问题不是中国人很难理解”的字样时，就直率地告诉她：“这是歧视性语言，是企图不正当地占有话语霸权。你如果觉得你看到了什么别人没有看到的道理，就直接讲出来。不要因为别人的国籍或者文化背景就说人家不可能懂。你怎么知道呢？这一套在美国学术界吃不开，也确实不公平。”

可是，在美国玩不开的事情，在中国就玩得开。这位洋大人以特别身份奠定了自己的话语霸权后，口气实在也是当仁不让。他在谈论中国人为什么轻信西方时称：“五四时期的知识分子对西方历史的了解只是些皮毛，而且他们的逻辑训练不强，结果西方知识分子自卖自夸的宣称，无论有无根据，大都被吸收了。”显然他比五四一代高出一头了。而当今的中国人，谁敢说自己比五四那代有学问呢？被这位视五四一代为小学生的洋大人训一通，大家马上头晕目眩、屁滚尿流，赶紧跟着应和。

这是歧视性语言，是企图不正当地占有话语霸权。你如果觉得你看到了什么别人没有看到的道理，就直接讲出来。不要因为别人的国籍或者文化背景就说人家不可能懂。

但这位洋大人说了什么呢？他大致说中国言论自由的传统不在西方之下，甚至优于西方。比如汉代就有历史上最早的学生抗议，而且台谏制度十分了得，最后不忘学贯中西一通：

> 台谏制度、学生示威、讽喻诗等言论渠道大部分传到明清时代的中国而引起了欧洲人的注意……在1738年，汉文帝的诏书以及其他类似的文献被翻译成法文和英文以后，左翼知识分子将其视为非常先进的政治文件。当时的英国知识分子卡福就曾写过：“这些中国的宣言、法令和演说可以视为关于自由和政府等伟大思想的篇章，可以同任何欧洲国家出现的同类事物相媲美，当然也包括大不列颠——

这个地球另一端的唯一的民主政治摇篮和平等人权的捍卫者。”

当时欧洲的知识分子的确没有批评政府的习惯或权利，只是后来伏尔泰、魁奈、瑞纳神甫和其他佩服中国文化的左翼知识分子，开始主张平民参与施政的权利（举贤任能的道理）以及平民参与议论的权利。

我听说过因为高俅和宋徽宗踢毬，所以足球起源于中国的考据。据说这一点国际足联还承认呢。不过，欧洲的言论自由来自中国，还是第一次听说，确实让人开眼。不过，留下的问题一大串。台谏制度在中国是个常识。这位汉学家实在应该好好问问自己：在他看来这么美好的制度，为什么不被中国人当回事？他如果“不幸生在中国”的话就很容易明白：你是可以谏到死，这是你自己的事情。听不听可是皇帝的事。他老人家脾气好时不跟你一般见识，脾气不好时杀了你这个烦人的东西也说不定。其实，现代中国也常常有鼓励“给领导提意见”的事情。不过，你要是太信这些，倒起霉来只能是怪自己太缺乏起码的生活常识了。

你是可以谏到死，这是你自己的事情。听不听可是皇帝的事。他老人家脾气好时不跟你一般见识，脾气不好时杀了你这个烦人的东西也说不定。

那么，欧洲知识分子确实没有批评政府的习惯和权利吗？在古雅典，老百姓不高兴会把政府首脑、官员流放甚至处死。政府花钱补贴穷人去出席各种公民会议、陪审法庭，参政议政甚至直接从政。古罗马皇帝奥古斯都在自己的首都要修个中心广场，一个“拆迁户”不搬，他宁愿让广场缺一个角也不去动人家。中世纪的英格兰，一个农奴破坏了领主的财产，也能受到类似陪审制度的保护，找几个哥们儿证明自己无罪，领主有时竟

在自己的法庭上屡屡告不下来。早在11世纪的政教冲突中，神圣罗马帝国的皇帝亨利四世宣布将教皇格列高利七世解职。格列高利七世则以牙还牙，立即将亨利四世革除教门。最后失势的亨利四世为寻求教皇的原谅，不惜赤脚站在雪地中等候三天求得教皇的召见，以示其忏悔之心。在12世纪，英王亨利二世手下的人谋杀了坎特伯雷大主教贝克特，他自己竟不得不跪在教堂门口，让坎特伯雷的僧侣鞭打。更不用说英国传统中像柯克等大法官，早早在18世纪以前就已经发展出一套限制君权的司法传统。这种传统对国王有真实的约束力，绝不是谏几句了事。国王如果太不听话，还有被杀头的事情。这难道说明了“欧洲的知识分子的确没有批评政府的习惯或权利”？

古罗马皇帝奥古斯都在自己的首都要修个中心广场，一个“拆迁户”不搬，他宁愿让广场缺一个角也不去动人家。

伏尔泰等启蒙学者之所以景仰中国，一是因为他们生活在君主专制最厉害的法国，一是因为他们对中国不了解，把自己天真的幻想投射到中国身上。这些常识，在美国的大学上一门西方文明史入门之类的课就能了解。在汉学界，史景迁的《西方意识中的中国》（*The Chan's Great Continent*：*China in Western Mind*）也写得清清楚楚。可惜，这位汉学家对此视而不见。他竟不能好好想想：被他踩得一钱不值的五四一代，至少有许多人在西方学习过，能够用西方的语言阅读写作，并拿博士学位，等等。至于伏尔泰等，你把中文书倒着拿他们也看不出来。这位汉学家笑话五四一代天真，怎么不觉得吹捧中国的伏尔泰们天真呢？还有，他怎么不提他所引用的孟德斯鸠把中国几乎批得体无完肤呢？

英国传统中像柯克等大法官，早早在18世纪以前就已经发展出一套限制君权的司法传统。这种传统对国王有真实的约束力，绝不是谏几句了事。

“西方诡辩术”并不能束缚中国话语。只有中国人自己才能束缚自己。这样的荒唐文章在中国大受追捧，恰恰说明中国文化心灵的锁闭：大家在喊“老子家以前比你阔多了”时有些心虚，急需找这么位洋大人用另一套更时髦的反西方中心论的“西方诡辩术”把我们捆得结结实实。

中国的大学必须降级

过去十几年，中国的大学忙着扩招、升级，闹得自己负债累累不说，大学毕业生也找不到工作。如今，大学又将面临一个新挑战，那就是降级！对一半左右的大学而言，降者存，不降者亡。除非纳税人愿意供应这种无休止的教育浪费。

“西方诡辩术”并不能束缚中国话语。只有中国人自己才能束缚自己。这样的荒唐文章在中国大受追捧，恰恰说明中国文化心灵的锁闭。

不久前，教育部学生司副司长姜钢证实了高考人数下降的报道：2009年高考报名人数约为1020万名，比2008年约减少30万，减幅3.8%。不过姜钢否认高考报名人数减少主要是因就业难造成的说法。他说，这主要跟适龄人口减少有关。根据他提供的数据，2008年我国应届高中毕业生为849万，2009年则减少到834万，而到明年则要锐减到803万。

对于已经负债累累的中国大学而言，人口趋向所导致的高考人数下降比就业市场所导致的高考人数下降更可怕。人口趋向是长期的，不可能像就业市场一样迅速反弹。几年前高校扩招、各地大建大学城时我就警告：未来几十年中国面临着人口老化的危机，年轻人越来越少。现在兴建的大学城，到时候恐怕填不满。日本就已经出现了这样的情况。不过，日本这样的发达国家，本国学生不够时还可以招收外国学生。比如中国留学生就帮助日本的大学大大缓和了空校危机。中国的情况正好相反。大学粗制滥造，教育质量低下，信誉大失，不可能有大量外国留学生来填充校园。同时，随着中国经济的发展，老百姓的生活水平日益提高，留得起学的人越来越多。在已经日益减少的应届高中毕业生中，将有越来越高比例的学生留学。空校危机已经很真实。不用多久，对许多学校而言也许高考都不必要了，只要有学生报名就会迫不及待地录取。这只能是进一步降低大学的教育质量。

102

随着中国经济的发展，老百姓的生活水平日益提高，留得起学的人越来越多。在已经日益减少的应届高中毕业生中，将有越来越高比例的学生留学。空校危机已经很真实。

对于这样一个长期的危机，中央政府应该发挥适当的领导作用，指导大学通过降级来避免破产。如今中国还是个制造业大国，需要的是高技术的蓝领。大学则主要是培养白领的机构。中国的技工学校少、大学过剩，技工学校毕业生比大学生更好找工作，显示了技工的短缺。我一直大声疾呼：未来教育的首要使命，是如何把在几十年内将达几亿之巨的进城民工培养成现代产业大军。他们才是中国高等教育的主要客户。他们更需要的是技工学校。

103

中国的技工学校少、大学过剩，技工学校毕业生比大学生更好找工作，显示了技工的短缺。我一直大声疾呼：未来教育的首要使命，是如何把在几十年内将达几亿之巨的进城民工培养成现代产业大军。

所以，中央政府应该动手砍掉一半的大学，将之转化为技工学校，或可把技工学校等建成类似美国那种两年制的社区学院。因为大学是计划经济的最后堡垒之一，各校为了自己的行政级别只想升不想降，这就需要中央的领导力和市场两股力量。中央政府应该废弃各种学校的行政级别，并让一些负债过重的大学破产，鼓励民间教育机构收购。这些民间教育机构接管后，自然会根据市场需要，大力发展技工学校等低端的高等教育。

人口老化来势凶猛，如果我们现在不立即着手改革，几年后将悔之晚矣。

让市场来调节高等教育

最近有报道说，除了广东、江苏、重庆等省份之外，大多数省份的高考人数出现了减少状况，个别省份的下降幅度甚至超过了10%。虽然在全国范围内，高考人数的下降也许是微不足道的，持平或微升的可能也并非没有。但是，这么多省份出现的下降趋势，也许意味着1977年恢复高考以来大学升学竞争的一个“拐点”。

104

在市场经济中，大学的价值在于培养学生的应付未来的生活和工作的基本素质。而最近十年大学连续扩招，粗制滥造，大学毕业找不到工作，大学也就失去信誉。

这是市场对高等教育进行的必要调整。在我看来，高考人数从长期看将呈现下降趋势，其理由大致有三点。第一，计划经济时代，上大学意味着换身份。大学生的身份是“干部”，已经不是普通老百姓了。农村户口进了大学自动成为城市户口，是城乡流动的重要孔道。如今进入市场经济。这种身份功能虽然还有遗存，但显然不像过去那么重要了。第二，在市场经济中，大学的价值在于培养学生的应付未来的生活和工作的基本素质。而最近十年大学连续扩招，粗制滥造，大学毕业找不到工作，大学也就失去信誉。我几年前曾经指出，中国是个制造业大国，需要大量高技能的蓝领。大学则主要是为白领经济培养人才。一个蓝领经济不发展社区学院、技工学校，而大建大学，和市场需求不符合。第二，中国的人口开始进入老龄化阶段，适龄青年少了。几年前高校大跃进时我就警告：现在建的大学城，没有考虑老龄化的问题。再过20年，我们大概找不到足够的年轻人来填满校园。

以上三大市场力量是很难抗拒的。越早根据这些力量进行调整，所造成的损失和浪费就越小。令我惊异的不是高考人数的“拐点”的出现，而是出现得如此之晚。我实在搞不明白：教育费用那么昂贵，教育产品那么滞销（2008年560万大学毕业生中有三分之一仍然在找工作时，2009年又有610万大学毕业生进入劳动市场），怎么还有那么多的家长不惜血本地送孩子进大学！

然而，不管怎么说，市场调整终于开始了。我们应该顺应这样的调整。遗憾的是，有关部门的一些做法，似乎阻碍或延迟了这样的调整。比如，最近国有企业开始扩招大学生。有人说这体现了国企的责任感，在我看来，这更像是以国企扩招来把高校扩招正当化。支持国企扩招的童大焕先生提供了下列数据：

教育费用那么昂贵，教育产品那么滞销（2008年560万大学毕业生中有三分之一仍然在找工作时，2009年又有610万大学毕业生进入劳动市场），怎么还有那么多的家长不惜血本地送孩子进大学！

> 国有及国有控股工业企业职工从1997年底的7800万人减少到2004年底的4500万人。但垄断企业占国民经济的比重却在十年里迅速扩大。2007年，全国国有企业上缴税金1.77万亿元，占全国财政收入的34.5%。与2002年相比，全国国有企业户数虽然减少了4.36万户，但营业收入、实现利润、上缴税金分别年均增长18.7%、36%和20.4%。2008年，全国所有国有企业实现利润11843.5亿元，仅140多家中央企业实现利润6652.9亿元。其中70%以上利润是由十家左右的垄断企业创造的。可见，国企有着巨大的容纳员工空间。（参见《扩招高校生是央企的社会责任》，2009年5月29日《新京报》）

国企利润如果过高（我相信也是过高的），恐怕还是其市场垄断所导致。解决这个问题，关键要打破市场垄断。但是，企业人数不断减少、利润不断增高，这在技术更新、产业升级的时代则是正常的。我曾经就此有过这样一番论述：在一个经济体中，如果增加资金和劳动力的投入，那么在资源配置合理的情况下，经济就会增长。如果这种增长的速度比资金和劳动力投入的增长率并高不了太多，便属于简单的扩张，是量变而非质变。与此相对，如果劳动力投入大为减少，经济还不断增长，甚至增长速度比资金投入的增长率还快，那么这就是经济革命了。当今的美国就是一例。从表面上看，美国的制造业正在进入坟墓：企业外包、工厂倒闭、工人失业。从1950年至今，美国制造业的工作在所有工作中所占的比例，从30%降到了不到10%。但与此同时，美国制造业的产值不仅没有萎缩，反而翻了7倍！美国正用越来越少的工人，创造越来越高的产值。

如果劳动力投入大为减少，经济还不断增长，甚至增长速度比资金投入的增长率还快，那么这就是经济革命了。

国企人数下降、利润和产值急剧上升，这究竟是因为垄断权力扩大所致，还是因为技术和管理的更新所致，在没有研究结果出来以前，我们不便评说。不过，在技术和管理日新月异的现代经济中，这种产值、利润随着雇用人数的下降而上升的现象是非常正常的。特别是中国面临老龄化的挑战，劳动力供应将在未来十年内开始急剧减少，所有企业都必须寻求以更少的人创造更大的产值和利润的途径。

中国面临老龄化的挑战，劳动力供应将在未来十年内开始急剧减少，所有企业都必须寻求以更少的人创造更大的产值和利润的途径。

如果国企能用更少的人力创造更大的价值，那么出于“社会责任”而扩招自己并不需要的大学生则会妨碍产业升级、技术更新和管理的优化。一旦国企承担了这种“社会责任”，日后就会更加理直气壮地向政府和社会要求自己的垄断权力。同时，这种国企扩招，通过人为地缓解大学生就业压力，扭曲了市场信息，创造了一种

对大学生的需求假象，许多家长因此可能继续把一生的积蓄白白地烧在子女的大学教育上，把维持不下去的大学泡沫再多维持一些时日。大学也会在这些信号的导引下推迟转型。这无论是对企业还是对大学都无好处。

大学需要赢利模式

中科大校长朱清时最近发表谈话，称社会既需要科学家，又需要厨师，大学应该培养蓝领；目前中国大学定位普遍太高，结构不合理，应该加速社区学院的发展。

应该说，中国高等教育界并非没有有见识的人。朱校长和不久前强调大学要培养蓝领的一位北大副校长都一针见血地指出了目前高等教育的弊端。社区学院的概念，也渐渐引起了公众的注意。不过，仅仅发展社区学院恐怕还是不够的。中国的高等教育，还需要另类模式。

105

赢利大学，大部分和社区学院在一个层级上，不过是由私有企业来运营，更加灵活，补充了社区学院和常规四年制大学的不足，值得中国教育界人士好好研究。

我在不久前出版的《精英的阶梯：美国教育考查》中，比较系统地介绍了赢利性大学。但依然没有引起社会的注意。赢利大学，大部分和社区学院在一个层级上，不过是由私有企业来运营，更加灵活，补充了社区学院和常规四年制大学的不足，值得中国教育界人士好好研究。

我的书出版后，有两个发展特别值得注意。一是新东方在纽约股票市场的上市。新东方其实走的就是赢利性大学的模式，只是在中国没有这个名字而已。新东方上市成功，说明赢利性大学在中国大有潜力。

另一个发展则出现在美国。今年出版的权威性杂志《高等教育编年》(*The Chronicle of Higher Education*) 2005—2006 年度的年鉴版（Almanac Issue），开始刊载由芝加哥大学商学院整理的美国主要赢利性大学股票指数。这说明赢利性大学这一新军，已经被美国高等教育的主流接受为一支不可忽视的力量。我们谈美国的高等教育，不能仅仅是几个常青藤，还有各州立学校，还有社区学院，当然也有这些赢利性大学。

赢利性大学和传统大学的一个根本不同，就是完全遵从市场逻辑。这种模式，让对教育产业化十分警惕的中国公众有天然的抵触：市场会不会让学费飞涨，让大学变得上不起呢？回答这一问题，我们只需看看市场上的产品就明白了。25年前改革开放之初，取消了票证，有些东西是贵得让人买不起了。比如年轻人结婚的“三大件”（彩电、冰箱、洗衣机），要买全恨不得会倾家荡产。后来怎么样？市场规则一启动，造这些东西的厂家多了，产品丰富了，甚至过剩了。结果各厂家展开削价战，大家也不抱怨买不起了。

106

赢利性大学的运营也是一个道理：提供教育服务就像造彩电，首先要质量好，否则没有人买；接下来则是压低成本，降低价格，让消费者买得起。竞争的结果，就是又便宜又好的教育。

赢利性大学的运营也是一个道理：提供教育服务就像造彩电，首先要质量好，否则没有人买；接下来则是压低成本，降低价格，让消费者买得起。竞争的结果，就是又便宜又好的教育。一个好的赢利性大学，不会烧钱建豪华校门，不会给一个三层的食堂装两部高档电梯，更不会弄什么高尔夫球场，而是严格遵守和造彩电一样的逻辑：加一个功能，造价涨了多少？消费者能否承受？只有消费者同意，才会把新的功能加上。

Phoenix大学，是美国最大的私立大学，有30万学生，2万教师，同时也是一所赢利性大学。最近该校校长Bill Pepicello在接受合众社记者的采访时指出，该校的原则是以小积大。Phoenix说白了就是个高等教育的连锁店，分布在全国39个州。一切从消费者（学生）的角度考虑问题。比如，该校学生多是年龄较大，有工作的成年人，时间非常紧张。为了满足这些学生的需要，学校提出教室和停车场距离不超过步行五分钟的目标，好像麦当劳开店要让顾客少排队。在学费上，也尽量压低价格，一个学士学位修完的学费是3万～4万美元，平均一年不超过一万。学生由于常常有政府的奖学金或公司一半的报销，自己从腰包里仅掏几千块就可以，相当于收入的十分之一左右。如今，该校买卖做大，准备斥资一亿五千多万美元购买著名橄榄球队亚利桑纳Cardinals'主场的冠名权，使Phoenix成为美国家喻户晓的教育品牌。该校的经费，将近五亿搞广告推销，将近十亿投资教育（产品）本身，但仍然能压低成本。用Pepicello的话说，他们不像名校那样造橄榄球场等昂贵设施，反而可以省下钱来打造品牌。

这样的赢利大学的成功，就建立在其名不正言不顺的身份上，所以一般不和主流大学抢风头，而是无孔不入地钻空子，到被主流大学忽视的地方去补缺。比如我们说的大学忽视了培养蓝领，这在美国的主流大学也是一样。但是，因为有赢利性大学这种修补匠，在这些问题刚刚暴露时就给解决了。比如，美国缺护士，缺中小学教师，主流大学培养的人才供不应求，赢利性大学很快就扑上去。其实，新东方在中国的成功也是类似：大学的英语教学不实用，新东方一下子就给补上了。

这样的赢利大学的成功，就建立在其名不正言不顺的身份上，所以一般不和主流大学抢风头，而是无孔不入地钻空子，到被主流大学忽视的地方去补缺。

中国在未来若干年，有数亿农民进城加入产业大军。他们将成为熟练的高级技工，还是缺乏技能的廉价劳动力，将决定中国经济是否有竞争力。这是对中国高等教育的最大挑战之一。而现有的体制，应付不了这样的局面。所以，决策者们应该创造有利的政策环境，让大大小小不拿纳税人的钱，反而向国家交税的新东方们成长起来。

保密与告密

107

中国在未来若干年，有数亿农民进城加入产业大军。他们将成为熟练的高级技工，还是缺乏技能的廉价劳动力，将决定中国经济是否有竞争力。这是对中国高等教育的最大挑战之一。

最近大学中学生告密的事情频频引起媒体的热议。比如，湖北大学的一个班展开新政，学生之间互相秘密盯梢，一位王姓班长，看名字像个男生，盯的对象是个不爱说话的女生。他盯得仔细到了如此程度，乃至在给这位女生留的“天使信条”中写道：“天冷了，现在你有点赖床了，早上要把闹钟调好。”好像他的眼睛长到了人家女孩子的卧室里。华东政法大学则闹出两名女生去上海市公安局和市教委告发其老师杨师群教授，原因是他在讲授《古代汉语》课程时，有批评中国文化和批评政府等内容，引起该两名女生的愤慨和指责，据称有关部门已立案侦查。

湖北大学的一个班展开新政，学生之间互相秘密盯梢，一位王姓班长，看名字像个男生，盯的对象是个不爱说话的女生。

一些对“文革”还有记忆的人，对此痛心疾首，谴责当今社会的道德沦丧。俗话说“前事不忘，后事之师”。“文革”的痛楚，对于我们这代人是刻骨铭心的。但是，我们这代人的经验和记忆并没有传给下一代人。更何况，我们这代人还有不少是当年干了告密的勾当的，如今也堂而皇之地为人之师，不停地把自己的伎俩传给下一代。因此，我建议有志者能写一本书，名字就叫《告密》，或以实录的形式，或以小说的形式，把这一勾当的丑陋绘声绘色地展现出来，以警世人。如果这样的书如同于丹的书那样卖得火，实在是有益于世道人心。

不过，除了用这类“反面教材”外，我们还需要有些正面的教育。在这方面，我们的文化中有其先天不足。比如说告密，首先涉及的就是“秘密”。这在中文里就那么一个词。即使有些别的词，比如“机密”等，性质也都大同小异。在英文中，则有confidential和secret两个词。翻译成中文，都是“秘密”、“机密”等。我冥思苦想半天，也想不出区别两者的译法。这也许是我浅陋，也许是我们的文化中没有对应的概念。

英文中的secret更接近于中文中的“秘密”，指的是在别人不知道的情况下做的事情，强调的是对别人的戒备和不信任。从这个意义上来说，这个词经常有些负面的意味。很少有人喜欢和总是藏着许多秘密的人当朋友。有太多秘密，至少显得不够坦荡。Confidential则相反，谈的是秘密，强调的却是信任。从词源上看，这个词和confident是对姊妹。大家知道，confident的意思就是信任、信心等。Confidential最常用的意思是秘密，其次的意义则是信任、亲密等。这有些类似于我们儿时的“悄悄话”。你有事对朋友说，如果是confidential，自然是希望对方不要到处传。同时，这也说明你对对方的信任，或和对方有能够分享隐私的亲密关系。

英文中的secret更接近于中文中的“秘密”，指的是在别人不知道的情况下做的事情，强调的是对别人的戒备和不信任。从这个意义上来说，这个词经常有些负面的意味。Confidential则相反，谈的是秘密，强调的却是信任。

你有事对朋友说，如果是confidential，自然是希望对方不要到处传。同时，这也说明你对对方的信任，或和对方有能够分享隐私的亲密关系。

在美国的大学里，师生关系中有confidential这一层，就是在彼此信任的情况下彼此接近，并分享隐私。比如，你和老师的谈话，不应该传到别人耳朵里面。老师给你的成绩，别的同学也不会知道，除非你自己自愿和他人分享。我这个教书匠有时甚至还会被学校告诫：学生的家长来问自己的孩子的成绩和表现，你可不能什么都说，即使是这些家长在付学费。因为这涉及学生的confidentiality（在互信中的隐私）的问题。这些规则，因为多是些常识，一般很少有人给你讲，乃至一些中国留学生刚到美国时会因此产生些误会。

比如，我认识的一位学生，刚来时因为上课听不懂，向教授诉苦。那位教授建议她上课可以录一下音，回去慢慢听。可是，当她到另外一个教授的课上录音时，被教授发现。那位教授马上制止，说他教书几十年，从来不容许任何人录音。他希望有个 confidential 的环境。后来她马上明白了：第一位容许他录音的教授，是个人对她授权，而且那是堂大课，只有老师一个人讲。他不介意，你当然可以录了。第二位教授自己不习惯还不说，他上的是个讨论班，说话的不是教授一个人，还有许多学生在座。他希望大家畅所欲言，你把录音机一摆，大家精神紧张，说话也就不那么痛快了。你要录，必须征求在场所有人的同意才行。在这种文化中，如果你把教授课上的一些观点拿去告密，自然为人所不耻。

108

师生们都应该信守一个规则：大家相处时不能破坏彼此之间的 confidentiality。谁要破坏了这一规则，就丧失了别人对你的信任（confident），就没有人会当你的朋友，没有人给你写推荐信，没有人与你合作。在一个健康的社会中，告密的事情不是没有，但这应该是一个自我放逐的行为。

我们的大学，必须有这种师生之间的 confidentiality。这样师生之间才能缩短距离，才能互相信任。这也是学术和教育的基本条件。我在美国的大学教书，感觉到美国大学的师生在这方面是基本不需要特别训练的。因为看看九岁的女儿上学的情形就知道，人家从小学就培养这些习惯。在中国，既然孩子从小不学这些，大学一开始就应该教。师生们都应该信守一个规则：大家相处时不能破坏彼此之间的 confidentiality。谁要破坏了这一规则，就丧失了别人对你的信任（confident），就没有人会当你的朋友，没有人给你写推荐信，没有人与你合作。在一个健康的社会中，告密的事情不是没有，但这应该是一个自我放逐的行为。

第五章

中国高等教育批判：以高尔夫和博士为例

薛涌　XUEYONG

大学的责任在于塑造有思想的公民

张鸣教授最近炮轰人大国际关系学院院长李景治，并被撤消了在该院的政治系主任的职务。国内媒体立即约请我就此事作出评论，被我谢绝。理由是，我人在美国，情况不清。我很希望人大国际关系学院能澄清事实。然而，其答复是院长在该院网站上的官气十足的四封公开信。媒体人士告之，国际关系学院就此事一概拒绝采访，记者难以获得客观的消息。校内网站 BBS 中的有关文章全部被封，乃至学生被记者问及此事时，噤若寒蝉。

外人是非难辨了。不过，这样的行政行为，却背离了大学的教育原则，证实了张鸣所谓“大学衙门化”的指责。

大学是个学术共同体。大学教育的目标，不仅仅是训练学生的某些特别的技能，更要塑造有责任感的公民。而塑造有责任感的公民，从培养他们对公共事务的兴趣开始。当然，这种参与，要先从本校的事务开始。这几年国内“建设世界一流大学”的运动如火如荼，但人家真正的“世界一流大学”，都提供了种种方便和服务，鼓励学生参与学校事务，这一点我们差之甚远。

大学教育的目标，不仅仅是训练学生的某些特别的技能，更要塑造有责任感的公民。而塑造有责任感的公民，从培养他们对公共事务的兴趣开始。当然，这种参与，要先从本校的事务开始。

仅举几个例子。美国的大学，几乎都有学生自己办的报纸。这些报纸一般是学校出经费，但编辑和经营的权力在学生手里。看看哈佛、耶鲁、普林斯顿等学校，学生的报纸能出日报（一周五期），是校内影响最大的媒体。这些报纸，除了报道范围以本校为主外，和一般媒体没有什么区别，时常发表言论，抨击学校的政策，甚至直接批评校长，对校内的各种纠纷也都积极介入。比如，一个助理教授的去留，乃至一位教授的私生活，一旦出现争议，就立即会成为学生报纸的热点。在这种报纸上当过编辑或主笔，在日后的事业发展中是个重要的资本。二战期间的美国总统富兰克林 · 罗斯福，当年上哈佛时最大的心思就是进学生报纸的编辑部。在挤不进去时，他竟曝出自己的亲戚，正任总统的西奥多 · 罗斯福将来校演讲的新闻，证明自己作为消息来源的提供者，是多么有价值。

现代社会，是为“参与性的政治程序”所治理。学生读书期间，就要学习和演练这样的政治参与，而最好的场所当然就是自己的学校。俗话说：“一屋不扫，何以扫天下？”如果自己学校内的公共事务都无法参与，还谈什么投身于社会？

反观学校的官方报纸，常常是一个月左右才出一期，很少有人在乎上面讲什么。当然，除了报纸外，还有各种学生组织，也从学校获得经费，但运作是独立的，免不了和学校对抗。我刚到耶鲁读书时，看到学校中央图书馆前的草坪十分美丽诱人，特别是草坪下面的地下图书馆，设计和环境混然天成。当我向一位老师赞叹这样的设计时，她告诉我：当年这个图书馆，是准备盖在地上的。这么一个庞大的现代建筑放在这里，草坪没有了不说，四周清一色老式石头建筑所创造的古色古香氛围也没有了。就要开工之时，各种学生社团就组织起反对力量，到工地上静坐，拦住了推土机。最后学校不得不放弃原来的计划。

为什么国外的大学要花钱给学生办报纸、组织社团，让学生有动员起来反对自己的武器？因为高等教育要为学生适应和改造社会服务。现代社会，是为“参与性的政治程序”所治理。学生读书期间，就要学习和演练这样的政治参与，而最好的场所当然就是自己的学校。俗

话说："一屋不扫，何以扫天下？"如果自己学校内的公共事务都无法参与，还谈什么投身于社会？所以，当一个大学生毕业求职时，如果能向用人单位展示自己在校期间曾领导了一个运动，阻止或改变了学校的某个重大政策的话，那么，他或她就很可能比一个优等生更受青睐。

如今，美国一些名校，纷纷把课程在网上以视频的形式公开，让公众可以直接身临其境地享受一流的课堂教学。许多人问：这样把课程免费提供给公众，谁还会一年花几万美元来读书？其实，真正体验过美国的大学生活的人就知道：课堂远远无法涵盖大学教育的全部。大学是一个自治的学术共同体，给所有人提供了一个自由表达思想和意见的平台，并鼓励所有成员参与这个共同体的管理过程。学生在这种参与式的大学环境中，学会了怎么表达自己的诉求，怎么说服别人，怎么调动公众来支持自己的主张，怎么把思想化为行动，由此发展出自己的"领袖才能"。看看当今美国各界的领袖人物，他们上大学时，常常功课平平，但在校园生活中十分活跃。要是上大学仅仅意味着上课考试的话，大学对他们就没有太大意义了。

大学是一个自治的学术共同体，给所有人提供了一个自由表达思想和意见的平台，并鼓励所有成员参与这个共同体的管理过程。学生在这种参与式的大学环境中，学会了怎么表达自己的诉求，怎么说服别人，怎么调动公众来支持自己的主张，怎么把思想化为行动，由此发展出自己的"领袖才能"。

人大国际关系学院和张鸣教授之间的冲突，孰是孰非姑且不论，既然此事已经成为一个公共议题，拿纳税人的钱经营的人大，就有义务向社会有个交代。同时，校方应该鼓励而非禁止学生就此事展开辩论，评说是非。毕竟，我们的大学不是以培养死读书、听话的学生为目标，而是要塑造有思想、有责任、有行动能力的公民。如果封了学生的嘴，就等于砍掉了大学教育中最重要的一环。

怎么培养败家子？

北大要建高尔夫练习场，立即引起公共关系危机，最后这一贵族计划不了了之。然而，一波未平，一波又起。2006 年 10 月 14 日，厦门大学校长朱崇实宣布："两个月后，目前国内最漂亮的高尔夫球练习场将在厦门大学建成并投入使用。今年 06 级厦大学生都要上高尔夫球课，其中对管理、法学、经济、软件学院的学生还是必修课，每个学生都要学会打高尔夫球。"据说这是精英教育的一部分。

因为我们对精英有与众不同的理解：精英就是人上之人，就必须具有享受人上之人的生活的训练。

中国有句老话："富不过三代。"其实，这并不是一个放之四海而皆准的规则。看看美国肯尼迪、福特、洛克菲勒、福布斯等家族，哪里有三代而衰的？再看日本，一个买卖往往从江户时代就开起，至今家门兴旺。"富不过三代"其实很有中国特色。其中的原因之一，就是我们中国传统中有深厚的培养败家子的传统。

看看厦门大学的创举就明白：精英教育，就是要让几个专业的学生把高尔夫球当必修课。你到世界找找，哪个国家有？这大概可以进吉尼斯世界纪录大全了。我们为什么能这样独步于世？因为我们对精英有与众不同的理解：精英就是人上之人，就必须具有享受人上之人的生活的训练。以中国的国情，高尔夫是一般人玩不起的，是绝对的上流社会的运动。所以，不仅大学要建高尔夫练习场，上海等地的新贵们，整天价把六七岁的孩子送到贵族学校学习高尔夫。惹得美国人把这种事情登到《纽约时报》上，让大家看暴发户的热闹。

美国的情况如何呢？在人家那里，精英的家庭也希望自己的孩子继续成为精英。但是，人家精英的概念明显不同。这一点，我在《美国是如何培养精英的》和《精英的阶梯》中有了比较详细的交代。比如，美国的报纸上常有讨论：富裕的家庭如何向孩子解释家里的财产？许多富人特别注意不让孩子知道自己是富人，以防他们小小年纪就因为觉得有依靠而不思进取。但有些家庭的财富是盖不住的，如豪宅、飞机、游艇等，怎么可以让孩子不知道？在这种情况下，家长常常想尽办法，让孩子觉得这些财富和自己无关。更有盖茨、巴菲特这种，早早把财产捐了。我一个朋友，不算有钱人，但父亲是一常青藤的前校长，丈夫是另一常青藤的终身教授，说她文化贵族不应该说过分。她就坚持把孩子送到公立学校，觉得私立学校容易在富家子弟中培养一种entitlement（大致可以翻译为“理所当然的特权”）。还有一些家庭，干脆自己掏腰包，让孩子去非洲、拉美、南亚的贫民窟当志愿人员。

109

美国的报纸上常有讨论：富裕的家庭如何向孩子解释家里的财产？许多富人特别注意不让孩子知道自己是富人，以防他们小小年纪就因为觉得有依靠而不思进取。但有些家庭的财富是盖不住的，如豪宅、飞机、游艇等，怎么可以让孩子不知道？在这种情况下，家长常常想尽办法，让孩子觉得这些财富和自己无关。

美国的精英教育多种多样，也有许多失败的家庭。但是，被社会奉为主流的精英教育，特别是针对那些精英家庭的孩子的精英教育，所强调的一个基本点是如何去掉孩子意识中的entitlement(“理所当然的特权”)意识，让他们意识到一切必须通过自己的努力挣来。而要成为精英，就必须有“领袖才能”。这种才能体现在和民众的沟通能力上。所以，精英教育强调的是如何了解下层社会，而不是自己的小圈子里玩什么。

我们的精英教育则正好相反：培养的就是人家想去掉的entitlement（“理所当然的特权”）的意识。高尔夫就是这种entitlement之一。我们强调的，不是精英向社会提供什么服务，而是精英要在社会中享受什么。人家注重的是创造，我们注重的是挥霍。范仲淹的“先天下之忧而忧，后天下之乐而乐”之所以成为千古名训，大概是因为很少有人这样做而变得格外珍稀了吧。高尔夫课显然是有高度的前瞻性：它对那些大部分还一事无成的学生传达的信息就是怎么先天下之乐而乐，甚至在天下皆忧时怎么自己独乐。这难道不是世界一流的培养败家子的课程吗？

我们强调的，不是精英向社会提供什么服务，而是精英要在社会中享受什么。人家注重的是创造，我们注重的是挥霍。

撒切尔夫人说中国永远无法成为世界的超级大国，因为中国没有这样的文化精神。我看这是至理名言。中国还没有富，怎么富的门路也没有找到，但富了后如何挥霍已经被设计得如此精致。难道这就是中国的未来？

110

撒切尔夫人说中国永远无法成为世界的超级大国，因为中国没有这样的文化精神。我看这是至理名言。中国还没有富，怎么富的门路也没有找到，但富了后如何挥霍已经被设计得如此精致。

高尔夫错在哪里？

厦门大学把高尔夫列为几个专业的必修课，引起许多人的抨击。但是厦大校长朱崇实嘴里还振振有词：修一个高尔夫练习场，仅用了学校的250多万。相比之下，游泳馆、羽毛球馆等，都要贵得多。如果把修高尔夫练习场的地方修成篮球场或田径场，造价更高。哈佛等世界名校，都有自己的标准球场。我们为什么不能尽力给学生们一个发展自我的机会？

首先，和哈佛比是驴唇不对马嘴，正反映了我们的大学领导人如何脱离国情。哈佛的捐助基金达220多亿美元，将近两千亿人民币。厦大有多少？哈佛有一百多个图书馆，甚至在首都华盛顿，在意大利都拥有图书馆。我不是哈佛的人，只不过在波士顿地区教书，但我能够

把哈佛图书馆的几百本书搬到自己家里，因为人家对我这个外人的借书量没有限制。这些厦大能学吗？我们条件有限，学人家要有优先，什么优先呢？难道不应先建几十个图书馆再修高尔夫练习场吗？学校难道不是读书的地方吗？

其次，把高尔夫练习场和篮球场田径场相比更为失当。修一个高层经济适用房的楼比修一个豪宅贵。难道我们因此就要盖豪宅吗？篮球场、田径场每平方米能供多少人运动？高尔夫练习场的容量又是多少？

朱校长最可悲的，是到了美国看见高尔夫球场就要回来开高尔夫必修课。你见过哪个美国大学有高尔夫必修课？耶鲁的高尔夫球场全美著名，但远离校园。虽然美国高尔夫很普及，但高尔夫在校园里几乎被人遗忘。在大学体育上，朱校长似乎很想学美国。只可惜对美国大学体育的精神和功能还处于文盲状态，所以才有这场高尔夫的闹剧。

美国大学体育中最流行的项目，基本都是集体项目：橄榄球、篮球、冰球、棒球、足球、网式曲棍球等。

当然，这场闹剧并非全无好处。它向我们提出了这样的问题：大学体育的功能是什么？我们应该发展什么样的大学体育？要学习美国的“一流大学”，在大学体育上向人家借鉴什么？

到目前为止，在国内对美国大学体育介绍最全面的，大概就是我的近著《精英的阶梯：美国教育考查》中的有关章节了。如我在书中所论，美国大学体育中最流行的项目，基本都是集体项目：橄榄球、篮球、冰球、棒球、足球、网式曲棍球等。高尔夫球队未必没有，但是我在耶鲁读了八年书，不记得校报上报道过高尔夫比赛的消息，虽然每天校报都有满满一个体育版。

为什么重此轻彼？这和美国大学对体育的教育功能、对培养精英的理解有关。美国大学和中国大学的一个巨大不同，就是把体育放在教育的核心地位。一个校队的队长，到华尔街找工作有时比一个优等生还有优势。事实上，从事大学体育的学生，日后的成才率（特别是在政治经济界）比不从事的要高得多。从眼下正进行得如火如荼的中期选举中，你会看到，有时两党竞争一个议席的候选人，大学时都是橄榄球队的队员。

111

美国大学和中国大学的一个巨大不同，就是把体育放在教育的核心地位。一个校队的队长，到华尔街找工作有时比一个优等生还有优势。

为什么球队这么重要？因为人家要培养领袖，培养精英。球队是个集体，给你提供了施展领袖才能的环境和舞台。你能把众多个性、背景、技能不同的人组成一个有效的队，说明了你有领导力。美国人培养精英的方式就是这样：一切要自己挣出来，要让人家服气，要知道怎么和其他人沟通，懂得怎么感染和动员自己的支持者。没有这个能力，你无法当一个橄榄球的四分位。有这个能力，你不只能当一个四分位，还能当企业领袖、议员，甚至总统。

112

球队是个集体，给你提供了施展领袖才能的环境和舞台。你能把众多个性、背景、技能不同的人组成一个有效的队，说明了你有领导力。

高尔夫则只不过是个上流社会的炫耀性标签，并不能给学生提供一个团队合作的舞台，也无从发展领袖力。这样训练出来的学生，充满了优越感，却不懂得怎么和基层老百姓沟通，怎么动员别人跟从自己。学生所能指望的，大概是有朝一日天上掉馅饼，被任命为“领导”，于是高尔夫、卡拉OK，一切都可以享受了。这样的教育不是培养勇于奋斗的人才，而是坐享其成的纨绔子弟。

朱校长，何不食肉糜？

厦门大学把高尔夫变成了几个专业的必修课。朱崇实校长说，高尔夫是个优雅的运动，学生学了以后，行为举止更加得体了。

这样的理由，听起来挺硬的。君不见最近媒体上报道，中国人富裕以后到海外旅游，把家里的坏习惯进行环球展览，走到哪里都吵吵嚷嚷，垃圾乱丢，买什么都要讨价还价，甚至我们的政府也受到震动，开始展开文明教育。谁说高尔夫教育没有用呢？

可是，仔细一想，心中不免生疑。日常最常用的行为举止规范，能从高尔夫中学到吗？

我不妨讲一个自己的亲身经历。

前不久参加一个东亚研究的大型国际学术会议，东道主招待来宾，在大厅摆上自助餐席，让大家自取食物，自由走动，边吃边谈。这是国外学术活动最常见的一种形式。桌子上的饭菜非常丰盛，大家也彬彬有礼地排队往自己的盘子里盛东西。但盛了几次，我就发现有些地方不对劲儿。这种自助餐，有许多食品需要蘸着调味品吃。一般美国人不会“回头蘸”。比如，你拿起一块寿司，蘸了酱油后咬一口，然后再把剩下的一半又浸到酱油中，这等于把自己的唾液也带了进去，对别人就不卫生了。自家几个朋友吃饭，这样也许无所谓。但西方人素有分餐的习惯，况且这样的场合，有几十甚至上百来宾。大家都“回头蘸”，调味料又是公用的，许多人因此就不敢吃了。

可是，我看到许多中国学者，不仅都“回头蘸”，而且有时动作甚为夸张。比如，一位把一块食物先浸到作

你拿起一块寿司，蘸了酱油后咬一口，然后再把剩下的一半又浸到酱油中，这等于把自己的唾液也带了进去，对别人就不卫生了。

料中，拿起来就在作料盘子上空咬一口，一滴液体还落下来，掉回到盘子中；然后他又不由分说，把咬了半截的东西又浸到盘子里。一位在他身后排队的“老外”，见此情景立刻走开了。结果，有几个菜，就这样被中国人独占了。

这情景让人看不下去，但我也实在手足无措。来的中国学者，一个个衣冠楚楚，斯斯文文，有些还是我尊重的学长。美国人平时待人接物很客气，不会把这些问题指出来。中国学者们初来乍到，有些是第一次出来，不懂这些规矩。他们多是谦谦君子，经过提醒，肯定会注意的。但我和他们不熟悉，不敢冒昧地指手画脚，最后找到一位熟人，把这事情讲了一下，问他能否暗中提醒大家注意一下。但他看着场面，也面有难色。

一位把一块食物先浸到作料中，拿起来就在作料盘子上空咬一口，一滴液体还落下来，掉回到盘子中；然后他又不由分说，把咬了半截的东西又浸到盘子里。一位在他身后排队的“老外”，见此情景立刻走开了。

诸如这样的行为举止的规范，我们学校里不教，除非特别小心，很难注意得面面俱到。然而，这又是影响每一个学生日后生涯的大事。美国的许多大学，有专门的求职咨询服务，其中不少内容就涉及这些。这样的事情，并不需要长期训练，关键是有人点拨一下，先让大家有自我意识就行。然而，我们的教育在这方面做了多少呢？

中国进入了全球化时代的剧烈社会转型，许多旧的行为规范不适用了。比如，几个朋友吃吃喝喝的应酬，会越来越多地被这种大型自助餐会所取代，分餐的文明要从头学。可惜，朱校长对这样的挑战的回应，却像是“何不食肉糜”的晋惠帝。他可以花250多万修高尔夫练习场，让厦大学生“优雅”起来。但是，这些拿着球杆风度翩翩的绅士淑女，见了桌子上的寿司会不会咬一大口，再用剩下的半截把自己的唾液送到公共调料盘子中

呢？厦大的学生们，难道你们真觉得自己“上流”以后，人家和你们谈生意时更在乎你们拿着球杆的姿势，而不介意和你们交换唾液吗？学习行为举止的文明，是否也应该有个轻重缓急、孰先孰后呢？

113
厦大的学生们，难道你们真觉得自己“上流”以后，人家和你们谈生意时更在乎你们拿着球杆的姿势，而不介意和你们交换唾液吗？学习行为举止的文明，是否也应该有个轻重缓急、孰先孰后呢？

我给大学校长们扫精英教育盲

最近，高尔夫成为中国高等教育的关键词。一些大学校长们，还在为高尔夫教育辩护。厦门大学校长朱崇实说，大学就是要培养精英。好像这么一说，把高尔夫变成必修课就理直气壮了。北大校长许智宏谦和得多。他说自己不懂高尔夫，只是不理解当初要建个高尔夫练习场怎么会引起这么大的公愤。

我一向是精英教育的支持者。特别是北大厦大这样的学校，培养的就应该是未来的领袖。而培养领袖，光上课不行，还要有学生的社团和组织活动、社会活动及体育竞技。我曾反复指出，大学体育是培养精英的重要手段。美国大学里参与体育竞技的学生中，日后成为领袖的比例明显比没有参与的学生高。

114
大学体育是培养精英的重要手段。美国大学里参与体育竞技的学生中，日后成为领袖的比例明显比没有参与的学生高。

问题是怎么用体育来培养精英，我们要怎样理解体育在大学教育中的功能。在这方面，中国教育界了解甚少。我最近两年写了两本书《美国是如何培养精英的》,《精英的阶梯：美国教育考查》。从标题就可以看出，我有针对性地讨论美国的精英教育。其中还特别对美国的大学体育及其教育功能进行了介绍和探讨，应该说是这方面的启蒙者了。我想，这两本书可以用来给那些满口精英教育的校长们扫一扫精英教育盲。

中国的大学不懂大学体育，不懂精英教育，从一些小事上就可以看出来。我一个研究高等教育管理的朋友，不久前给国内一个名校的课程进行评估。该校也是口口声声要培养领袖的。可是，他通过认真观察，发现学生们的第一个问题是“缺乏团队精神”。该校人员听了这样的评估一愣，一时竟不知道从何说起。

我想不仅是那个学校，中国所有的一流高校几乎都会有这个反应。中国大学里的高才生的特点，我不说大家也知道。高才生顾名思义，关键就是突出，优秀，能把别人比得一点脾气也没有；自然更有些傲慢自负，牛气冲天的。在我们这个以考试分数判断学生素质的文化中，大家对这样的高才生接受而且服气。人家就是有资本独往独来嘛！可是在美国的校园中就不行。这么牛的人，怎么和别人合作？无法和别人合作，又怎么成就事业？

作为领袖，你不能把人们组成一个团队，不能让别人甘心情愿地跟着自己走，你领导谁去呢？要塑造领袖，就必须有团队精神。有集体才有领袖。

所以，我那位朋友在评估后对那所名校的同行们说：你们不是要培养未来的领袖吗？作为领袖，你不能把人们组成一个团队，不能让别人甘心情愿地跟着自己走，你领导谁去呢？要塑造领袖，就必须有团队精神。有集体才有领袖。

我们总觉得西方是个人主义社会，中国是反个人主义的社会。人家那里一切以个人为中心，我们这里则首先要考虑群体的利益。这是对西方最简单化的误解。换个角度看，西方才是个相信群体的社会，中国则迷信个人。看看那些历史演义、武侠小说或《英雄》之类的电影就知道，中国人描写战争，千军万马都不算数，有一个挥舞 82 斤青龙偃月刀的关云长就全解决了问题。相比之下，西方人描写战争则出奇地缺乏想象力。英雄不像英雄，只像平常人那样苦斗。其实古希腊步兵的甲胄就重达六十多磅，也超过50斤了。没有十项全能的体魄，别想打仗。这也是人家的教育中强调体育的原因。人家打仗是用方阵，强调的是协调统一，共进共退，一开战将军也如普通士兵一样作战。团队高于一切，个人不能随便逞能。

115

大学课堂的教学，大部分和培养领袖没有直接的关系。有直接关系的是学生的社团组织活动以及体育竞技。而这种体育竞技，主要是集体项目。

当今西方人的教育中，也渗透着他们战场上的团队精神。而且他们知道，要培养这种精神，要在团队中塑造领袖，光读书不行。可以说，大学课堂的教学，大部分和培养领袖没有直接的关系。有直接关系的是学生的社团组织活动以及体育竞技。而这种体育竞技，主要是集体项目。道理也很简单：球场如战场，你上去就要接受考验，就要为自己的队做出贡献。离开队友，你会一事无成。

在大学里的系队踢过球的人都知道，一个队组织的效能，不仅靠一个“校队”的球星。这个领头人还必须根据大家的特点，分派角色和责任，让人人信服。在场上踢球，他会带头冲锋陷阵。但是，绝不能光顾个人表现忽视集体。球场上的现实每时每刻都告诉你：多么优秀的个人，都必须绝对忠于集体，否则马上就会有后果。这套组织技巧看起来简单，真正实践起来则很难。这正是我们培养精英的好场所。

问题的关键在于高尔夫是装点精英的气派的运动，不是塑造领袖的运动。因为它太与世隔绝了，无法帮助领袖和被领导的群体建立直接的关系。足球则提供了一个像希腊方阵那样培养团队精神、塑造领袖的环境。

北大校长许智宏先生坦言他不明白修一个高尔夫练习场和足球场用地差不多，为什么大家这么反对。这当然有同样面积的足球场和高尔夫练习场所容纳的人数有很大差距的问题。但以我看来，问题的关键在于高尔夫是装点精英的气派的运动，不是塑造领袖的运动。因为它太与世隔绝了，无法帮助领袖和被领导的群体建立直接的关系。足球则提供了一个像希腊方阵那样培养团队精神、塑造领袖的环境。我至今还没有看到国内任何一个教育界人士意识到这一问题的重要性。我们在文化上，沉浸在演义小说中对个人的迷信中；在现实中，则培养着许多优秀的单干户，高才生都是独行侠。比如最近光华管理学院有位毕业生找不到工作当陪聊，他说自己性格上不愿意求人，自以为很清高。可是，在管理学院，最重要的一点就是团队的配合。和别人合作就是你要学的东西。我们的许多高分学生，在团队配合方面还处于这种刚刚摘下尿布进行坐便盆训练的阶段。这是我们的高等教育的又一大失败。在计划经济的时代，这些尖子们可以等着上面任命，一旦“受到重视”就算大功告成，根本不需要具有组织动员他人的能力。如今中国进入了市场经济，社会需要自发的组织能力。你能不能拉几个人折腾出些事业来，就能界定你能否成为社会中的领袖和精英。这种能力也是我们大学急需培养的。所以我说，中国的大学，要借体育重新界定自己的使命。中国的体育，也应该放弃奥运战略，借教育来在社会中生根。

在管理学院，最重要的一点就是团队的配合。和别人合作就是你要学的东西。

116

如今中国进入了市场经济，社会需要自发的组织能力。你能不能拉几个人折腾出些事业来，就能界定你能否成为社会中的领袖和精英。

打高尔夫能让你成精英吗？

北大建高尔夫练习场不了了之，但高尔夫风却刹不住。厦门大学最邪乎，要让高尔夫成为几个专业的必修课。上海财经大学稍微理性一些，仅开设了高尔夫选修课，结果此课在校园中热得烫人，学生要在电脑上随机抽取才能获得选课的权利。这无疑给推动高尔夫教育的人打了一剂强心针：大学不是要为学生服务吗？这是学

生的要求!

中国人多地少，基本的体育用地也没有，哪里有地方打高尔夫？如今大学生失业率奇高，起薪接近民工。无论是厦门大学还是上海财经大学，即使在中国也属于二流。校方不操心改进教学，提高学生的竞争力，学生不好好修炼本领，想想毕业怎么谋生，大家为什么不约而同地对高尔夫有这么大的热情？说到底，还是精英情结在起作用。厦门大学直言不讳：高尔夫是精英教育的一部分。在上海，中高产阶层不惜重金把自己六七岁的孩子送进贵族学校进行高尔夫训练。财大学生的举止，也就不奇怪了。

希望成为精英，并不是非分的野心。相反，大学本应该培养未来社会的领袖。而能否培养堪当大任的精英，也关系到一个民族和文明的兴衰。我这两年连续写了两本书——《美国是如何培养精英的》和《精英的阶梯：美国教育考查》，集中探讨的，就是以美国为中心的盎格鲁撒克逊的精英教育的传统。在我看来，现代社会的形成，和盎格鲁撒克逊民族的崛起直接相关。从大英帝国到今天的美国，这一传统主宰世界将近三百年，至今仍然看不到终结的苗头。人家能够如此长盛不衰，一个重要的因素就是有一套培养精英的办法，避免了中国那种“富不过三代”的宿命。如今美国种族和文化多元，犹太人、黑人、亚裔纷纷崛起，打破了盎格鲁撒克逊对精英教育的垄断。但是，盎格鲁撒克逊的文化精神，还是给美国的精英教育提供了最基本的框架。研究这种精英教育，是发展中国精英教育必不可少的步骤。

117

大学本应该培养未来社会的领袖。而能否培养堪当大任的精英，也关系到一个民族和文明的兴衰。现代社会的形成，和盎格鲁撒克逊民族的崛起直接相关。从大英帝国到今天的美国，这一传统主宰世界将近三百年，至今仍然看不到终结的苗头。

那么，美国精英教育的核心是什么呢？以我观察，一个最基本的核心，就是打破精英的entitlement的意识。

所谓entitlement，直译是“资格”，实际上在中文中很难找到对应的概念。这大概和我们的文化中缺乏类似的意识有关吧。Entitlement实际上是指一种“理所当然的权利”。这就像“老子英雄儿好汉”一样，当爹的是条龙，龙子当然就不能是一只虫。有了这种entitlement的意识和优越感，儿子就容易躺在老子的业绩中坐享其成。几代之内，祖先艰苦创业留下的遗产就会被挥霍干净。

有了这种理所当然的权利的意识和优越感，儿子就容易躺在老子的业绩中坐享其成。几代之内，祖先艰苦创业留下的遗产就会被挥霍干净。

盎格鲁撒克逊的传统虽然起源于贵族文化，但对这种entitlement的祸害却防范很严，孩子从小不娇生惯养，要经过跌打。同时，西方古典的传统，特别是古希腊的文化，对启蒙主义以来的盎格鲁撒克逊民族有强大的塑造力量。在古代雅典，平等是立国之本。这一平等的精神，即使是盎格鲁撒克逊的贵族也无法抵挡。特别是后来盎格鲁撒克逊文明在美国开花结果，创造了一个平民主义社会，平等就更加成为主流的意识形态。

你是不是精英，不在于老子给你留下了什么，不在于你有多么高贵的嗜好，而在于你对周围那些和你享受平等权利的人有没有感召力，人家愿意不愿意跟随你。

当今美国的精英文化和培养精英的方式，必须放在这一平等的传统中来理解：不管你出生于什么家门，作为一个人，你和任何一个其他人都是平等的。这不仅体现在法律上，也体现在一人一票的政治权利上。所以，你是不是精英，不在于老子给你留下了什么，不在于你有多么高贵的嗜好，而在于你对周围那些和你享受平等权利的人有没有感召力，人家愿意不愿意跟随你。也就是说，别人愿意不愿意推举你为他们的领袖。不管是从政还是做生意，这种能和大众沟通的“人气”是成功的前提。

那么，怎么让人家把你推举为领袖呢？首先要对被你领导的人们有深刻的理解和真诚的关心。美国人的教育，从学前班开始就灌输精英理念，你到处可以听到“领袖才能”（leadership）这类字眼。但人家这种精英意识和我们大为不同。比如，有一次我参加女儿的一个活动，每个家长要当众表彰自己的孩子的“业绩”，以鼓励好的品行。一位家长讲自己的女儿：“奥利维亚组织小朋友演节目。录音机打开后，她特别摁了暂停键，要确定所有小朋友都听过这段音乐，会跟着唱歌，才重新开始。这体现了她对他人的关怀和她的领袖才能。”事实也确实如此。那个孩子是个典型的孩子王。总之，想当领袖，首先要谦卑，要体贴他人，让别人信服。

通过义工，大学生了解了社会，了解了底层，发展了自己的领袖才能，建立了和被领导的人的基本纽带。毕业后老板雇人，常要看义工的经历。

稍微大一些，美国的家长为了孩子将来成为领袖，争先恐后地送他们打义工。特别是有钱人家，甚至会自己掏腰包把孩子送到非洲，在南非的孤儿院、艾滋病救济站做志愿人员。大学生则更不落其后。2005年，美国330万大学生打义工。一些研究表明，这些义工，不仅利他，更是利己。通过义工，大学生了解了社会，了解了底层，发展了自己的领袖才能，建立了和被领导的人的基本纽带。毕业后老板雇人，常要看义工的经历。至于你有些贵族嗜好，不是不可以，但最好别到处炫耀。2004年总统大选，克里玩一些贵族运动的镜头被共和党拿来做攻击他的广告，最后被喜欢平民的棒球的布什所击败。

118

美国的大学生争着打义工，生怕自己和下层不接近；我们的大学生挤破高尔夫练习场，生怕自己和草民无法区分。

美国的大学生争着打义工，生怕自己和下层不接近；我们的大学生挤破高尔夫练习场，生怕自己和草民无法区分。这样的对比说明了什么呢？人家的精英教育，是要让学生从社会底端艰苦卓绝地奋斗上去。因为精英是领袖，他们要说服跟从者：我是你们的一员，但我从小就当志愿人员，更愿意也更有能力为大家提供更多更好的服务。精英教育从化解entitlement的意识开始，以培养高度的社会责任感为目标。我们的精英教育，则教学生怎么坐享其成，刻意塑造的就是人家想方设法要摆脱的entitlement意识：我有资格与别人不同，我必须享受别人享受不了的东西。甚至在学生还没有任何成就，毕业后能否找到工作还不清楚的情况下，学校就用高尔夫把这种entitlement的意识灌输给学生。而如今的大学生大多是独生子女，他们从小的家庭教育，就是entitlement的教育：别人围着自己转，想要什么都必须获得满足。这样的孩子，有着舍我其谁的本能，对高尔夫当然反应热烈。现在某些大学生，已经被娇惯到找工作面试时被问一句能否扫地就会暴怒的程度，受了高尔夫的教育后，他们还肯干什么呢？

也许我们应该想一想：人家300年长盛不衰，我们“富不过三代”，这一切难道都是偶然？

也许我们应该想一想：人家300年长盛不衰，我们“富不过三代”，这一切难道都是偶然？

高等教育的超前腐败

在北大兴建高尔夫球场的计划因引起公愤而搁浅后，厦门大学前仆后继。不久前，该校校长朱崇实昂然宣布：“两个月后，目前国内最漂亮的高尔夫球练习场将在厦门大学建成并投入使用。今年06级厦大学生都要上高尔夫球课，其中对管理、法学、经济、软件学院的学生还是必修课，每个学生都要学会打高尔夫球。”

厦门大学此举，标志着中国高等教育进入了超前腐败的阶段。

首先，厦门大学是公立大学，花的是纳税人的钱。中国还是个穷国，教育经费在国民经济总产值中占的比

例也甚低。教育经费不足，使最基本的义务教育都无法保证。当然，即使经济发展水平低，中国仍然有大力投资高等教育的战略需要。但是，这种投资，必须是“生产性的投资”，目的是培养学生为社会创造价值的能力，而不能用于教学生如何享受奢华的生活方式。试想：老百姓勒紧裤腰带省出这么几个钱来办大学；大学生享受了这样的恩惠，日后的生活水平明显会高于为他们埋单的普通老百姓。这个过程，本身就是劫贫济富。大学生只有日后创造出巨额财富，使下层社会也能跟着受益，这种教育投资才有正当性。所以，大学应该教育学生的，是怎样感念这种“粒粒皆辛苦”的投资，想着以后如何去回报社会。学生中要学高尔夫的，可以到校外找个俱乐部学，只要不影响学业，这完全是个人的自由。怎么能够把这样的运动列入必修课？纳税人的钱投到计算机、经济等课程上，是能期待着回报的；投到高尔夫的课程上，能获得什么回报？

119

老百姓勒紧裤腰带省出这么几个钱来办大学；大学生享受了这样的恩惠，日后的生活水平明显会高于为他们埋单的普通老百姓。这个过程，本身就是劫贫济富。大学生只有日后创造出巨额财富，使下层社会也能跟着受益，这种教育投资才有正当性。

其次，高尔夫成为大学课程的唯一理由，就是大学是私立的；学生自己花钱，当然有权利选择自己所学的内容。但是，我在美国的私立学校学习工作了十几年，从来没有听说高尔夫成为必修课的。如果大学把高尔夫当成必修课，恐怕家长们也会让孩子到别的地方读书。道理很简单：孩子日后的成就，在于他或她创造了什么，而不是享受了什么。没有家长希望孩子在没学会怎么挣钱的情况下先学怎么挥霍。当然家长更不愿意自己花钱教孩子挥霍。

中国土地资源稀缺，高尔夫本应该是个要上高消费税的运动。许多高尔夫球场，是开发商用来圈地的名目，本身甚至无法自负盈亏。而如今在社会上能打得起高尔夫的，也是非常少的特权阶层。这种特权阶层俱乐部，有包括公款消费在内的大量腐败现象的存在。厦门大学今天看见“精英”打高尔夫，就叫学生也学高尔夫；明天看见“精英”包养二奶，是否也要让学生必修包养课呢？更可笑的是，即使在该校要必修高尔夫的管理、法学、经济、软件学院的学生中，将来恐怕也是只有极少数有此腐败的特权。厦门大学则为了这假设中的极少数学生的不正当利益，把培养学生贡献于社会的基本技能的钱，挪用来培养他们高消费的生活方式，让那些未必捞得着腐败的资格的人也要超前地进行怎样腐败的训练。这难道不是一种变相的公款吃喝吗？

120

如今贫困地区的中小学连桌椅板凳都没有，大学却拿纳税人的钱盖豪华校门，给食堂装豪华电梯，兴建高尔夫球场。这些现象说明，用纳税人的钱以计划经济的方式经营高等教育的体制已经彻底破产。

厦门大学的高尔夫课程，是2006年中国高等教育界最大的丑闻之一。如今贫困地区的中小学连桌椅板凳都没有，大学却拿纳税人的钱盖豪华校门，给食堂装豪华电梯，兴建高尔夫球场。这些现象说明，用纳税人的钱以计划经济的方式经营高等教育的体制已经彻底破产。再不打烂这种僵化的制度，中国的大学就将成为培养而不是消除社会不公平的基地。

高尔夫球场与大学体育

北大正在为证明自己是“二流”而进行努力，其修建高尔夫球场的计划又像丑闻一样轰动社会。短短时间，高尔夫球场变成了高尔夫练习台，后来又听说有关计划已经被政府部门给否决，最后连练习台恐怕也修不成。

北大领导人士一直声称自己在为“建设世界一流大学”而努力。无论是盖大楼也好，引进海外教授也好，

都是围绕着这个目标。想来高尔夫球场计划，也是这一奋斗的一部分吧。

北大可以辩称要建的不是高尔夫球场，而是一个高尔夫练习台。但是，在学生的基本生活、学习和体育设施还不完善的情况下，在校园这么重要的位置投资建立一个高尔夫设施，必须有非常重要的理由才行。是要对外营业创利赚钱，是供一些特权阶层享受，还是推广高尔夫运动？北大从来没有解释。不过，这最后一个原因，可以是最说得过去的原因。

大学的基本使命是教育。在校园重地建立的设施，大多要和教育职能直接相关。也许北大有如下的思路："世界一流大学"的使命是为社会培养领袖。北大也是个培养未来领袖的大学。成了社会领袖，就不能和普通老百姓一般见识，要玩一些老百姓玩不起的东西，比如用公款打打高尔夫等。北大培养的是上等人，学生就要有上等人的做派。现在练好了高尔夫，就懂得怎么腐败一把，以后上了场面，也不至于手足无措。况且，如今的世道，谁不想学大款们醉生梦死呢？学生中许多人对高尔夫感兴趣，需求是实实在在的。我们这也是为学生服务呀。这是我对北大建高尔夫设施所能做的最好的猜测。

如今的世道，谁不想学大款们醉生梦死呢？

看看"世界一流大学"的教育理念，人家确实把培养领袖作为重要的宗旨，而且也都知道，所谓"领袖才能"，仅仅从书本上是学不到的，必须从各种课外活动中培养。我在近著《精英的阶梯：美国教育考查》中，用了大量篇幅介绍美国大学教育中"体育的含量"，特别详细说明了美国的大学如何用体育培养学生的品格。这种品格，包括竞争的素质、责任感、勇气、和他人合作的能力、领袖才能，等等。我们长期以来对美国有一个误解，觉得美国是强调个人自由的，其教育也是片面追求个人发展。其实，从大学体育看，美国人更强调把独立的个人放到一个集体中，让这些个人学会怎么把自己组织成一个团队，怎么产生领袖，怎么在合作中作为一个集体有效地运行。换句话说，美国大学的体育，许多就是我们所谓的“集体活动”。

从大学体育看，美国人更强调把独立的个人放到一个集体中，让这些个人学会怎么把自己组织成一个团队，怎么产生领袖，怎么在合作中作为一个集体有效地运行。

也正是出于这个原因，美国大学流行的体育，大多数是集体项目，如橄榄球、篮球、冰球等。高尔夫在美国很风行，但你很少注意到大学里有什么值得一提的高尔夫热。相反，一些本来没有人看的体育，因为是集体项目，在学校里就很流行。足球（特别是女足）是一例，最近走红的则是兜网球或网式曲棍球。最近《时代周刊》上说，由于大学竞争激烈，许多申请大学的高中生希望以体育特长生的身份挤进自己理想中的大学。他们为此甚至会调查该校对体育人才的需求。比如该校足球队的守门员今年毕业，自己如果是个守门员的话，赶紧申请，胜算就很大。可见体育在大学的重要地位。

121 《华尔街日报》不久前还发表一篇文章讨论大学体育，称目前美国的大学体育虽然过度商业化，丑闻不断，但是根据有关统计，在成功的商人和政治家中，学生时代从事体育的明显高于一般人。这说明他们从体育中学会了竞争和领袖才能。纽约一个大学的橄榄球教练，八十多岁仍然执教，很受爱戴。他的一个特别之处，是把所有四年级毕业班的学生都叫队长。用他的话来说，这不仅培养孩子的责任感，而且对他们毕业找工作也有好处。我问一些美国朋友，身为大学队的队长，找工作占多大便宜？他们说，这种优势有时不可估量。比如华尔街的一些大公司就认这个。你在大学当个队长，别人就认为

根据有关统计，在成功的商人和政治家中，学生时代从事体育的明显高于一般人。这说明他们从体育中学会了竞争和领袖才能。

你是领袖，是当企业总裁、议员、将军，或政治家的材料。

这一切说明什么呢？在人家那里，领袖是一种能力，不是一种身份，更不是一种特权。你必须学会让别人信服你。大学要给学生提供环境和条件发展这样的能力。所以，人家有许多集体的体育项目供学生选择。北大则觉得自己的牌子就是一种特权、一种身份，学生要从事合乎自己身份的事情。结果就想到发展高尔夫，把自己包装得更贵族些。

华尔街的一些大公司就认这个。你在大学当个队长，别人就认为你是领袖，是当企业总裁、议员、将军，或政治家的材料。

我二十多年前从北大毕业，对母校多少有些了解。年轻人是合群的动物，凑到一起组织个球队彼此竞争，是他们的天性。毕业这么多年，对母校最美好的印象之一，就是大家一起踢球。有时孤身到操场，见不相识的人在分队踢球，自己打个招呼插进去，不一会儿就融入了集体。当时系与系的足球赛，也是一出大戏。有的系把队组织得井井有条，就是因为几个有领袖才能的“孩子王”能服众。但有的系则非常散乱，有些技术不俗的队员，但大家只顾自己逞能，无法协调运转。过去我们是计划经济，那种“孩子王”式的组织能力和感召力在社会中并派不上什么大用场。如今是市场经济，很多事情就要学会自己去组织。大学就要给学生提供条件，让他们发展这样的能力。举个简单的例子。如果我是一个老板，要招一个部门的经理，手下管几十号白领。应聘者有两个条件相当，不过一个在北大连续获得三届高尔夫冠军，另一个则是北大某系足球队的队长，并带领这个队连续三年夺冠。我肯定会要后一位。因为当个队长，把不同特点的人捏合在一起，形成战斗力极强的集体，大家都听他的，甚至比他高班的人也服他。这就叫领袖

领袖是一种能力，不是一种身份，更不是一种特权。你必须学会让别人信服你。大学要给学生提供环境和条件发展这样的能力。

才能。这种人到公司来，管理就灵通。

以北大现有的条件，能够建设充足的足球场、篮球场就不错。发展与世隔绝的高尔夫球，不仅不能培养学生的领导才能，而且适得其反，会把学生在温室中塑造成毫无领袖才能的精神贵族。

高尔夫球场风波，不过是北大以末流的教育理念来办所谓世界一流大学的又一例证而已。

因为当个队长，把不同特点的人捏合在一起，形成战斗力极强的集体，大家都听他的，甚至比他高班的人也服他。这就叫领袖才能。这种人到公司来，管理就灵通。

莫用公款培养宋徽宗

我把厦大开高尔夫必修课称为“超前腐败”，引来袁晓明先生的批评。他调侃说，初学高尔夫如同锄地。如果厦大开锄地课薛涌肯定不会说什么，但一听高尔夫就火冒三丈。“薛涌并没有指出厦门大学为修高尔夫练习场收受回扣等，显而易见的是，按薛涌的定义，大学开设高尔夫必修课就是腐败。”言下之意，我给高尔夫加了莫须有的罪名。最后他异想天开地来了个黑色幽默：“如果真想把高尔夫运动在中国搞‘臭’，就别把高尔夫与富贵、腐败直接联系起来，其实，最有效的是把打高尔夫称为锄地就可以了，因为越谴责高尔夫的富贵性，打高尔夫者就越能摆阔，而称其为锄地，也就是把他们当成了普通的劳动者，他们也许兴趣就不那么高了，从而高尔夫就可以作为一项体育运动发展起来。”

袁先生的批评，让我摸不着头脑。首先，我并没有一听高尔夫就火冒三丈。当年住在纽黑文时，房东夫妇都是没有上过大学的老百姓。人家经常开着车到郊外打高尔夫，我从来没有跳着脚说这是“腐败”。我讲的腐败，是中国的公立大学把高尔夫当成必修课。袁先生似乎认为，除了建高尔夫球场收回扣外，腐败就没有别的名堂。

为什么说厦大把高尔夫列为必修课是腐败？其实我文章中已经提了，可惜袁先生不愿面对。厦大是公立大学，拿的是纳税人的钱。既然拿了纳税人的钱，就要对纳税人负责，不能想干什么就干什么。比如，你当一个城建局长，每天用公款吃200元一顿的午餐，而且将此定为“必修”的公职，说是每天光临豪华酒店，有助于提高待人接物的风度礼仪，可以改善政府形象。这叫什么？难道不是腐败吗？中国这么穷，老百姓勒紧裤腰带省出几个钱让你办大学，你却拿来开高尔夫球课。这和挪用纳税人的钱进行公款吃喝有什么两样？

中国这么穷，老百姓勒紧裤腰带省出几个钱让你办大学，你却拿来开高尔夫球课。这和挪用纳税人的钱进行公款吃喝有什么两样？

既然袁先生住在美国，就不妨假设一下类似的事情在美国发生。高尔夫在中国的上流程度，大概和美国人玩造价上百万美元的豪华游艇差不多吧。试想，如果密西根大学开设了豪华游艇课，并列为必修，会有什么反应？我想，州议会一定大怒，要展开调查，甚至可能削减对该大学的财政拨款。因为州立大学花的是纳税人的钱。老百姓不会掏钱让孩子到大学学习富人怎么穷奢极欲。如果袁先生辩护说：“游艇怎么了？不过是个体育运动，叫打鱼就是了。”纳税人会服气吗？

袁先生说打高尔夫像锄地，但这不过是“像”而已。作家刘书宏近日建议改厦大的高尔夫球场为农场，认为这样更符合中国农业国的国情，有利于“培养精英”。对此，厦大宣传部人士称：“了解国家，了解民生的途径多了嘛。厦大只要做事就行了。”那么请问：通过打高尔夫了解的是什么样的民生呢？

我确实不会对锄地大惊小怪。相反，我支持刘先生的意见。别的不去比，比比旧时代的皇帝老子，标准不应该算太高吧？皇帝老子从农民那里收税，但每年大祭，总要在自家园子里开块农田装模作样地锄地。谁也不指望他真能种出什么来。不过，人家收了纳税人的钱，至少还知道自己欠谁的，还要做个样子，以示体贴和尊重农人。事实上，锄地比较认真，心里诚敬的皇帝，一般对老百姓也好一些。当然有很酷的皇帝。比如《水浒传》里的宋徽宗，喜欢踢球，有个叫高俅的因为自己的球艺步步高升。最后怎么样？还不是国破家亡，徽宗和儿子钦宗双双成了金兵的阶下囚！

中国的土地资源，注定使高尔夫成为特权阶层的运动。厦大的做法，还比不上过去一个忠于职守的皇帝，而更像是宋徽宗。

大家不妨设想一下：如果我们生活在北宋会怎么样？厦大肯定会把踢球作为必修课。因为这很高雅，也很登堂入室。当然更不用说这是足球的起源，很值得中国人骄傲。袁先生肯定也会出来说：踢球是很好的体育运动，干什么要和腐败画等号？按薛涌的定义，大学开设踢球课就是腐败？这不是岂有此理的逻辑？人家没有拿回扣呀！

我希望袁先生好好想一想：老百姓为什么对高尔夫这么深恶痛绝？为什么喜欢把高尔夫和腐败画等号？是老百姓不理性？还是每时每刻生活在中国的他们，对中国的实际直觉比你袁先生更真切一些？你真相信把高尔夫说成是“锄地”，就能使之作为一项普通劳动者的体育运动发展起来吗？中国不是美国。在美国，你把所有的家庭都迁移到得州，每家还能摊上一个足球场那么大的地。中国的土地资源，注定使高尔夫成为特权阶层的运动。厦大的做法，还比不上过去一个忠于职守的皇帝，而更像是宋徽宗。如果我们的大学不让学生“锄地”而让他们必修高尔夫的话，我们会培养出一代宋徽宗。老百姓含辛茹苦创造了多少财富，也不够他们糟蹋的。

博士生：你何必钻垃圾桶里？

最近《中国青年报》报道，说博士生成为了“垃圾群体”。这在中国的高等教育界中搅起一阵不愉快的小骚动。按说，我是出门读了博士的人，应该对国内的同行有些同情。但读完报道，却找不到自己的同情心。因为我想不明白：为什么这些心智健全，受过良好教育的年轻人，会甘心情愿往垃圾桶里钻？

对于已经成了垃圾的，就先不去谈了。我这里还是对那些正考虑读博士的人说几句话，希望更年轻一代在跳进垃圾桶以前，至少能三思。

老师劈头一句：“博士生是一群不幸福的人！”

第一，什么样的人适合读博士？这个问题不搞清楚，进了博士课程就像跳进了垃圾桶。记得我刚刚进入耶鲁历史系读博士时，因为英语还不过关，到学校给外国学生开的英语补习班上学。在那里教书的，大多是英语专业或语言学专业的高年级博士生。记得第一天上课，老师劈头一句：“博士生是一群不幸福的人！”在场的外国学生面面相觑。于是他解释说：大学毕业后读博士，一般要六七年才完事。你刚刚通过资格考试，大学同班的同学已经挣了六位数的工资，你则像个叫花子，等着学校一个月1000块的生活费（当时学校的奖学金，除免学费外，大约有一万美元的生活费，但不包括暑假）。到了毕业时，随便一个小学校的教职，也是一百多人申请。你申请几个一辈子也没有听说过的穷乡僻壤的学校，最后人家给你一封客气的信，夸奖你很出色，但要点是：

由于申请者太多，我们只能选择最好的。有人这么折腾几年，还在待业，此时大学的同学，有挣几十万的。

当时学校的报纸，也在讨论博士生的困境，得出的结论是：这是一条万万走不得的路。如果一个人执意要读博士，老师和朋友就必须问他两个问题：第一，你是否能想象过一个没有学术的生活？如果不能的话，那还要问第二个问题：你是不是最好的？如果回答是肯定的，那就可以读博士了。

122

如果一个人执意要读博士，老师和朋友就必须问他两个问题：第一，你是否能想象过一个没有学术的生活？如果不能的话，那还要问第二个问题：你是不是最好的？如果回答是肯定的，那就可以读博士了。

我当时两个问题都想了，觉得自己不能过没有学术的生活，而且是一流人才，于是挺高兴地继续读博士。不过，这里其实还有第三个问题：你在乎不在乎钱？当时我不在乎，能够安心。我曾经逢人便说：“博士生是最好的生活方式。我希望一辈子都当博士生。”我确实也有实际行动，想尽一切办法拖延课程，弄得老师们都有些不耐烦了。

不过，我必须老实交代，我如果现在回答这些问题，答案是不同的。我仍然自信是“最好的”。但我不认为没有学术的生活就没有意思。当时的见识太短，不知道世界上有那么多有意思的事情可做。同时，有了孩子后，突然在乎起钱来，最后论文没有做完就赶紧找了份工作，算是脱了身。一句话，一个人如果不是有什么怪癖，或者一时冒傻气，绝对不应该读博士。当然，上面讲的这些，基本限于文科。

第二，不要在中国读博士，即使是学习中国史、中国文学，也要出去读。中国学的绝对研究水平，日本比中国高，美国也不差。而一般的学术环境和规范，绝对是外面好。搞学术文化，首先要避免学术文化垃圾。怎么判断哪里有垃圾站？你只要看看哪里的人一会儿一个

中国学的绝对研究水平，日本比中国高，美国也不差。而一般的学术环境和规范，绝对是外面好。

文化本位主义宣言就明白了。一般这种宣言发表得越多的地方，就是垃圾越多的地方。理工科外面当然就更好了。《中国青年报》的报道说，许多博士被导师当奴隶使，许多人看到大学的同学，当时成绩差不多，出去读博士，早已学有所成，自己则一事无成，一天到晚做饭睡懒觉。在我看来，这就怪自己了。目前30上下的博士生，十年前就应该知道这些。怎么不出国呢？我逼急了28岁才开始学外语，最后也出去了。一个人整天怪环境，却没有改变环境的勇气，怎么能叫人同情？

123

怎么判断哪里有垃圾站？你只要看看哪里的人一会儿一个文化本位主义宣言就明白了。一般这种宣言发表得越多的地方，就是垃圾越多的地方。

第三，万事不能说绝。如今世风日下，但我相信而且知道，国内还是有个别好的博士课程，有好的博士导师。所以，国内不是绝对不能读博士，但真想读博士的，对导师的知识、人品就要有绝对把握才行，不应该有一丝妥协。其实在国外也一样，导师对博士生的权力很大，导师不好，那几年的生活就如同地狱。

总而言之，中国只有极少数人应该读博士，而且这些人中绝大多数应该出国读。如今高等教育早就全球化了。博士课程是全球化最高的。美国许多科目的博士生，外国人比美国人都多。人家那里水平高，学得到东西，还给你钱，毕业后如果想“报效祖国”，带着本事回来，也比在国内当个博士生，不学无术，帮助学校拿博士点骗纳税人的钱要好。如果大家都听了我的建议，国内就只有极少数的博士课程和博士导师才招得到学生。而这些博士课程和导师，大概也是货真价实的了。

中国只有极少数人应该读博士，而且这些人中绝大多数应该出国读。如今高等教育早就全球化了。博士课程是全球化最高的。

博士教育应该外包

中国的博士生数目，已经世界第一。但博士教育对于中国的高等教育来说，害多益少。以中国目前的国情，根本不适宜培养博士。所以我建议：关掉绝大部分的博士课程，借助国外大学培养博士，集中国内的资源把本科生教育搞好。

124

关掉绝大部分的博士课程，借助国外大学培养博士，集中国内的资源把本科生教育搞好。

当年在“建设世界一流大学”的运动中，张维迎等就把大学的一流标准定位为博士课程的水平上，进而把高等教育的核心从本科生教育中引开。这是第一步误导。反对张维迎的甘阳，则生怕中国的大学沦为西方的“附庸藩属”，提出要尽早结束中国的留学运动。不管是哪派，都要强调中国自己的博士课程的重要。一流的独立的博士课程，已经成了大国的标志。取消博士教育的议题，根本不容讨论。

但是，如果我们的高等教育改革被这种极端民族主义情绪所劫持的话，最后吃亏的是那些莘莘学子和省吃

125

中国的教育投资在国民经济总产值中仅占2.1%，和博茨瓦纳、几内亚比绍一起在世界上并列第14低。

俭用的纳税人。博士教育，不是一个“大国”的形象工程，必须看其实际的投入和消耗，必须有具体的数据分析。

根据《经济学人》去年出版的数据，中国的教育投资在国民经济总产值中仅占2.1%，和博茨瓦纳、几内亚比绍一起在世界上并列第14低。教育没钱，是个不争的事实。可是，这几年，基础教育的人均实际经费不断下降，大学却不停地上博士课程。殊不知，罗马不是一天建成的。博士课程，是西方几百年高等教育发展的结晶，不是想学就能学的。中国的高等教育，从“文革”中恢复正常还不足30年。在二十多年前培养的第一代博士，大多也是非博士的导师带出来的。这第一代博士，因为

选拔严格，不乏秀异之士，但他们的培养方式毕竟不严格，比如在外语等方面打了很大折扣，大部分对真正严格的博士课程没有亲身经验。况且他们人数过少，还需要承担本科生和硕士生的教育，没有太多精力指导博士生，乃至出现了一个导师指导五十多个博士生的事情。

首先，没有基本的师资，盲目上博士课程，当然只能生产垃圾。比如根据最近《金融时报》的报道，在2004年，中国发表科学论文的数量上占据世界第九位，进步神速，俨然是一个科技大国了。这显然反映了博士课程的规模。但如果以每篇论文的引用率来计算，中国则排在第124位。试想，世界一共就一百八十几个国家。经济发展水平排在120名以外的，基本上是失败国家（如阿富汗、索马里），破产国家（如刚果），以及赤贫国家（如一系列非常饥荒的国家）。论文的引用率其实就是其有用率。这样的排名，说明中国投入巨资办了博士课程后，学术创造率几乎到了“被开除球籍”的地步，哪里还有什么办博士课程的资格？

126

以每篇论文的引用率来计算，中国则排在第124位。试想，世界一共就180几个国家。经济发展水平排在120名以外的，基本上是失败国家（如阿富汗、索马里），破产国家（如刚果），以及赤贫国家（如一系列非常的饥荒国家）。

第二，博士教育不仅不能办，而且暂时没有必要办。这就好像造飞机一样。如果技术不过关，我们的航空公司就去买波音或者空中客车，不必硬着头皮自己造，最后造出来也没有人敢搭乘。博士教育，国外有好得多的课程，而且博士教育是全球化最高的，早已突破了国界，有本事就出去学好了。比如根据《金融时报》同样一篇报道，美国的博士候选人中，有四分之一是中国人。中国的留学生，已经有17万回国，其中去年就有3万海归。毫无疑问，许多博士也跟着回来了。我已经反复强调过，即使搞中国研究，整体的博士课程的实力，也是国外比国内强。在这种情况下，除了极个别的博士课程值得保留外，中国的博士教育基本应该停办。

第三，博士课程，耗资巨大，劳民伤财，如今中国基础教育的资金还不保，怎么能顾及博士教育？许多博士课程，招收的是各地的干部，为的是给人家镀金，以后好升官提职称，博士的学术品格已经名存实亡。

从历史上看，美国在19世纪末才开始普遍设置博士课程。那时美国正好变成了世界第一大经济，人均收入更是早就高居欧洲各国之上，财大气粗。另外，美国当时已经有了200年左右的大学传统，并不断把学生送到欧洲的大学。真到上博士课程时，许多操办者就是欧洲大学培养的博士。这样，财政基础和学术传统汇流，很快就有了像样的本土博士教育。

127

许多博士课程，招收的是各地的干部，为的是给人家镀金，以后好升官提职称，博士的学术品格已经名存实亡。

如今中国的教育还处于解决温饱问题的阶段，没有钱培养博士。即使有钱，也不知道怎么培养。这就是现在所谓“博士生正在成为垃圾群体”的根本原因。所以，中国的博士教育要停下来，先把基础教育和大学本科教育办好。在未来20年，当教育的温饱问题解决了，不少中国学者在海外已经成为公认的学术领袖后，再想办法把他们吸引回来，办货真价实的博士课程。否则，“博士”在中国，不过是个污名而已。

当中国成了美国的头号博士预科

最近，“中国已成为美国头号博士预备学校”的新闻引起热议。起因是一份最新的《美国大学博士学位获得者综合报告》。这份报告对2006年度全美45596名研究型博士的背景进行了调查分析，揭示出当今“出产”美

国博士最多的三所学校：清华大学（571 人），北京大学（507 人），加州大学伯克利分校（427 人）。随后是韩国首尔国立大学、康奈尔大学、密歇根大学安阿伯分校、得克萨斯大学奥斯汀分校、杨伯翰大学、加州大学洛杉矶分校、佛罗里达大学、伊利诺伊大学香槟分校。媒体惊呼中国的大学竟然忙于为别人做嫁衣裳，是“何等的讽刺”，等等。

128

当今“出产”美国博士最多的三所学校：清华大学（571 人），北京大学（507 人），加州大学伯克利分校（427 人）。

我作为一个北大本科毕业，又在美国的大学里完成了博士学业的人，对这一新闻倒有些另类感受。我们如今生活在一个高度全球化的时代。这种全球化在越高级的知识领域越深刻，可谓知识无国界。美国大学的博士课程是世界一流的，也吸引着各国一流的人才。清华、北大成为最大的美国博士预科，这单从培养博士的角度来看是相当的成功，值得恭喜。至少我们可以夸口说：清华北大为世界顶尖的博士课程输送了最多的人才！其实，《华尔街日报》还曾经进行过评选，以各校本科生最终进研究院（不过主要不是博士课程）的比例来进行大学排名，理由是本科生进研究院的比例高也属于教育成功的一个标志。

这种全球化在越高级的知识领域越深刻，可谓知识无国界。美国大学的博士课程是世界一流的，也吸引着各国一流的人才。清华、北大成为最大的美国博士预科，这单从培养博士的角度来看是相当的成功，值得恭喜。

不过，你再认真看一下上面那个被清华北大独占鳌头的排名榜就会发现：这个名单里基本没有超一流大学，而是以二流大学为主体。我不妨以《美国新闻与世界报道》的全美大学排名和上面排名里的美国大学进行一番比较：加州大学伯克利分校仅在《美国新闻与世界报道》的排名中列第 21，康奈尔大学第 14，密歇根大学安阿伯分校第 26，得克萨斯大学奥斯汀分校第 47，杨伯翰大学第 113，加州大学洛杉矶分校第 25，佛罗里达大学第 49，伊利诺伊大学香槟分校第 40。常青藤盟校除了康奈尔外，在博士供应上基本都不登榜。博士预科的排名和《美国新闻与世界报道》的排名也看不出有什么相应的关系。

这说明什么问题？以我的观察，美国的一流大学讲究的是小。哈佛六千多本科生，加上各研究院的学生，达到两万多，已经算大得出奇了。普林斯顿、耶鲁本科生仅四五千。至于一些精英的本科文理学院，则只有两三千学生。再看博士预备学校榜：加州大学伯克利分校、密歇根大学安阿伯分校、杨伯翰大学、加州大学洛杉矶分校全是三万多学生，得克萨斯大学奥斯汀分校、佛罗里达大学、伊利诺伊大学香槟分校则是四五万人的巨无霸。康奈尔是进榜的唯一常青藤盟校，有两万多学生，不过其本科生有一万三千多，比哈佛多一倍。学校一大，教育质量就受影响。那种亲密的师生互动就没有，讨论班就会少，满堂灌的大课就多。我有一位朋友带着孩子选学校，参观伯克利时一看人家的学生人数和课堂规模，就坚决不让孩子去读。中国则相反，大学讲究的就是“大”，大家竞相扩招、合并、升级，规模无法控制，甚至一流大学也大得吓人。比如清华仅本科生就三万，北大本科生也达一万五左右，显然是属于最大规模的大学。

美国的一流大学讲究的是小。哈佛六千多本科生，加上各研究院的学生，达到两万多，已经算大得出奇了。

另外，美国大学的优秀学生，大部分不会读博士学位，而是进了法学院、商学院、医学院等，或直接走上社会，只有非常少的“怪人”才去读博士。你看看美国的总统、州长、议员、企业总裁、媒体大腕，挂着博士头衔的实在是凤毛麟角。那里基本上是学则不仕，仕则不学。读书太多，人家会觉得你在真实的生活中经验太少，除了纯学术外很难委以重任。中国则延续上千年的科举文化，学而优则仕，博士半数进了政府，一个处长有 40 个教授来争。当官要学位，大学自然也保障供给，

博士越办越烂，也无端浪费了许多教育资源。

几年前，有所谓“建设中国一流大学”的运动。其代言人张维迎先生声称博士课程是衡量一个大学水平的主要标准。其实，看看世界的一流大学，全是以本科教育为核心。清华北大在美国读研究生的学生我碰到不少。他们中许多人对在母校接受的本科教育相当不满。这也是他们出国的动力之一。清华北大成为留美预科，主要还在于其录取的比例甚至比常青藤还低，选上来的人智商高，“原材料”好，教育上的“加工”则并无太可称道。也多亏这些人才多到了美国，保持了较高的成才率。不过，中国一流大学这么多学生追求博士教育，大概也说明我们的本科教育太狭窄，对学术强调过分，对社会服务过少。这未必是好事。

129

中国一流大学这么多学生追求博士教育，大概也说明我们的本科教育太狭窄，对学术强调过分，对社会服务过少。这未必是好事。

在我看来，既然美国能够接纳这么多中国博士生，中国的许多博士课程就没有必要。第一，美国培养的博士货真价实，国内的博士则鱼龙混杂、真假难辨；质量保证不了，还不如停掉。第二，除了学术领域外，一般很少有工作需要博士学位。美国有四千多所大学，但博士数量已经在中国之下。中国的博士显然已经供过于求，减产乃自然的应对之策。第三，大学纷纷砍掉博士课程，国家停止给大部分博士课程拨款，这样大学也可以专心于本科教育。省下来的钱，可以投放到义务教育上，或者用来发展短期的社区学院，也就是中专大专院校。未来几十年，几亿农民将涌入城市，如何把他们培养成有全球竞争力的产业大军，才是高等教育面临的挑战。而我们对此至今几乎毫无准备。至于博士的培养，还是要搭美国的“便车”为好。

博士培养为什么不能“搭美国的便车”？

针对清华北大已经成为美国博士最大的输送地的事实，我提出了停掉大部分国内的博士课程，在博士教育上“搭美国的便车”的主张，引起了郭纯之先生的批评。这种批评其实是意料之中的，是我们多年陈念的一种反映。

郭先生的立论有两点根据。第一，在国际竞争中，各国进行技术保护。没有自己的博士课程，中国在技术上就永远落后，永远给人家打工。第二，从事实上看，到美国去读博士的中国留学生大部分不回来，不能指望让美国给我们培养博士。

美国的科技工程方面的博士学位获得者，现在大部分都是外国人。可见美国的博士教育还是与世界分享的。

其实，仔细一分析就知道这两点都似是而非。国际间的高精尖技术当然有保护。人家投资开发出来了技术，享受着自己的知识产权，凭什么和你分享？但是，这不等于说在博士教育上不与你分享。比如，美国的科技工程方面的博士学位获得者，现在大部分都是外国人。可见美国的博士教育还是与世界分享的。另外，美国的博士教育也是在19世纪后半期才起步，在此之前一直是搭欧洲的便车。那时美国正在超过欧洲、成为世界第一大经济，比现在中国在世界经济中的地位还重要。但是，人家照搭便车不误。为什么我们不能如法炮制？

几年前，我就出版了《中国不能永远为世界打工》一书，并引起不少争议。我对中国经济给别人“打工”的忧虑是由来已久了。不过，靠博士课程并不能结束“打工”的困境。美国在19世纪开始赶超欧洲时，并没有什么自己培养的博士。大多数技术发明也都属于欧洲。但是，美国经济为这些新发明提供了最好的应用和赢利的条件，结果欧洲发明的技术纷纷服务于美国。如今全球化的程度远高于19世纪。中国的经济已经大大得益于外资，为什么不能得益于美国的博士课程呢？中国的留学生不回来，是因为中国没有给他们提供发挥自己的聪明才智的环境，甚至少数回来的人待几年水平就退化、再无国际竞争力。这是中国首先要改变的。在目前的情况下，如果真需要博士，大可以到国际市场上即时购买。这比维持一个缺乏效率的博士培养体制要便宜得多，也有质量得多。

130

历史学家们现在大体同意：工业革命的技术发展基本出自大学之外。20世纪以来大学虽然与经济发展的直接关系日益加深，但其主要的理想和目标还是传授和增进人类可以共享的知识。

另有两点值得澄清：第一，博士学位本身不是一个独家的技术专利，而是创造这种技术的专业训练。保护专利是经济发展之基础。但创造这种专利的教育和训练，在如今的全球化时代基本可以在美国获得。第二，博士学位的意义远超出高精尖技术的范畴。历史学家们现在大体同意：工业革命的技术发展基本出自大学之外。20世纪以来大学虽然与经济发展的直接关系日益加深，但其主要的理想和目标还是传授和增进人类可以共享的知识。这种学术共同体的精神，自中世纪起就是无国界的。把大学当成是某公司商业研发的秘密实验室，等于扭曲了大学的本质。比如，在美国研究历史，人家有什么向外国人保密呢？反而是在中国，一个普通的明代文献也被学术官僚垄断、旁人难得一见。

半个多世纪前，说“造船不如买船，买船不如租船”的人成了卖国贼。现在反省一下：你自己造不出质量靠得住的船时，买船租船岂不是更明智？中国的博士课程不是不能有。但现在这么烂的博士课程确实一个不能留。砍掉这些博上课程，有助于人学集中到本科教育这个基本使命上来。日后上马博士课程，也要先看一看：这样的博士课程能不能达到国际水平？如果不能就不容许上马。道理很简单，如果中国的一流人才拿到了清华北大博士班和美国几个二流博士班的录取通知，都决定到美国去读，那么清华北大只能捡美国二流博士课程挑剩下的三流人才。这样的博士课程，有多少存在的必要呢？靠这种博士课程，就能让中国摆脱“打工”之命运吗？

日后上马博士课程，也要先看一看：这样的博士课程能不能达到国际水平？如果不能就不容许上马。

奶粉召回了，博士呢？

毒奶粉事件闹得举国不宁。不过，在发现问题后政府的行动还是有效的：召回奶粉，先把问题查清楚再说。

那么，对其他伪劣产品应该怎么办呢？是否应该有另类标准？比如，中国的博士如今世界产量第一，粗制滥造已经是众所周知的事实。是否应该停产、召回呢？不久前因为看到清华北大成为为美国输送最多的博士生的大学的新闻，我写了篇文章，说既然美国大学接受了这么多中国学生读博士，而且其教育质量有保障，中国的许多博士课程就应该停掉，把人送出去，搭美国的便车，集中精力提高本科教育的水平，并注意创造条件吸引到外面读博士的人才回来。此论自然激起众多的反对。其中一位在美国大学里当了教授的中国学者火气冲大地说：“笔者不得不惊叹薛涌先生的思维逻辑。难道因为‘国内培养的博士质量保证不了’就该停掉博士的培养吗？”

既然美国大学接受了这么多中国学生读博士，而且其教育质量有保障，中国的许多博士课程就应该停掉，把人送出去，搭美国的便车，集中精力提高本科教育的水平，并注意创造条件吸引到外面读博士的人才回来。

其实，我并没有要求停掉全部博士课程，而是希望停掉大部分，整个博士培养要经过重新的整顿后，在达

到基本的国际标准的条件下再开张。这就好像说“国内的奶粉生产质量保证不了就应该停掉，等能保证质量时再开张”一样。如果这位教授对这样的逻辑也“惊叹”，那实在应该回去修理一下自己的大脑了。

这位教授表现出来的心态，说明了中国高等教育界一个根深蒂固的问题：以博士培养来确定大学的水平。所谓“一流大学的水平主要看其博士课程”的理念已经误导了中国的大学多年，而这种理念，一开始就是被留学生带进来的。我们这一代的留学生，出国基本都是去读研究生，在校园里和本科生接触很少，对西方的本科生教育并不了解。而在西方，至少是在美国，本科教育才是大学的灵魂。博士课程的研究院相对比较边缘。《美国新闻与世界报道》的排名之所以最有影响，一大原因就是因为那是最完备的本科排名。中国出去的留学生如果不能意识到自己经验的局限，仅仅以在研究院里的一点训练就觉得自己很懂人家的大学体制，回来不负责任地乱说，那实在是太误导国人了。

在西方，至少是在美国，本科教育才是大学的灵魂。博士课程的研究院相对比较边缘。

比如前述那位教授，张口就说我“傲慢”，把耶鲁视为一流，把加州大学伯克利、密歇根视为二流，并举证说，“就博士培养、科学研究和科技贡献排名，加州大学伯克利分校和密歇根大学丝毫不比耶鲁逊色，很多学科比后者还要强。”说到底，他的“博士情结”还是去不掉。中国也有个上海交大的世界大学排名，根据的也是发表的论文等科研数据，经常被人引述。其实，所有这些，体现的都是非常狭隘的高等教育的概念。

要知道，真正的一流大学，并不把学术作为唯一的指标。举个例子，耶鲁培养了许多总统、企业总裁、大法官等社会领袖。你要是算科研成果、发表的论文，这些人几乎是什么也没有。但这些人的社会地位显然比大部分“著作等身”的大学教授高得多。再看美国大学的捐款，有捐给运动队的，有捐给美术馆的，有捐给投身于公共服务的学生的，真正冲着学术而来的捐款，反而不那么起眼。学术在大学里，其实也可以说是挺寂寞的。

131

学术在大学里，其实也可以说是挺寂寞的。这些说明什么？说明大学的最重要的使命是为社会服务，是培养未来社会各个领域的领袖。相比之下，培养学术人才是其次的事情。

这些说明什么？说明大学的最重要的使命是为社会服务，是培养未来社会各个领域的领袖。相比之下，培养学术人才是其次的事情。特别是在高等教育普及的时代，大学更应该突破专业教育的旧框架，推行通才教育。仅仅以论文、科研成果评定大学的办法，实在已经过时。所以我说，中国的大学要回到本科教育的根本上。博士课程不是不能有。但是，纳税人不应该给博士课程开一张空白支票。博士培养了这么多年，越培养越烂，老是通不过“质量验收”，要求停产整顿，也不应该算太过分吧？

第六章

大学的诞生

薛涌 XUEYONG

近年来，西方历史学界悄然兴起一股大学热。特别是对早期大学的研究，著作层出不穷。大学诞生在文艺复兴之前，代表着一场“学术革命”。但传统史学则重文艺复兴而忽视早期的大学，好像中世纪的“黑暗”，是14世纪突然打破的。这不仅妨碍我们理解大学，也影响我们阐述历史。本文则把大学的诞生放在中世纪社会转型的框架中来考查，指出在中世纪前期，也许还可以用政教之争界定普世的秩序框架；但大学的产生，使欧洲在12、13世纪之际进入了“政”、“教”、“学”三权并立的时代。同时，我希望通过这样追本溯源的探究揭示出大学的“基因”，帮助我们反省当今中国大学的建设，思索未来大学的发展方向。

在中世纪前期，也许还可以用政教之争界定普世的秩序框架；但大学的产生，使欧洲在12、13世纪之际进入了“政”、“教”、“学”三权并立的时代。

中世纪的秩序

大学的诞生并非一夜之间的事情。因为早期的学校发展到什么程度才叫大学，很难明确界定。《剑桥中世纪史》的作者 Jacques Verger 索性用了一个简单的办法，把大学诞生的时间定为1200年前后。（Jacques Verger：257.）而大学诞生的“胎痕”，在我看来就是其独立的性格了。

俗话说，秀才碰上兵，有理说不清。中世纪武夫当道，在精神领域也是教会一手遮天。由书生统治的学校何以能自立并演化成大学？这是个费解但被长期忽视的问题，要解答就必须认真分析中世纪的秩序。

以马克思的历史模式来分析，中世纪是封建社会。这种说法大大简化了中世纪的现实。实际上，中世纪是多重秩序的混合体。对此，Hendrik Spruyt 有颇为精要的概括。在他看来，中世纪的社会是由罗马教廷、神圣罗马帝国、封建国王和贵族、地方自治的共同体(common) 等重叠而成。(除非另外注明，下述分析主要依据 Hendrik Spruyt：34 ~ 57.)

中世纪的社会是由罗马教廷、神圣罗马帝国、封建国王和贵族、地方自治的共同体（common）等重叠而成。

以罗马教廷为中心的教会，维持着一个普世的精神秩序。众所周知，罗马帝国末期，基督教有着广泛的感召力。罗马帝国对世界的征服，尽管有罗马公民权和罗马法这种政治上的感召，但并不以精神上的皈依为基础。特别是帝国社会贫富分化严重，以元老院为中心的大土地贵族集团垄断了政治和经济资源，使一般老百姓离心离德。(Giovanni Tabacco：37 ~ 45.) 基督教则对中产的工匠和商人阶层极有感召力，教义随着他们的流动而传播。教徒们在城市组织他们的会众，在帝国秩序的缝隙之中和架构之外，发展出一个普世主义的精神共同体。罗马皇帝最后不得不容纳基督教，日耳曼的野蛮部族也很快皈依了基督教。

教徒们在城市组织他们的会众，在帝国秩序的缝隙之中和架构之外，发展出一个普世主义的精神共同体。

以神圣罗马帝国为代表的帝国政治秩序，则不过是在罗马帝国的废墟上照虎画猫，勉强构造而成。因为罗马帝国是世界的征服者，政治想象力不足的中世纪皇帝虽然不具备那样的实力，也都以之为范本，追求普世的政治秩序：帝国高于一切世俗权力，没有边界，不承认对等的政治实体。可惜，这种没有实力基础的政治理想，最终只能使帝国成为一个空壳。

帝国高于一切世俗权力，没有边界，不承认对等的政治实体。可惜，这种没有实力基础的政治理想，最终只能使帝国成为一个空壳。

另外，日耳曼野蛮部族席卷欧陆后，利用罗马帝国之后的政治真空，建立了地头蛇式的基层统治。这就是所谓封建秩序。这种秩序的实质，是公共权力为私人所把持。在乱世之中，掌握武力的团伙自我组织起来，拥立一个领主以自保。同时，这个领主为了生存，则附属于一个更大的武装首脑，由此形成以个人纽带为基础的封建层级。在下的给在上的提供服务，由此换来上面的保护。不过，这种纽带带有强烈的契约性质：如果上不对下履行其承诺，下对上也可以收回其义务。另外，上对下只能提出有限的要求，没有无限的权利。下对上履行义务后，就有强烈的独立性。这种关系，孕育了中世纪的宪政主义。

如果上不对下履行其承诺，下对上也可以收回其义务。另外，上对下只能提出有限的要求，没有无限的权利。下对上履行义务后，就有强烈的独立性。这种关系，孕育了中世纪的宪政主义。

在上述三种秩序的缝隙中，还诞生了第四种秩序，就是自治体。这种自治体是地方居民自发组成，以工商为业，有强烈的独立性格，最后形成了城市国家或者城市联盟。成为文艺复兴的载体的意大利城市国家，以及西北欧的城市联盟，如汉撒同盟，就是这种自治体的代表。

中世纪的社会和个人往往要对上述多重秩序负责。比如，一个贵族要考虑对国王或者诸侯的封建义务，也要照顾教会的要求，还必须顾及皇帝的权威。另外，他还要考虑和城市的关系。一个城市可以是附属于他的，可以是独立的，也可以是支配他的（这后一种情况在意大利北部就非常普遍）。同时，这些权威彼此之间也在不断竞争，非常不稳定。

我们所熟知的“让上帝的归上帝，让恺撒的归恺撒”的政教冲突，就体现了这种多重秩序之间的紧张性。

我们所熟知的“让上帝的归上帝，让恺撒的归恺撒”的政教冲突，就体现了这种多重秩序之间的紧张性。其实，问题还远不止这样简单。教会与帝国，都追求普世的秩序，其权力在一条轨道上走，最容易撞车。不过，两者之间无法单纯地以精神和政治秩序来区分。比如，教会看上去是领导着一个精神共同体，其实具有坚实的物质基础。以主教或大主教领导的教区，和罗马行省是基本一致的。主教们大量来自罗马贵族阶层，从帝国晚期以来就广泛参与帝国行政。在罗马帝国灭亡后，教会以帝国原有的行政区建立起自己的行政机构，填补了政治真空。（C. Warren Hollister：26.）这样，在中世纪早期，教会是欧洲最大的地主，有巨大的财政权力。特别是在蛮族入侵后，教会几乎垄断了文化。所有和文字有关的领域，都被保存在教会之中。（Henri Pirenne：12 ~ 13.）在这一意义上说，教会把握着治理一个需要文字的复杂社会的行政能力。皇帝找到教廷，寻求的并不仅仅是精神上的合法性，而且是财政和行政上的支持。

教会把握着治理一个需要文字的复杂社会的行政能力。皇帝找到教廷，寻求的并不仅仅是精神上的合法性，而且是财政和行政上的支持。

不过，罗马教皇最初并不具有覆盖基督教世界的权威，而是脱胎于罗马主教这种地方性宗教组织。在开始时，罗马主教由附近的几个教区的主教和神甫推选，这一过程逐渐为当地的贵族（主要是 Crescentii 和 Tuscalani 家族）所控制。到 10 世纪，教皇一度变得可以继承。神圣罗马帝国的日耳曼皇帝亨利三世一口气废掉了七位由上述两大家族支持的教皇职位的竞争者，在 1046 年立了他自己的候选人为教皇。1046—1058 年，有五位日耳曼的教皇在位，使教廷从意大利的地方势力中独立出来。可见，教皇的独立和其合法性，在早期有赖于日耳曼皇帝的支持。

在基督教的教义上，对俗权和神权的定义也非常含混。《圣经》中提到有两把宝剑：一是司铎（神圣）的 (sacerdotal)，一是世俗的 (secular)。不过没有明确哪个更高。教皇杰拉西乌斯一世（Gelasius 492—496年在位）虽然被认为是主张神权和俗权分离的关键人物，但他对两者谁高还是语焉不详。

其实，如果神权与俗权真的分离，两者井水不犯河水，谁高就并不那么重要。可惜，如上所述，在现实中，两者纠缠在一起。是君权神授，还是神权君授，有时就必须澄清。这就引起了“权授冲突”(Investiture Conflict)。1046年以来，罗马教廷靠神圣罗马帝国的皇帝摆脱了地方势力的控制后，迅速重新组织自己的等级机构，抵抗世俗权力的影响。过去，教皇或是经过皇帝或国王的认可来任命主教，或是充当承认皇帝或国工所推举的主教候选人的橡皮图章。到了1075年，格列高利七世（Gregory VII）则声言罗马教皇不仅有权任免主教，而且还可以废免皇帝，剥夺了俗权在地方主教任命上的发言权，引起了和神圣罗马帝国皇帝亨利四世的冲突，并不惜将之革除教门。最后亨利四世只好屈服。

如果神权与俗权真的分离，两者井水不犯河水，谁高就并不那么重要。可惜，如上所述，在现实中，两者纠缠在一起。是君权神授，还是神权君授，有时就必须澄清。

这一较量的结果，从表面上看似乎是神权对俗权的胜利，实际上则是中世纪多重秩序博弈的一个暂时结果。如上所述，神圣罗马帝国的权力在大部分时间十分脆弱。亨利四世是个日耳曼皇帝。在日耳曼地区，除了皇帝外，还有大大小小的封建领主和地方主教。他们对自己身边的皇权扩张都深感不安。于是，教皇一旦宣布把亨利革除教门，他们都大喜过望，全站到教皇一边。亨利的权力基础顷刻瓦解。后来教皇利用北部意大利城市对日耳曼皇帝的恐惧，联合这些城市抵抗帝国的扩张，也是这种合纵连横的韬略的演绎。这里不仅是教皇和皇帝之争，封建领主、城市国家和城市联盟也都参与了博弈。各方在长时间内相持不下，都有着把自己的统治正当化的强

各方在长时间内相持不下，都有着把自己的统治正当化的强烈需求和危机。大学也就是在这种权力及其合法性的多重竞争的缝隙中逐渐成长，并获得了自己的独立性。

烈需求和危机。大学也就是在这种权力及其合法性的多重竞争的缝隙中逐渐成长，并获得了自己的独立性。

中世纪盛期的社会变动

把欧洲推进“黑暗时代”的，是阿拉伯世界的扩张。

对中世纪史的一个最大颠覆者，是20世纪初的比利时史学家Henri Pirenne（他甚至被称为是比利时为人类所贡献的最伟大的人物。以下对Henri Pirenne理论的叙述，除非另外注明，全部根据Henri Pirenne：1～38)。传统认为，日耳曼蛮族5世纪席卷欧陆，彻底破坏了罗马帝国以地中海为核心的文明秩序，使欧洲进入“黑暗”时代。Henri Pirenne则指出，这些蛮族在罗马帝国覆没以前，就开始融入罗马社会，接受了罗马价值，相当罗马化。他们的入侵，并没有中断罗马文明。相反，地中海的贸易照样繁荣。把欧洲推进“黑暗时代”的，是阿拉伯世界的扩张。在7世纪，阿拉伯人征服了地中海的东岸、西岸和南岸。从意大利南岸到伊比利亚半岛东岸外海上的西西里、撒丁岛、科西嘉岛、巴利阿里群岛，都成了阿拉伯人的海军基地。地中海不再是一个欧洲的大湖，不再是东西贸易的纽带，而成了东西贸易的壁垒。阿拉伯人也正是把地中海的岛屿作为跳板对欧洲南部不断进攻。到了8世纪，欧洲在这一地区的贸易基本终止，欧洲和西亚的经济重心移往巴格达。虽然卡洛林王朝阻挡了阿拉伯人势力向比利牛斯以北的扩张，但毫无收复海路的能力。和罗马帝国乃至墨洛温高卢形成鲜明对照，后来统治欧洲的查理曼帝国主要是个内陆帝国。

这一格局，界定了中世纪早期的政治、经济和文化秩序。在政治上，能够用武力保护土地的贵族获得了统治。他们的经济基础，就是封建庄园。在失去了贸易网络的情况下，庄园经济几乎完全是自给自足的。城市文化基本消失。动产在经济中已经不扮演什么角色。农奴对领主的义务，主要体现在劳役和实物的供奉上，这当然包括军事服务。当时人口稀少，土地应有尽有，土地的所有权也就成为没有必要的概念。在兵荒马乱的时代，只有受领主保护的土地才有价值。所以，产权无足轻重，与领主的纽带才是生存的关键（Douglass C. North & Robert Paul Thomas：25～32）。在文化上，贵族阶层基本是文盲，也很少需要文字来治理这样简单的社会。在法律上，日耳曼部族的原始神裁法或试罪法（ordeal）代替了罗马法。断定一个人有罪没罪，要么让他和控告他的人决斗，来证明上帝到底想惩罚谁；要么将之坠入水中，或使之手持炙热的金属，看他是否受伤害，以证明神旨（C. Warren Hollister：29）。

当时人口稀少，土地应有尽有，土地的所有权也就成为没有必要的概念。在兵荒马乱的时代，只有受领主保护的土地才有价值。

不过，在9世纪时，一些意大利的城市开始崛起，并承认拜占廷帝国的宗主权，为之提供服务。到了10—11世纪，这些城市（特别是以威尼斯、热那亚为代表的海洋贸易城市）打破了阿拉伯对地中海的主宰，重新控制了海路，复活了东西贸易，并迅速将其商业网络向西北欧扩张。与此同时，欧洲人口逐渐增长，使得贸易的利润越来越大。这样，从11—14世纪，以意大利的城市为中心，欧洲渐渐展开了一场商业革命，并引起了巨大的社会和文化变动。

从11-14世纪，以意大利的城市为中心，欧洲渐渐展开了一场商业革命，并引起了巨大的社会和文化变动。

Henri Pirenne的上述理论，至今还有许多争议。不过，他关于商业复兴和城市文明对欧洲中世纪的深刻影响的论断，基本获得了学术界的公认。从1000年到14世纪中期黑死病爆发这段时间，也被主流历史学家视为欧洲复兴的时期。可以说，这段时期在商业革命的冲击下多重秩序的重组，孕育了西方的现代社会。

变化从最基层的地方开始。人口增长的一个后果，是土地升值，劳动力贬值。农奴给领主提供的劳役服务的价值自然也跟着缩水。于是，领主要求农奴用现金来代替劳役。结果，农奴对领主的人身依赖减少，自由度增高。庄园的经营越来越像土地出租，越来越市场化。领主有了钱，可以到市场上消费，可以雇用便宜的农工，当然在必要时也可以雇人来打仗。雇佣兵开始被广泛使用（Douglass C. North & Robert Paul Thomas：39 ~ 41）。

经济的货币化和市场化，使新起的城市价值挑战传统的封建和宗教价值。商人有了纠纷，希望有理性的法律仲裁，而不是依赖日耳曼人的神裁法或试罪法。契约也不能仅仅依靠对神发誓，而要有法律文件来支持。

经济的货币化和市场化，使新起的城市价值挑战传统的封建和宗教价值。商人有了纠纷，希望有理性的法律仲裁，而不是依赖日耳曼人的神裁法或试罪法。契约也不能仅仅依靠对神发誓，而要有法律文件来支持。另外，日常的商业借贷，通过利息体现资本的价值。而从不能容忍利息的基督教的观点看，利息等于在时间（也就是上帝制定的人间序列）上暴敛。面对这样的社会变动，罗马法对契约和私有产权有着复杂的理论界定，有以成文法律和举证为基础的严格司法程序，因而越来越受欢迎（Hendrik Spruyt：73 ~ 76）。另外，商业经营，以及在商业社会的政治统治（如财政、税收等）和宗教机构，也必须依靠文书、会计和法学家。这无疑促发了一个“知识产业”。知识阶层的身价也渐渐提高（Jacques Verger：269）。

这样的巨大变动，为中世纪多重秩序在合法性上的

竞争提供了一个基本框架。商业革命以欧洲人夺回地中海的商路为起点，并进一步刺激了基督教世界的扩张。过剩的人口，正好给十字军东征提供了炮灰。谁来充任这一日益增长的新秩序的领袖？这自然引起基督教世界中的普世权力（皇帝和教皇）之间更加频繁激烈的冲突。同时，一些地域性的封建王侯，利用自己现金的收入，利用城市提供的资源，开始建立主权国家，独据一方（其中一例，是 Hendrik Spruyt 所分析的法兰西 Capetian 王朝向主权的民族国家过渡的过程。Hendrik Spruyt：77 ～ 108）。这些权力必须彼此竞争，看谁所提供的秩序更有合法性。当人们越来越尊重契约、产权、交易中金钱对物质的统一量化、非个人化的社会关系，乃至司法中的程序、成文法典、举证、推理等后，对神宣誓、神裁法或试罪法，个人之间的封建义务等，就无法成为社会意识形态的基础。

当人们越来越尊重契约、产权、交易中金钱对物质的统一量化、非个人化的社会关系，乃至司法中的程序、成文法典、举证、推理等后，对神宣誓、神裁法或试罪法，个人之间的封建义务等，就无法成为社会意识形态的基础。

Ernst H. Kantorowicz 在其巨著《国王的双重身体》中对此有非常详尽的演绎：俗权逐渐从神权化走向法律化。所谓神权化，就是把国王或皇帝的政治权力解释成是上帝授予的，给俗权加上神性。国王或皇帝有两个身体：一是普通的肉身，如同一般人一样会死亡，一是基督的化身，是永恒的。到了 12、13 世纪，皇帝和封建国王则开始为自己的权力寻求新的基础，以罗马法中抽象冷静的概念来解释他们的秩序和权威：国王或皇帝还是具有双重身体。不过，其神圣的身体，即基督的身体，体现在他是法律的源泉，是上帝派到人间的立法者和执法者，是“活法律”。这样的解释，实际上来源于把立法者作为政治权力基础的古典传统，把“基督中心的王权”(Christ-centered Kingship) 转化为“法律中心的王权”

(Law-centered Kingship)。同时，罗马教廷在“权授冲突”中获胜之后，“如同皇帝一般的教皇”，面临着把自己手下庞大的教会等级体系官僚化的挑战，以发展出有效的行政能力，于是走向了神权俗权化的进程，运用同样来源于罗马的教会法巩固了自己的神权秩序。总之，在这种俗权神权化和神权俗权化交织的过程中，俗权和神权都以法律为依托。这就带来了“法学膜拜”，使法学家变成了“法学神甫”，使13世纪成为“法学世纪”(Ernst H. Kantorowicz：pp. 100～143)。这自然引起了当时“学术革命”和大学的诞生。

在这种俗权神权化和神权俗权化交织的过程中，俗权和神权都以法律为依托。这就带来了“法学膜拜”，使法学家变成了“法学神甫”，使13世纪成为“法学世纪”。这自然引起了当时“学术革命”和大学的诞生。

大学和学院的成立

商业的兴盛，统治的财政化，神权与俗权秩序的理性化，社会与经济关系的货币化，都在改造着人们的世界观。中世纪早期的欧洲人很难抽象思维。他们面临的一切都是具体的。但是，经过商业革命的洗礼，世界变得抽象起来了。从阿拉伯世界介绍过来的希腊罗马的古典学术著作，又使知识储量急剧增加。这些都对当时的欧洲人构成了挑战。

中世纪早期的欧洲人很难抽象思维。他们面临的一切都是具体的。但是，经过商业革命的洗礼，世界变得抽象起来了。

古典训练首先使求知的方式变得复杂化了。这里特别值得提出的是古希腊以来的辩证法 (dialectic)，即通过问答辩论的方式，通过攻击和辩护某些特定的观点，来完成认识过程，而不是被动地接受权威对既定问题的解释。这一求知方式被神学界所广泛接受。比如12世纪初富有传奇色彩的巴黎教师Peter Abelard，把教会的牧师们各种彼此矛盾的观点全列出来，起一个刺激性的标题——“是与否”，邀请各色人物前来辩论，解决冲突之道，由此把教室变成了一个激辩的比武教场。他在这种激辩中所向披靡，展示了难以抵挡的技艺和魅力，使有些人称他是第一个巴黎知识分子，甚至其女学生 Héloise 竟和他上床生了孩子，乃至 Héloise 的家族把他阉割作为报复（William Clark）。在教会法的教学训练中，同样的辩论方法也大量使用（Hendrik Spruyt：50）。在罗马法中则更是如此：学生要围绕固定的题目激烈辩论，每方必须提出自己的论断，并通过举证对自己的观点加以支持，然后才由老师出来定夺（Peter Stein：52 ~ 53）。大学成立的时期，也恰恰是课堂教学从牧师布道式的单向满堂灌转化到这种论争（disputation）方式的时期。这种教育方法，自然也要求师生在空间上的聚合。

大学成立的时期，也恰恰是课堂教学从牧师布道式的单向满堂灌转化到这种论争（disputation）方式的时期。这种教育方法，自然也要求师生在空间上的聚合。

意大利的波伦亚（Bologna）据说是第一所大学的诞生地。到 12 世纪末时，波伦亚已经成了欧洲的法律中心，有“法律之母”之誉，并汇集了来自全欧洲的几千名法律学生。当时的学校是纯学术性的。但是学生来这里的目的并非是要一头扎进象牙塔。格列高利七世在“权授之争”中的改革，在神权和俗权的秩序问题上留下的争议达到了前所未有的程度，一直悬而未决；而且由于当时多重秩序的平衡，这些争议无法单纯依靠武力来解决。社会有着寻求权力的合法性的强烈渴望，超出了现存法律文献所能满足的范畴。当时的世俗王侯和教会的主教们，都在寻找那些能够在理性和客观的基础上辩论并有普遍权威的法律人才。当波伦亚的声誉传出去后，他们就都把自己看好的人才送来训练。

波伦亚的法律教育自 1100 年前后就开始，在 12 世纪持续壮大，教学内容不仅包括罗马的民法，还有教会法。学生习惯于依据文献证据进行辩论，并在学习过程中渐渐积累一套自己的文献。这种积累的办法是通过从指定的书商那里借来经过认证的法律文献，自己抄写下来。等学成后，抄写的基本书籍也就备全了（Peter Stein：52 ~ 53）。要知道，此时离日耳曼人 Gutenberg 在 15 世纪 40 年代发明活字印刷术还有 300 年左右（Eric Jones：60 ~ 61）。在前印刷术时代，拥有书籍本身就是一种知识垄断。1155 或 1158 年，神圣罗马帝国皇帝腓特列一世（Frederick Barbarossa）把学校管辖权从波伦亚地方政府让渡给了学生，其意图明显是通过削弱地方的权力来笼络学校，强化皇权在法律上的威望。他的名言是："凡是让王者愉悦的，都具有法律的力量。"（Hendrik Spruyt：103.）

神圣罗马帝国皇帝腓特列一世（Frederick Barbarossa）把学校管辖权从波伦亚地方政府让渡给了学生，其意图明显是通过削弱地方的权力来笼络学校，强化皇权在法律上的威望。

但是，波伦亚地方政府惧怕两方面的问题：第一，学生成分复杂，五方杂处，可能孕育着不稳定；第二，周围地区也开始出现教育机构，可能要面临竞争。于是，当地政府在 1189 年要求教授们发誓，保证不会把学校迁移到其他地方；同时开始对学生施行管理。这些措施立即引起学生的反抗。他们根据各自所来自的地区，组成 nation（最早的 nation 于 1191 年出现。这个 nation 的现代译法就是"民族"或"国家"之意，但当时"民族""国家"还属于超前概念，nation 的意思基本是指来自同样地方的人的聚合团体。）经过多年的试验和努力，1230 年代各 nation 组成了两个学生 universities（"大学"）：一个是意大利人大学（the University of Italians）或内阿尔卑斯山人大学（University of Citramontanes），一个是包纳日耳曼人、法兰西人、英格兰人的外阿尔卑斯山人大学（the University of Ultramontanes）。当时处于民族国家以前的时代，北部意大利是欧洲文化中心，那里的人笼统地称阿尔卑斯山南面亚平宁半岛上的人为山内人（Citramontanes），称阿尔卑斯山北面的欧洲人为山外人（Ultramontanes）。大学也以此来分。教授们则要由学生聘任。这些教授组成几个“学院”（college），主要的功能是组织考试。

当地政府希望防止这种由学生主宰的大学的成立。但是，学生又受到了教皇的支持，波伦亚当局只好作罢。迟迟到1274年，当地政府才承认了该校的一系列特权。不过到那时，该校早已羽翼丰满，不仅有法律教育，而且语法、修辞学、书信术等实用技艺都在教，并在1260年开始了医学教育，成立了文科与医学大学（以上关于波伦亚的叙述，除特别注明之处外，全根据 Jacques Verger：257～258）。

波伦亚大学诞生的“胎痕”，应该说就是学生独立地组织起来管理学校。或者说，“学生会”成为学校的主体。这些学生自治体之所以最终让大学获得了独立，必须从中世纪多重秩序竞争的格局中来解释。

波伦亚大学诞生的“胎痕”，应该说就是学生独立地组织起来管理学校。或者说，“学生会”成为学校的主体。这些学生自治体之所以最终让大学获得了独立，必须从中世纪多重秩序竞争的格局中来解释。如前所述，当时的神圣罗马帝国和罗马教廷是两个普世的权力机构，为争夺在基督教世界的主导权从11世纪到13世纪进行了激烈的较量。封建诸侯和自治城市都从自己的利益出发，参与了这一角逐。神圣罗马帝国的皇帝不甘居日耳曼地区，一定要翻越阿尔卑斯山入主亚平宁半岛，威胁教皇的地位。教皇为了自保，一是联合日耳曼地区的贵族，使皇帝后院不安，一是支持城市国家的独立，与皇权在北意大利进行对抗。12、13世纪，在教皇的支持下，意大利北部的几十个城市组成伦巴第联盟（Lombard

League)，先后击败了腓特列一世和腓特列二世的入侵，保持了城市的独立，也使教皇免居神圣罗马帝国的皇帝之下（参见 Hendrik Spruyt：54 ~ 55）。不过，这一权力角逐，几方都势均力敌，谁也没有决定性的优势，有时成败全靠一时的判断和运气。在这样僵持的局面下，皇帝和教皇都需要寻找权力的合法性源泉。波伦亚是罗马法和教会法的中心，所以腓特列一世要迫不及待地给学生们自治权，希望这些法律专家为自己服务，复兴罗马帝国以皇帝为法律源泉的传统。教皇当然也不敢怠慢，不仅早已下功夫修订研究教会法，而且授予波伦亚学生自治权。唯一希望管制学校的，是波伦亚政府。但是波伦亚是伦巴第联盟的成员，本身受教皇支持，可以不顾腓特列一世的权威，但难以违反教皇的意志。结果波伦亚的学生坐收渔翁之利，成为一所学生主宰的大学。事实上，波伦亚大学和波伦亚等城市一样，都是一个自治的共同体。大学和中世纪独立城市一样，都是在多重秩序的夹缝中获得了生命。

波伦亚大学和波伦亚等城市一样，都是一个自治的共同体。大学和中世纪独立城市一样，都是在多重秩序的夹缝中获得了生命。

除了波伦亚外，其他地区也有平行的发展。巴黎大学的诞生和波伦亚大学几乎在同时，不过性质非常不同。波伦亚大学是“学生的大学”。巴黎大学则是“教师的大学”。巴黎的学校，如圣母天主学校，以及一些“私立”的学校，如 Petit Pont 和 Mont Sainte-Geneviève 等，在 13 世纪以前就早已存在并且有很好的声誉。这些学校讲授文科的一系列课程，特别是辩证法、神学、教会法等。不过，这些学校基本是属于教会的，教师是神职人员，教学还要由教会发证书才行。在 1200 年前后，这些学校的教师开始组成协会，其目标一方面是从地方的教会和政府的管辖中获得独立，一方面是整顿教学秩序，比如统一教程和考试程序。法国国王和教皇相继表示支持，地方的主教经过一阵抵抗后，放弃了过去对学校的许多权力。英格兰的牛津大学也大致在同期成形，借鉴了巴黎大学的经验，成立教师协会（当时有的教师就是巴黎大学的前学生）。1209年，师生和本地居民冲突并被驱逐，到剑桥另起炉灶。但在教皇干预后，学校又回到了牛津，只是一部分师生留在剑桥，开启了另一个伟大的学府。到了13世纪30年代左右，牛津才算是真正建立起来。

巴黎大学乃至英格兰的牛津剑桥，虽然是和学生治校的波伦亚大学不同，是由教师主宰，但都有许多nation把师生组织在一起，并在此基础上选举出学校的管理人员，校长的权力得到了加强（在巴黎大学有rector，在牛津有chancellor）。不过最重要的，大概莫过于学院（college）的出现。最早的学院大概是在12世纪末的巴黎出现的，如Collège des Dix-Huit，Saint-Thomas du Louvre。只是这种学院还非常简单，不过是几栋房子，再加上创建者捐献的小笔经费，供一些穷学者寄宿。到了13世纪中期，学院不仅变得更重要，也更独立，对大学有了相当大的影响。虽然直到中世纪末期以前，学院还不是一个教育机构，却是一个学术共同体。学院有一套严格的寄宿规矩，其成员的选择根据经济状况（贫困程度）、父母背景、原籍，以及智力程度等标准来决定。学院保证了寄宿学生舒适的生活，并提供了图书馆，而当时的大学还没有图书馆。这些寄宿的学院生在有外来权威的监督下自我管理，形成大学中一个小精英集团。比如巴黎最早真正意义上的学院，是1257年创建的Sorbonne学院，寄宿着大约20位研读神学的

巴黎大学乃至英格兰的牛津剑桥，虽然是和学生治校的波伦亚大学不同，是由教师主宰，但都有许多nation把师生组织在一起，并在此基础上选举出学校的管理人员，校长的权力得到了加强。

学院保证了寄宿学生舒适的生活，并提供了图书馆，而当时的大学还没有图书馆。这些寄宿的学院生在有外来权威的监督下自我管理，形成大学中一个小精英集团。

世俗学生。其创建者 Robert de Sorbon 是神学的执行教师（regent master）和王室牧师，并负责图书馆的建设和法规的出版。到了 1300 年，巴黎已经有了另外七所学院。牛津大学的学院，也依此建立，其中包括 Merton（1264），University College（1280），和 Balliol（1282），另有四所僧侣学院。在剑桥，Peterhouse 也在 1284 年建立（Jacques Verger：258 ~ 262，267 ~ 268）。

共同体的自治，是中世纪欧洲最大的生机所在。不仅庄园通过领主法庭等机构自治，职业人员通过行会自治，即使出门在外的生意人，也一般都与来自同一城市的人在客土聚居。这样既能互相扶持保护，又给贸易伙伴一种“跑得了和尚跑不了庙”的稳定信誉。

知识的权力与知识分子

最早的大学的成立途径虽然各有不同，但都显示了几个共同的制度原创性，使 13 世纪的欧洲与以前大有不同。

首先，大学是作为一个学术共同体出现的。大学中的成员全从事一个职业，并按所来地通过 nation 组织起来。共同体的自治，是中世纪欧洲最大的生机所在。不仅庄园通过领主法庭等机构自治，职业人员通过行会自治，即使出门在外的生意人，也一般都与来自同一城市的人在客土聚居。这样既能互相扶持保护，又给贸易伙伴一种“跑得了和尚跑不了庙”的稳定信誉。当时客商在异地城市的聚居所，就叫作 nation，成为城中之城，国中之国，有自己一套法律（Avner Greif：100 ~ 106）。上海当年的租界，大概也是循此制而来。那时的学子和教师，也和商人一样，属于“流动人口”，到异乡后照样按 nation 组织起来，大家见怪不怪。这是大学自治的社会基础。波伦亚大学是“学生的大学”，巴黎大学和牛津大学是“教师的大学”，剑桥大学则成为

“校长、教师和学者的大学”。虽然种类不同，但都是一个教学共同体，并有极大的自治权力。教授不管权威多大，都要经过学校的考核。大学发放教学的证书，保证教育者的质量。乃至为大学服务的书商、教堂司事，都受大学的严格控制。不服从规矩者，就被踢出共同体。当时的知识普及率低，知识传播渠道有限。大学这样把好了关，也就不惧怕别人的竞争（Jacques Verger：261 ~ 263）。

中世纪的大学作为学术共同体能够独立，一大原因是在当时多重秩序的制度格局中，其他的共同体（特别是城市）也都保持着独立。大学必须在某个地方建立，而且多建在城市地区。但是，大学从一开始就具有鲜明的普世性格，并为此和所处的地方社会展开了激烈的抗争。当时对大学的独立性最大的威胁，还不是最高的俗权或神权，而是其所在地共同体的并吞。所以大学大致采用远交近攻之策略，寻求教皇、皇帝，或者国王这种最高的但遥远的权力的支持，以摆脱地方社会的挤压，从地方政权或教会的控制下独立。

中世纪有皇帝和教皇的政教冲突，一些王室则正努力克服封建的分权自治，把王权向民族国家的公共权力转化，为此不断和贵族等利益集团冲突。最终，在政治权力方面，普世的帝国和自治的基层共同体都没有获胜，近世达成的妥协是地域性的民族国家。

中世纪有皇帝和教皇的政教冲突，一些王室则正努力克服封建的分权自治，把王权向民族国家的公共权力转化，为此不断和贵族等利益集团冲突。最终，在政治权力方面，普世的帝国和自治的基层共同体都没有获胜，近世达成的妥协是地域性的民族国家。宗教的秩序也无法凌驾于民族国家的政治秩序之上。但是，宗教在把王室的私人权力转化为公共权力上，起了关键作用，扮演了将国家权力正当化的角色，并在民族国家的多元格局中，维持了基督教世界的精神统一。或者说，垄断暴力的政治秩序的建立，需要宗教的精神秩序来支援。但是，什么样的暴力垄断才是合理的？垄断暴力的权力和垄断信仰的权力如何在现实中协调？这则需要大学所提供的理性秩序。这一理性秩序既渗透到了神学之中，也渗透到了罗马法之中。大学的诞生，标志着理性秩序从教会的精神秩序中独立，使欧洲有了政治、秩序精神秩序和理性秩序既分立又彼此支援的格局。

大学的诞生，标志着理性秩序从教会的精神秩序中独立，使欧洲有了政治秩序、精神秩序和理性秩序既分立又彼此支援的格局。

德意志政治学者 Alexander 在 1280 年说，因为大学的存在，教育变成了在基督教世界中和政治权力、宗教权力竞争的权力。也正是从这个角度出发，Jacques Verger 称大学的出现标志着知识分子的诞生，就颇有说服力（Jacques Verger：275）。我们可以说，知识分子从古希腊就有。谁能说苏格拉底和柏拉图不是知识分子？可是，从他们的自我认同上看，知识分子这个概念是不清晰的。苏格拉底的自我认同是公民，柏拉图则要寻找哲学王，知识分子即使事实上存在的话，在他们的意识层中也是被归于政治的阶层。只有在大学诞生后，知识分子能够以 nation 而自成一国，在政治秩序和精神秩序之外开出独立的理性秩序，有了明确的自我认同。

只有在大学诞生后，知识分子能够以 nation 而自成一国，在政治秩序和精神秩序之外开出独立的理性秩序，有了明确的自我认同。

132

学生治校的学校虽然几乎已经不存在了，但教授治校的学术共同体还是大学的主流。西方顶尖大学还是坚持寄宿制，讨论班仍然是教学的一个主要手段。

与 800 年前相比，今日的大学早已不可同日而语。不过，认真分析就可以发现：大学诞生时的基本精神，仍然颇为完好地保存在现代西方的大学中。学生治校的学校虽然几乎已经不存在了，但教授治校的学术共同体还是大学的主流。西方顶尖大学还是坚持寄宿制，讨论班仍然是教学的一个主要手段。只是现代民族国家的单元秩序取代了中世纪的多元秩序后，欧洲的大学主要由政府支持，成为一元的社会结构中的一个环节，教育政策高度政治化、官僚化，渐渐走向衰落。相比之下，美国大学的崛起，多少也得益于美国多元的体制。美国至今没有一个国立大学。联邦政府、州政府、地方社会、基金会、校友会、企业、宗教组织等等，都积极对大学施加影响，和中世纪欧洲的多重格局最接近。可见，思考未来大学的发展，中世纪的历史智慧，对我们并非全无教益。

参考书目：

Clark, William. *Academic Charisma and the Origins of the Research University*, University of Chicago Press, 2006.

Greif, Avner. *Institutions and the Path to the Modern Economy*, Cambridge University Press, 2006.

Jones, Eric. *The European Miracle*, Cambridge University Press, 2003.

Hollister, C. Warren. *Medieval Europe*, Alfred A. Knopt, 1982.

North, Douglass C. & Robert Paul Thomas. *The Rise of the Western World*, Cambridge University Press, 1973.

Kantorowicz, Ernst H. *The King's Two Bodies*, Princeton University Press, 1997.

Pirenne, Henri. *Economic and Social History of Medieval Europe*, A Harvest/HBJ Book, 1937.

Spruyt, Hendrik. *The Sovereign State and Its Competitors*, Princeton University Press, 1994.

Stein, Peter. *Roman Law in European History*, Cambridge University Press, 1999.

Tabacco, Giovanni. *The Struggle for Power in Medieval Italy*, Cambridge University Press, 1989.

Verger, Jacques. "*The Universities and Scholasticism*," *The New Cambridge Medieval History*, *V*. Cambridge University Press, 1999.

附录　他是北大校友里我最佩服的家伙

——专访《草根才是主流》策划人孙勇

提起薛涌这个名字，经常读报的人并不会陌生。这几年，中国的知识分子里，大概没有任何一个名字比薛涌在媒体出现得更频繁了，他谈教育、谈经济、谈住房，许多观点让我等升斗小民拍案叫绝。自去年以来，薛涌又在新浪开了博客，750多万的点击率使他牢牢占据新浪思想博客的冠军，因此薛涌又被称作“中国民间意见领袖”。

《草根才是主流》是薛涌先生2007年伊始出版的一本杂文集，里面包含他最近在各大主流媒体以及公共空间上面发表的文章。这本书刚一面市，就引起了国内读者的强烈反响，一个月内出版社连续加印两次，而来自浙江省新华书店图书批销中心的数据显示，1月5日至今已经连续补货两次，成为同类书籍销售的奇迹。

作为一个旅美作家，薛涌以其多年在美国生活的见闻、研究、感想，将中国与美国、印度，以及欧洲等国的社会体制、市场制度、大众民主意识作了客观的对比，批判了中国当今社会某些所谓的“主流经济学家”、富人的片面思想，给中国无数的下层民众描绘出一个关于理想居住环境、生活、求学、发展的综合蓝图。这本书从“我们为什么上不起大学，也上不好大学”、“为什么主流经济学家是市场经济的伪君子”、“我们为什么‘仇富’”等方面对中国社会的现状进行阐述与分析。薛涌的文章犀利、透彻而不乏幽默，往往快意恩仇一针见血。全书最精彩、最值得阅读的一点，就是从社会的各个方面对草根主义和精英主义进行的精彩论述。薛涌的文字与思想已经对中国当下的社会产生重要影响，由于薛涌们的存在，才使得日常生活中的民众不再是沉默的大多数，即便一个升斗小民，在涉及自己切身利益的时候，也可以真正发出自己的声音。

由于作者薛涌先生目前身在美国，交流不甚方便，记者日前对《草根才是主流》策划人孙勇先生进行了专访，揭秘这本书诞生的前后。

他是北大校友里我最佩服的人

记者：你是在什么情况下决定做这本书的？

孙勇：开始是新东方的徐小平推荐薛涌，后来我读他的新浪博客，他谈论的都是社会关心的热点问题，说得也很到位，而且很多观点和角度是国内学者说不出来的。我当时觉得这本书很有意义和价值，薛涌是我学长，比我高几级，他也是这些年来北大校友里我最佩服的家伙，其他人可能在各自领域都有建树，但没他的影响力和社会责任感，能够出版这本书，是我个人的荣誉。

记者：出版这本书时有没有言论方面的顾虑？当时定位是怎么样的？

孙勇：基本没有，虽然薛涌的言论比较激烈，但都是在报刊上发表过的，所以没有什么问题。这本书关注当下的社会热点，我觉得关心社会生活的人，比如关心教育问题、住房问题、经济问题的人都会爱读。

这本书就是要表达草根的声音

记者：和薛涌之前的《中国不能永远为世界打工》、《谁的大学》、《直话直说的政治》几本书相比，这本书的侧重点在哪儿？

孙勇：这本书主要是集中在经济、教育等方面，但涉及面比前几本书更广，更加关注草根群体的生存状况，这本书就是中国草根群体的声音。

记者：这段时间，我身边也有不少朋友读这本书，主要是30岁以上的人，年轻人——特别是1980年以后出生的群体似乎很少。

孙勇：他们还不是很关心社会问题吧，比如子女教育、住房问题，很多80后的孩子还没有接触到。但对中年人来说是必须关心的，这是他们切身的事，比如有的孩子上不起学，有的家里买不起房。

有什么样的人民就有什么样的社会

记者：这本书谈教育、谈住房、谈体制，很多问题都讲得透彻，我看了之后，对社会上的种种不平就生出感慨来。

孙勇：是啊，这种清醒未必对当事人有裨益，但总会慢慢好起来。薛涌的言论和书能够出版，这其实就是进步，而且对社会发展也会有作用。

记者：对社会的作用体现在哪些方面？

孙勇：教会人们看问题的角度，理想的社会状况是什么样子的，以及外面的世界是如何考虑和处理社会问题的。很多时候，对事物的认知程度一旦上去，你知道的世界会完全不一样。

记者：当多数民众的认知水平上升到这个层次，社会现状会不会有本质改观？

孙勇：当然会，国外有句话，叫“有什么样的人民就有什么样的政府”，我在徐小平书里通过网友的身份也说过这句话，出版时改成了“有什么样的人民就有什么样的社会”。

这本书的热销，说明很多人关注现状

记者：这本书里最值得关注的是哪个部分？

孙勇：整本书都不错，特别是最后一辑，谈他自己的文字。他这个人，真的是不以贫穷为耻，相信只要正直善良、认真工作，就可以堂堂正正地快乐活着。这个说起来简单，生活中我们有几个能做到？

记者：书出版以后，一个月内加印了两次，这么多人买有没有觉得意外？

孙勇：这本书的受欢迎程度确实出乎当初的预料。我们最初的打算是，如果各方面安排妥当，可以有个三四万册的销量。这本书的走红，说明还是有很多人在关心当下的生活，希望听到生活中真实的声音。

记者：作为一个知识分子，薛涌最大的价值在哪里？

孙勇：好多知识分子都是虚的，薛涌是实在的，这点上我佩服他。他现在还只是表现出时评作家的力量，但他的另一面——他作为学者的学术力量，现在还没表现出来，估计过几年他作为学者的重要性该出来了。目前就时评来讲，他对促进中国社会进步作用很大。

2007.2.9《每日商报》记者陈峥

图书在版编目（CIP）数据

北大批判/薛涌著.—南京：江苏文艺出版社，2009.10
ISBN 978-7-5399-3390-0

Ⅰ.北… Ⅱ.薛… Ⅲ.高等学校—教学研究—中国 Ⅳ.G642.0

中国版本图书馆CIP数据核字（2009）第167577号

北大批判——中国高等教育有病

著　　者：薛　涌
责任编辑：刘　霁
特约编辑：孙　勇
封面设计：星银河书装
出版发行：凤凰出版传媒集团
　　　　　江苏文艺出版社　http://www.jswenyi.com
集团网址：凤凰出版传媒网　http://www.ppm.cn
排版印刷：北京京都六环印刷厂
经　　销：新华书店
开　　本：787×1092　1/16
字　　数：280千字
印　　张：21
版　　次：2009年11月第1版，2009年11月第1次印刷
书　　号：ISBN 978-7-5399-3390-0
定　　价：32.00元